기독교 원칙 세계관 1

기독교 원칙 세계관 시리즈

기독교 원칙
세계관 1

성경적 원칙

장재훈 목사

좋은땅

들어가는 말

해마다 복도하는 일이지만 사법부 수장들이 임명될 때 소견을 들어 보면 한결같이 하는 말들이 있습니다. 그것은 '법과 원칙대로 하겠다'고 말합니다. 물론 자기가 말한 대로 하는 수장들은 별로 보지 못했습니다. 도리어 그 반대로 직무를 수행하는 것을 봅니다. 원칙(原則)이란 '기본이 되는 규칙이나 법칙'을 말합니다. 아무리 강조하고 강조해도 무엇을 하든지 서로가 인정하고 정한 규칙과 법칙과 원칙대로 해야 합니다. 그래야 쌍방이 이익이고 바르게 되기 때문입니다. 그래서 사람들은 둘 이상이 모여 무엇을 하고자 할 때 나름 규칙과 법칙을 정합니다. 국가나 사회, 사람들이 모이는 공동체, 사람들이 모여 일하는 곳, 사람이 무엇을 판단하고 결정할 때 원칙이 있어야 하고 가능하면 원칙대로 해야 합니다. 그래야 공정합니다. 또한 원칙대로 해야 질서가 있고, 좌지우지하지 않고, 일관성이 있고, 흔들리지 않습니다. 원칙은 마치 건물을 지탱하고 있는 주초 돌과 같은 것입니다. 주초 돌이 흔들리면 건물 자체가 위험해지고 무너집니다. 그 정도로 원칙은 중요합니다. 원칙이 무너지거나 흔들리면 모든 것이 무너집니다. 그 피해는 가늠하기 어려울 정도로 매우 큽니다.

불신하게 되고, 무질서하게 되고, 엉망진창이 됩니다. 그래서 어느 조직, 단체, 기관, 공동체나 기본이 되는 규칙과 법칙을 만들고 세웁니다. 신앙생활에서도 원칙은 매우 중요합니다. 모든 종교에는 각기 자신들이 신봉하는 기둥과 같은 교리(신학)가 있습니다. 교리(敎理)란 '종교상의 이치나 원리'를 말합니다. 각 종교단체는 교리 위에 신앙의 집을 세워 갑니다. 교리는 마치 헌법이나 규칙과 같아서 각 종교의 모든 기본 신앙을 정리한 핵심 원리입니다. 사람으로 비유하자면 몸을 지탱해 주는 척추(뼈대)와 같습니다. 모든 종교인은 이러한 교리에 기초하여 생활합니다.

기독교(개신교)에도 다양한 교리가 있습니다. 이것을 조직신학이라고도 합니다. 이것은 기독교의 각종 사상에 대하여 핵심 원리를 성경적으로 명확하게 정리한 것입니다. 이러한 교리, 조직신학에 근거하여 기독교인들은 신앙의 집을 짓고 그 교리에 따라서 판단하고 행동합니다. 그런즉 기독교인이라면 기독교의 기본 교리, 신학에 대하여 명확하게 알고 살아야 합니다. 그렇지 않으면 이단, 자유주의, 사이비, 세속주의, 인본주의, 신비주의, 은사주의 등의 그릇된 신앙과 세계관에 빠져 버립니다. 혼합주의 가치관과 세계관에 젖어 살게 됩니다. 성경의 정통 교리를 잘 모르기 때문에 무엇이 성경적이고 참인지 알지 못하고 삽니다. 그러다 보니 거짓, 가짜에 미혹되어 삽니다. 갈대처럼 흔들리고 불신자들처럼 행합니다. 마치 수험생이 정답을 잘 모르면 가짜 번호를 선택하거나 헛된 기술을 하는 것과 같습니다. 기독교 원칙 세계관을 달리 말하면 성경적 세계관이라고 할 수 있습니다. 참 기독교 신자라면 기독교 원칙 세계관이나 성경적 세계관에 지배를 받으며 살아야 정상입니다. 그렇지 않으면 명목상으로만 기독교인이지 불신자들과 비슷하게 살아갑니다. 종교인으로 삽니다. 그런 차원에서 기독교 원칙 세계관 혹은 성경적 세계관은 매우 중요합니다. 미국의 기독교인들이 성경적 세계관에 취약하다는 연구 결과가 나왔습니다.

크리스천헤드라인 뉴스(2022. 3. 10.)에 따르면, **"미국의 기독교 신앙의 부모 중 4%만이 성경적 세계관"**을 가지고 있다는 충격적 보도를 했습니다. 기독교인이라고 신앙 고백하는 미국 부모의 4%만이 이 성경적 세계관을 갖고 있다고 애리조나 기독교 대학의 새로운 연구 결과가 나왔습니다. 본 연구에 따르면, **"오늘날 대부분의 부모가 다양한 세계관 즉, '혼합주의적' 세계관을 고수하고 있다"**는 사실을 보여 줍니다. 애리조나 대학의 문화 연구 센터(Cultural Research Center)가 화요일 발표한 이 연구에 따르면, "미국에서 십 대 이전의 자녀를 둔 모든 부모 중 2%만이 성경적 세계관을 소유하고 있는 것으로 나타났다"고 했습니다. 또한, "그 부모의 3분의 2가 기독교인이라고 자처하지만, 그 그룹의 4%만이 성경적 세계관을 갖고 있다"고 했습니다. 이 연구에는 13세 미만 아동의 부모와의 인터뷰가 포함되었습니다. 이는 센터의 2022년 미국 세계관 목록의 일부였습니다. 본 연구의 주최인 문화 연구 센터(Cultural Research Center)의 연구 책임자인 조지 바나(George Barna)는 "모든 부모는 자신이 아는 것을 가르치고 자신이 믿는 것을 자녀들에게 모범을 보여 줍니다. 부모들은 그들이 가진 것만 자녀들에게 줄 수 있으며, 부모들이 자녀들에게 주어야 하는 것은 삶과 영성에 대한 그들의 신념이 반영합니다. 부모는 자녀의 세계관에 영향을 미치는 유일한 대행자는 아니지만 가장 큰 영향력을 끼치는 문지기 역할을 합니다."고 했습니다. 본, 연구에 따르면 **부모 10명 중 9명 이상이 '혼합주의적 세계관을 가지고 있다"**고 했습니다. 또한, "부모들은 자녀들의 세계관 발달 과정 사실에 대한 이해도 전혀 없는 부모가 대부분이고 설령 알고 있는 부모라 할지라도 부모의 역할에 대하여 책임을 지지 않고 있다"고 했습니다. 또한, "부모가 젊을수록 성경적 세계관을 가질 가능성이 적다"고 했습니다(뉴스파워, 2022. 3. 11.).

자신을 기독교인으로 분류한 미국 성인 중 9%만이 성경적 세계관을 갖고 있는 것으로 조사됐습니다. 충격적인 조사 결과가 아닐 수 없습니다. 미국 전체 성인 인구 중에서는 약 6%가 성경적 세계관을 소유하고 있습니다. 지난달 말 애리조나 크리스천 대학교(Arizona Christian University) 소속의 설문 기관 CRC(Cultural Research Center)는 미국인의 세계관을 주제로 실시한 설문 조사의 결과를 발표했습니다. 이번 연구팀을 이끈 조지 바나(George Barna) 박사는 **미국인 3분의 2가 자신을 기독교인이라고 생각하며 기독교는 무엇보다도 성경과 깊이 연관되어 있다고 여긴다. 그러나 많은 기독교인들이 성경의 가르침이라고 믿는 내용과 성경이 실제 가르치고 있는 내용 사이의 괴리가 매우 크다.**"고 밝혔습니다. 설문에서 자신을 '기독교인'이라고 분류한 이들의 경우 61%만이 "하나님은 전지전능하시고 완전하시며 세상을 만드신 의로운 창조주로서 여전히 온 세상을 다스리고 계시다"는 항목에 동의한다고 밝혔습니다. 또한 이들 중 "인간은 선천적으로 선하다"는 항목에 72%가, "어떤 신앙을 갖느냐보다 신앙 자체를 갖는 게 중요하다"는 항목에 66%가, "선한 일을 많이 하면 천국에 갈 수 있다"는 항목에는 58%가 동의한다고 답변했습니다. 반면 자신을 "헌신된 제자"로 분류한 이들은 99% 이상이 "하나님은 전지전능하시고 완전하시며 세상을 만드신 의로운 창조주로서 여전히 온 세상을 다스리고 계시다", "성경은 하나님의 말씀으로 정확하고 신뢰할 수 있다" 등의 항목에 동의한다고 밝혔습니다. 그러나 이들 중에서도 "인간은 선천적으로 선하다"는 항목에 52%가, "성령은 실재하시는 분이 아니며 하나님의 힘, 임재, 거룩을 나타내는 상징이다"라는 항목에 39%가 "그렇다"고 답변했습니다.

바나 박사는 **"거듭난 그리스도인들 중에서도 많은 이들이 (자신의 성경적 세계관 소유 여부와 관련해) 스스로를 속이고 있다"**며 이번 설문 결과가 "성도들에게 성경적 세계관을 가르쳐야 하는 이들에게 큰 숙제를 던져 주고 있다"고 설명했습니다. 바나 박사는 "자녀들이 하나님의 말씀을 제대로 알고 따를 수 있도록 부모들이 자녀 신앙 교육에 신경 써야 한다. 또 어떻게 자녀에게 신앙을 교육할지 모르는 부모들을 위해 각 교회가 부모를 먼저 교육시켜야 한다"고 강조했습니다. 이번 설문 외에도 미국의 여러 기관에서 진행한 연구가 미국인이 성경적 세계관과 다른 세계관을 갖고 있다는 분석을 내놓고 있습니다. 기독교 설문 단체 바나 그룹(Barna Group)이 지난 2003년에 발표한 연구 결과에 의하면 약 4%의 미국 성인만이 성경적 세계관을 가지고 있는 것으로 조사됐습니다. 또 '교회와신앙'에서 보도한 것처럼 미국의 비영리 기구 FRC(Family Research Council)가 최근 발표한 설문 조사에서도 1980년대 초반에서 2000년대 초반까지 출생한 밀레니엄 세대의 경우 4%만이 성경적 세계관을 따르고 있는 것으로 분석된 바 있습니다(교회와신앙, 2021. 9. 16.).

참으로 놀랍고 충격적인 조사 결과가 아닐 수 없습니다. 아마 우리나라도 별반 다르지 않을 것입니다. 성경에는 많은 교리, 신학들이 있습니다. 이러한 교리와 신학은 기독교 신앙의 원칙이 됩니다. 기독교인들은 원칙대로 살아가야 합니다. 기독교인들의 모든 신앙과 행위의 판단 근거와 기준은 성경입니다. 성경을 떠나서는 신자답게 살 수 없습니다. 그런즉 성경 사상을 잘 정리한 뼈대 같은 교리, 신학에 기초한 원칙대로 믿고, 판단하고, 결정하고, 선택하고 살아야 합니다. 법을 집행하는 사법부가 법과 원칙대로 행하는 것처럼, 기독교인들은 범사에 성경 사상인 기독교 교리에 기초한 원칙대로 생각하고, 판단하고, 선택하고, 행하여야 합니다.

그래야 언제 어디서나 항상 하나님 말씀대로 살아갈 수 있습니다. 신자답고 거룩하게 살 수 있습니다. 기독교 원칙이란 곧 성경에 대한 원칙이고, 기독교 사상을 정리한 교리에 대한 원칙입니다. 기독교 원칙대로 행하지 않으면 성경 사상과 다르게, 하나님의 뜻과 다른 판단, 결정, 선택, 행동, 삶을 살게 됩니다. 그래서 기독교 원칙이란 매우 중요합니다. 기독교 원칙대로 살면 신자답게 살고, 기독교 원칙대로 살지 않으면 불신자들처럼 살게 됩니다. 자유주의 신앙으로 흘러갑니다. 기독교 원칙이 없이 사는 기독교인은 그저 상황에 따라, 처지와 형편에 따라, 이해관계에 따라 주관적이고, 인본적이고, 자유적으로 생각하고, 판단하고 결정해 버립니다. 자기 소견에 옳은 대로 행합니다. 예를 들어서 이혼에 대한 기독교 원칙은 이혼을 금합니다. 성경에서 허락하는 조건은 배우자가 간음과 간통을 했을 때입니다. 아니면 하나님을 저버리고 자신과 살든지 아니면 헤어지자고 배우자에게 선택을 강요할 때, 고의로 배우자를 버리고

(유기) 다른 이성과 결혼했을 때입니다. 그 외에는 성격 차이니, 경제 문제니, 폭력이니 등등으로 이혼할 수 없습니다. 이것이 이혼에 대한 기독교 원칙 세계관입니다. 이에 따라 신실한 그리스도인은 기독교 이혼 교리, 기독교 이혼 원칙, 성경의 이혼 사상에 따라 자신이 아무리 힘들고 고통스러울지언정 기독교 원칙에 충실합니다. 그러나 이혼에 대한 기독교 원칙에 충실하지 않은 신자나 이혼에 대한 기독교 교리를 잘 모르는 신자는 세상 사람들이 하는 방식대로, 자기 소견에 옳은 대로, 주관적인 판단으로 쉽게 이혼을 결정해 버립니다.

법원에서 판사는 기본적으로 형법과 형벌 규정과 헌법에 정한 법과 원칙대로 판결합니다. 자기 주관대로 판결하지 않습니다. 만일 헌법과 형법과 형벌 규정과 법에 대하여 무지하거나 그릇되게 적용하면 억울한 자가 발생하게 됩니다. 잘못된 판결이 나오게 됩니다. 그래서 판사들은 법을 통달하게 공부합니다. 헌법과 형법의 원칙대로 하기 위함입니다. 기독교인들이 성경의 원칙을 바로 알아야 하는 것도 마찬가지입니다. 알면서도 거부하는 것이야 어쩔 수 없지만, 각 교리와 사상에 대한 원칙을 모르면 우왕좌왕하게 되고 자기 마음대로 생각하고 판단해 버립니다. 그리하면 오판하게 됩니다. 불법을 하게 됩니다. 죄를 범하게 됩니다. 세상과 불신자들에게 지탄과 손가락질을 당합니다. '기독교인들은 상종할 자들이 못 된다', '상식과 예의가 없는 자들이라'고 말합니다. '개독교인이라'고 조롱합니다. 오늘날 안하무인, 막가파 목사들과 기독교인들이 적지 않습니다. 목불인견(目不忍見)인 기독교인들이 한둘이 아닙니다. 이들이 왜 이렇게 행합니까? 기독교 원칙 세계관에 따라 믿지 않고 행동하지 않기 때문입니다. 자기 소견과 주관에 옳은 대로, 좋을 대로 확증 편향에 빠져 생각하고, 판단하고, 신앙하고, 행동하기 때문입니다. 자기 고집대로 합니다.

이런 자들은 누구의 말도 듣지 않습니다. 완고합니다. 아주 교만한 자들입니다. 그래서 하나님의 영광을 가리고, 기독교를 혐오하게 만들고, 기독교인들을 형편없는 자들로 만들고, 전도의 문을 닫게 만듭니다. 기독교 원칙 세계관을 알고 실천하는 것은 이처럼 매우 중요합니다. 그러므로 기독교인이라면 다양한 기독교 교리와 사상에 대한 원칙을 바로 배우고 실천하는 데 최선을 다해야 합니다. 이에 『기독교 원칙 세계관 1』 책은 아주 좋은 친구와 안내서가 될 것입니다. 성경의 다양한 교리, 사상, 주제에 대하여 기독교 원칙을 쉽고 명확하게 잘 정리하였습니다. 이해하기 쉽게 정리했습니다. 이 책만 바로 정독하고 숙지해도 상당한 신앙 실력을 갖게 될 것입니다. 아무쪼록 이 책을 통해서 더욱 신자답게 생각하고 살아가는 데 큰 도움이 되기를 바랍니다. 주변 기독교인들과 불신자들에게 신앙의 유익과 전도용으로 선물하면 좋을 것입니다. 아마 다른 음식을 선물하는 것보다 더 큰 유익이 있을 것입니다. 본 책에 나오는 성경 구절은 '개역성경'을 사용하였습니다. 기독교 원칙 세계관 시리즈를 생각하게 하시고, 정리하게 하신 살아 계신 하나님께 모든 영광과 찬송과 감사를 드립니다.

2022년

원칙대로 살려고 몸부림치는 장재훈 목사

차례

제1장

〈하나님〉에 대한 원칙

기독교인들은 천지 만물을 창조하신 신(神)이 존재한다고 고백합니다. 그분이 성경에서 말하는 '여호와 하나님'이라고 말합니다. 기독교인이라면 지구상에 존재하는 신(神)은 오직 성삼위(삼위일체=성부 하나님+성자 하나님+성령 하나님) 하나님(God, 唯一神)뿐이라고 고백합니다. 하나님 외에 다른 신이 없다고 합니다. 다른 종교에도 신이 없다고 합니다. 신의 존재에 대하여 상대성을 인정하지 않습니다. 오직 성경만이 진리이기 때문입니다. 이것이 참 기독교인이 양보할 수 없고 타협할 수 없는 원칙입니다. 이는 배타적인 자세가 아니고 참말을 하는 것입니다. 성경에 근거하여 참말을 하는데 불신자들이나 타 종교인들은 기독교에 대하여 배타적(남을 배척하는 경향이 있는 것)이라고 합니다. 왜냐하면 기독교에만 구원이 있고, 여호와 하나님만 참 신이고, 다른 종교나 어디에도 신은 존재하지 않는다고 주장하기 때문입니다.

기독교는 성경을 진리로 믿기에 배타적일 수밖에 없습니다. 그것이 기독교 정통 교리에 의하면 사실이기 때문입니다. 이는 마치 자기를 낳아 주신 아버지에 대하여 '유일한 참 아버지'라고 하는 것과 같습니다. 이는 배타적인 것이 아닙니다. 참을 말하는 것입니다. 배타적이라고 해서 다 틀리거나 나쁜 것이 아닙니다. 어떤 경우는 배타적인 주장을 하지 않아 나쁘거나 틀린 것이 됩니다. 참고로, 배타(排他)란 '남이나 다른 생각, 주장 따위를 배척(반대하여 물리침)하는 것'입니다. 기독교 진리인 성경(聖經)은 배타적인 신(神) 세계관을 말합니다. 성경은 하나님(여호와=자존자) 외에는 다른 신들(우상들)이 없다고 단호하게 말합니다. 하나님 외에 숭배하는 것은 모두 우상(허수아비)이라고 말합니다. 마치 참 아버지는 한 분뿐이고, 정답도 하나이듯이 말입니다. 지구상에 많은 신들(gods, 우상들)이 있지만 결국 참 신(神)은 한 분뿐입니다. 이러한 상식과 주장이 암시하는 것은 수많은 종교 중에서 어느 한 종교만 참 신이고 나머지는 가짜라는 말이 됩니다. 다른 종교를 가진 자들도 자기 종교 교리와 신앙에 있어서 배타성이 있어야 정상입니다. 물론 그래도 진리는 하나뿐입니다. 누군가는 속고 누군가는 진리를 추종하게 됩니다.

기독교는 이 한 분인 신(神)이 '여호와 하나님'이라고 증거 합니다. '여호와'라는 말은 '스스로 존재하시는 분'이라는 뜻입니다. 다른 종교에는 기독교처럼 자기들이 추구하는 경전(經典 종교의 교리)에서 이렇게 분명하고 구체적으로 증거하지 못합니다. 자신들이 숭배하는 존재도 신(神)이라고 하고 다른 종교에서 숭배하는 존재도 신이라고 상대성을 인정합니다. 그래서 마음과 신앙이 넓은 척하면서 '우리가 믿는 신도 존재하고 너희가 믿는 신도 존재한다', '너희 종교에도 구원이 있고 우리 종교에도 구원이 있다'라고 상대성을 인정하고 주장합니다. 이것을 '종교 다원주의'

라고 합니다. '종교 다원주의'는 절대적인 진리, 유일한 진리, 유일한 신을 거부합니다. 쉽게 말해서 시험을 보는데 어떤 하나의 정답을 거부하고 수험생들이 쓴 모든 답이 정답이라고 인정하는 것과 같은 사상입니다. 매우 모순된 논리와 기본 상식에 어긋난 사상입니다. 정상적인 종교인이 아닙니다. 자기가 추종하는 종교와 신앙에 대하여 확신이 없는 자입니다. 결코 다른 종교를 배려하고 존중하는 것이 아닙니다. 마음이 넓은 것도 아닙니다. 단지 자기 종교 교리에 확신과 절대성이 없는 것입니다.

그러니까 너의 종교 교리도 좋고 나의 종교 교리도 좋다고 하는 것입니다. 이런 주장을 하는 곳이 있는데, 전 세계 초교파 종교 모임인 WCC(세계교회협의회)입니다. 이 모임은 모든 종교단체와 종교인들의 상대성 교리를 인정하고 수용합니다. 참 신의 존재에 대하여 상대성을 인정하고 주장하는 것은 역으로 자기들이 믿는 종교와 신이 참이 아니라는 것을 인정하는 것이 됩니다. 왜냐하면 진리, 참, 진짜, 정답은 하나뿐이기 때문입니다. 모든 종교와 종교인들은 자기들이 신봉하고 추종하는 종교의 교리에 대해서만큼은 배타적이어야 정상입니다. 그것이 진리이든 비진리이든 말입니다. 자기 종교 교리에 확신이 없는 자들은 사이비 신자입니다. 기독교의 진리인 성경은 하나님의 유일성(唯一性)과 유일한 천지 창조에 대하여 분명하게 말합니다. 다른 종교의 교리에는 이런 명확한 말씀이 없습니다. 모르기 때문입니다.

출애굽기 20장 3절입니다.
"너는 나 외에는 다른 신들을 네게 있게 말찌니라"

"You shall have no other gods before me"(NIV)

성경은 천지 창조를 통해서 역으로 하나님의 존재를 역설합니다. 하나님(여호와) 외에 천지를 창조했다고 명백하고 구체적으로 언급하고 기술한 종교는 지구상에 없습니다. 그런 사실이 없기 때문입니다. 오직 성경뿐입니다. 우주와 지구상에 존재하는 피조물은 건축자, 창조자가 없이는 존재할 수 없습니다. 마치 아파트처럼 말입니다.

창세기 1장 1절입니다.
"태초에 하나님이 천지를 창조하시니라"
"In the beginning God created the heavens and the earth"(NIV)

요한복음 1장 3절입니다.
"만물이 그로(하나님이신 예수님) 말미암아 지은바 되었으니 지은 것이 하나도 그가(하나님) 없이는 된 것이 없느니라"
"Through him all things were made without him nothing was made that has been made"

또한 하나님은 스스로 존재하시는 분이라고 말합니다. 하나님은 자존자(自存者)입니다. 동시에 초월적이시고 눈으로 볼 수 없는 영(靈)이신 분이십니다. 우상(사람이 조각한 형상)이나 사람처럼 눈으로 볼 수 있는 형상(모양)이 없습니다. 그러면서 살아 계셔서 말씀하시고, 우주를 통치하시고, 만물을 경영하시고, 성도들의 기도를 들어주십니다. 천지 만물(우주)을 다양하게 창조하신 전지전능하신 분이십니다. 이런 하나님은 지구 상에 존재하는 그 어떤 종교에도 없습니다. 기독교처럼 신(神)의 존재를 구체적이고 확실하게 언급한 종교는 지구상에 없습니다. 왜냐하면 하나 님 외에는 다른 신은 없고 모르기 때문입니다. 오직 성경만 그 사실을 명 백하게 기록하고 있고, 하나님의 존재에 대하여 구체적으로 말합니다.

출애굽기 3장 14절입니다.
"하나님이 모세에게 이르시되 나는 스스로 있는 자니라…"
"God said to Moses I AM WHO I AM"

요한복음 4장 24절입니다.
"하나님은 영(靈, 비가시적인 신령한 존재)이시니 예배하는 자가 신령 (성령)과 진정(진리)으로 예배할찌니라"

이처럼 기독교인들은 언제 어디서나 누구의 앞에서든 하나님의 유일 신 사상과 존재 사상에 대한 확고부동한 원칙과 믿음을 갖고 살아야 합 니다. 누구 앞에서든지 눈치를 보지 말고 유일신 하나님에 대하여 당당 하게 말할 수 있어야 합니다. 하나님에 대하여 비기독교인들에게 성경의 근거를 제시하며 간단명료하게 설명할 수 있어야 합니다. 불신자들이 이 해를 하든, 못하든 개의치 말고 전하고 설명할 수 있어야 합니다. 혹 하나 님 유일 사상에 대한 신앙 고백으로 인하여 불이익과 순교를 당한다고 하 더라도 이 원칙은 지켜야 합니다. 그래야 영생을 얻습니다. 자신의 이익 과 목숨을 위하여 사람들 앞에서 하나님을 부인하면 하나님께서도 그런 사람을 부인하십니다. 참고로, 이슬람교의 유일신 사상과 기독교의 유일신 사상은 전혀 다릅니다. 이슬람교를 전공한 학자들이나 이슬람교 지도자들은 기독교의 하나님과 이슬람교의 알라(하나님)는 같다고 말합니다. 같은 유일신 사상이라고 말합니다. 전혀 다릅니다. 이는 거짓입니다.

이슬람교도나 이슬람교를 전공한 교수들이 기독교 신론(神論)에 대하여 정확히 모르고 주장하는 것입니다. 혹 이슬람교를 기독교인들에게 접근하거나 포교하는 차원에서 거짓으로 그렇게 주장할 수도 있습니다. 이슬람교는 신론인 삼위일체(성부+성자+성령) 하나님에 대하여 부정합니다. 성자 예수님의 신성(하나님)과 십자가 죽음을 부정합니다. 예수님께서 인류의 유일한 구세주도 인정하지 않습니다. 예수님은 하나님이 아니라고 말합니다. 도리어 이슬람교의 창시자 무함마드보다 못한 사람으로 취급합니다. 예수님은 단지 여러 성인 중의 한 사람으로만 취급합니다. 이러한 사실을 정확하게 알아야 합니다. 그래서 기독교(개신교)처럼 유일신을 주장하지만, 전혀 다릅니다. 유일신을 주장한다고 같은 하나님이 아닙니다. 이슬람교는 신론에서 이단 사상입니다. 이것이 스스로 살아계신 하나님에 대한 기독교의 원칙입니다. 그런즉 스스로 존재하시는 하나님에 대한 확고한 믿음을 가지고 살아가야 합니다. 이것이 기독교(개신교) 〈하나님〉에 대한 원칙 세계관입니다.

제2장 　　　　　　　　<예수님>에 대한 원칙

　　예수님은 인류의 유일한 구세주입니다. 기독교 밖에서 말하는 것처럼 예수님은 단순한 성인이 아닙니다. 사람처럼 인성(人性)만 가지신 분이 아닙니다. 예수님은 태초에 스스로 계신 신성(神性)을 가지신 하나님이십니다. 오직 하나님이신 예수님만 신성(하나님)과 인성(사람)을 가지신 유일한 분이십니다. 이것을 양성(兩性=신성+인성)을 가지신 유일한 분이라고 합니다. 예수님은 단지 나사렛 촌에서만 생활한 분이 아닙니다. 천지 만물이 창조되기 전에 초월적으로 스스로 살아 계셨던 분이십니다. 창조주 하나님이십니다. 천주교에서 말하는 것처럼 예수님의 신성까지 포함한 마리아의 아들이 아닙니다. 마리아는 단지 육신의 어머니일 뿐입니다. 마리아는 본질적으로 예수님의 어머니가 될 수 없습니다. 마리아가 이 땅에 출생하기 전에 먼저 계셨던 분이 예수님이십니다. 마리아는 피조물이고 예수님은 하나님이자 창조주입니다. 예수님은 기독교의 핵심이고 본질입니다. 기독교 진리인 성경의 중심인물입니다.

　　예수님은 성자 하나님으로서 죄로 인하여 영원히 멸망할 수밖에 없는 하나님의 친백성들, 만세 전에 택한 백성들을 위하여 사람의 몸을 입고 이 땅에 성탄하신 분이십니다. 그것을 성육신(成肉神)이라고 합니다. 그 날을 성탄절(聖誕節, 크리스마스)이라고 합니다. 하나님이신 성자 예수 님께서 인간의 몸으로 성탄하셔야만 했던 이유는 십자가에 달려 속죄의 피를 흘리시고 죽으셔야 했기 때문입니다. 하나님의 친백성들의 죄를 용 서받기 위해서는 죄가 없으신 예수님께서 죄인들을 대신하여 십자가에 달려 피를 흘리셔야만 했습니다. 그래서 하나님이 인간의 몸으로 성육신 하신 것입니다. 이는 신비한 일입니다. 이성적으로 어찌 설명이 불가능 합니다. 한마디로 죗값을 치러야 했습니다. 피 흘림이 없으면 용서함도 받지 못하기 때문입니다. 이것을 대속죽음이라고 합니다. 그래서 초자연 적인 성령의 감동으로 숫처녀 마리아를 통해서 이 땅에서 임신이 되고 출 생을 하신 것입니다. 이는 이성으로 이해할 수 없는 신비입니다. 예수님 은 인간 나이로 33세에 십자가에 달려 죽으셨다가 성경의 예언대로 죽은 지 3일 만에 무덤에서 다시 살아나시어 하늘로 승천하셨습니다.

이 예수님은 세상 종말(끝)에 인류를 심판하시기 위하여 천사들과 함 께 공중으로 재림하십니다. 향후 모든 인류는 재판장이신 예수님의 심판 을 받고 천국과 지옥으로 들어가 어느 한쪽에서 영원히 살게 될 것입니 다. 이러한 예수님에 대하여 기독교인들이 원칙으로 알아야 할 것은 그 분은 신성과 인성을 가지신 분이고, 만세 전에 스스로 계신 하나님이시 고, 창조주 하나님이시고, 인류의 유일한 구세주이시고, 하나님의 택한 백성들의 죄를 위하여 이 땅에 성탄하신 분이고, 십자가에 달려 피를 흘 리시고 죽으셨다가 3일 만에 다시 부활하여 승천하신 분이고, 세상 종말에 인류를 심판하시기 위하여 천사들과 함께 지상이 아닌 공중으로 재림해 오실 분이시라는 것입니다. 이것이 팩트(사실)입니다. 인류의 유일한 구세주이신 예수님을 진실로 영접하지 않고는 그 누구도 천국(하나님 나라)에 들어가지 못하고 모두 영벌인 지옥 불에 들어가서 영원히 고통 가운데 살게 된다는 사실을 알고 살아야 합니다. 기독교인은 예수님에 대하여 위에서 열거한 여러 진리를 원칙으로 알고, 믿고, 전하고 살아야 합니다. 이 중 한 가지라도 부인하거나 양보해서는 안 됩니다. 예수님에 대한 성경의 증거는 다음과 같습니다.

마태복음 1장 18절입니다.
"예수 그리스도의 나심은 이러하니라 그 모친 마리아가 요셉과 정혼하고 동거하기 전에 성령으로 잉태(초자연적인 임신)된 것이 나타났더니"

마태복음 1장 21절입니다.
"아들을 낳으리니(출산 예언) 이름을 예수라 하라 이는 그가 자기 백성(선택된 자들)을 저희 죄에서 구원할 자(구세주)이심이라 하니라"

마태복음 1장 25절입니다.
"아들을 낳기까지 동침치 아니하더니 낳으매(출산) 이름을 예수라 하니라"

마태복음 16장 16절입니다.
"시몬 베드로가 대답하여 가로되 주는(예수님은) 그리스도시오 살아

계신 하나님의 아들(성자)이시니이다"

이사야 9장 6절입니다.

"이는 한 아이(성탄하신 예수님)가 우리에게 났고 한 아들을 우리에게 주신 바 되었는데 그 어깨에는 정사를 메었고 그 이름은 기묘자라 모사라 전능하신 하나님이라 영존하시는 아버지라 평강의 왕이라 할 것임이라"

마태복음 27장 35절입니다.

"저희가(총독의 군병들) 예수를 십자가에 못 박은 후에 그 옷을 제비뽑아 나누고"

마태복음 27장 50절입니다.

"예수께서 다시 크게 소리 지르시고 영혼(靈魂)이 떠나시다(십자가 죽음)"

고린도전서 15장 20절입니다.

"그러나 이제 그리스도께서 죽은 자 가운데서 다시 살아(부활) 잠자는 자들의 첫 열매가 되셨도다"

사도행전 1장 11절입니다.

"가로되 갈릴리 사람들아 어찌하여 서서 하늘을 쳐다보느냐 너희 가운데서 하늘로 올리우신(승천) 이 예수는 하늘로 가심을 본 그대로 오시리라(공중 재림) 하였느니라"

사도행전 16장 31절입니다.

"가로되 주 예수를 믿으라 그리하면 너와 네 집이 구원을 얻으리라 하고"

신성(神性, 하나님)과 인성(人性, 사람), 즉 양성(兩性, 하나님+사람)을 가지신 인류의 유일한 구세주이신 예수님은 구약에서 예언한 대로 신약에 성탄하시어 십자가에 달려 죽으셨다가 3일 만에 다시 부활하심으로 하나님의 친백성들(만세 전에 택함을 받은 자들)의 구원자가 되셨습니다. 이제 누구든지 이 예수님을 살아 있는 동안 진실로 믿으면 죄 용서함을 받고 언제 죽으나 구원(영생)을 받습니다. 이것을 은혜(선물)이라고 합니다. 왜냐하면 구원(영생, 천국 입성)은 인간의 선행과 공로가 전혀 아니라 무조건적인 하나님의 은혜와 긍휼과 사랑으로 주어진 선물이기 때문입니다. 천주교는 예수님에 대한 믿음+선행이 있어야 구원을 받는다고 말합니다. 이슬람의 구원관도 선행입니다. 이는 이단 사상입니다.

그러나 성경의 구원관은 오직 구세주인 예수님에 대한 믿음뿐입니다. 인간의 선행과 공로는 구원의 조건이 아니라 기독교인이 된 이후의 덕목입니다. 선행은 구원받은 자의 책무이자 열매일 뿐입니다. 그리고 자칭 예수요 메시야(구세주, 구원자)라고 하는 사람들이 전 세계적으로 많이 나타났습니다. 이는 다 가짜입니다. 이단자들입니다. 부활 승천하신 예수님은 이 땅으로 재림하시지 않고 공중으로 재림해 오십니다. 따라서 이 땅에서 재림 예수라고 하는 자들은 모두 가짜고 거짓입니다. 예수님은 세상 종말에 지상이 아닌 공중으로 재림해 오십니다. 예수님께서 공중으로 재림해 오시면 지구상에 남아 있을 자들은 하나도 없이 다 휴거

(공중으로 들림 받음)됩니다. 따라서 지구상에 사람들이 남아 있다는 것은 가짜 재림 예수들이라는 방증입니다. 이런 사실과 원칙을 바로 알고 타협 없이 살아야 합니다. 그런즉 기독교인들은 예수님에 대한 이러한 사실을 굳게 믿고 흔들림 없이 살아가야 합니다. 이것이 기독교(개신교) 〈예수님〉에 대한 원칙 세계관입니다.

제3장

〈성경〉에 대한 원칙

기독교인들은 성경이 정확무오(正確無誤)한 하나님의 말씀이라고 믿고 따릅니다. 왜냐하면 성경의 참된 저자는 완전하시고 전지전능하신 하나님께서 계시하시고 감동하신 말씀, 계명이기 때문입니다. 그래서 오류가 없습니다. 지구상에 존재하는 책 중에서 오직 성경만이 진리이고 오류가 없습니다. 물론 성경은 40여 명의 하나님의 사람들이 성령 하나님의 감동으로 기록한 책입니다. 그러니까 이들은 제2 저자들입니다. 제1 저자는 하나님이십니다. 각 나라마다 그 나라의 국가통치의 근간을 이루는 헌법이 있듯이, 각 종교마다 자신들이 척도로 믿고 추종하는 교리를 담은 책이 있습니다. 이것을 경전(經典)이라고 합니다. 이슬람은 '꾸란'(코란, 쿠란)과 하디스, 유교는 사서(四書, 논어, 맹자, 중용, 대학)가 있고, 불교는 10부가 있는데 붓다의 설법을 담은 경장, 붓다가 정한 계율을 담은 율장, 붓다의 말씀을 정리하는 과정에서 생긴 여러 분파의 이론을 정리한 논장이 있고, 천주교는 성경과 외경이 있습니다.

개신교는 오직 신구약 66권인 성경(聖經)만을 계시와 진리와 하나님의 말씀으로 믿고 추종합니다. 성경은 개신교 신자들에게 있어서 신앙과 행위의 유일한 기준이 됩니다. 특히 모든 종교에도 구원이 있다고 주장하는 종교 다원주의 시대에 성경에 대한 원칙은 확고합니다. 기독교 안에도 자유주의 신학과 신앙을 추구하는 자들은 성경에 대하여 훼손합니다. 어느 것은 하나님의 말씀이고 어느 것은 하나님의 말씀이 아니라고 합니다. 성경에 대한 해석도 자기들 마음대로 합니다. 그러나 정통주의나 개혁주의는 오직 성경으로 성경을 해석합니다. 인본주의나 자유주의로 성경을 해석하지 않습니다. 개신교인들이 성경에 대하여 가져야 하는 원칙은 다음 몇 가지가 있습니다.

첫째, 누가 뭐라고 해도 성경은 스스로 계신 살아 계신 하나님의 말씀이라는 것을 굳게 믿고 지키는 것입니다.

성경은 하나님이 직접 파피루스나 종이에 쓴 것이 아니지만 원저자이십니다. 눈에 보이지 않는 영(靈, 비가시적이며 초월적인 신령한 분)이신 하나님께서는 천지 창조와 타락과 구원과 회복과 천국과 지옥 등 핵심적인 교리에 대하여 문자로 된 성경을 우리에게 주셨습니다. 인류의 구속사와 하나님의 나라와 약속과 구원과 현세와 내세(사후세계)에 대한 모든 것을 기록하게 하시어 하나님의 택한 백성들에게 주셨습니다.

현재 우리가 가지고 있는 신·구약 성경 66권(구약 39권+신약 27권)은 하나님께서 1,600년 동안 40명의 사람들에 의하여 기록하게 하셨습니다. 구약 성경은 주후(A.D.) 90년에 팔레스타인 남부에 위치한 얌니아에서 유대인 학자들이 모여 종교 회의를 통해 39권이 정경으로 채택되었습니다. 신약 성경은 397년에 아프리카 카르타고 종교 회의에서 정경으로 결정되었습니다. 구약 성경이 오랜 세월 동안 기록하게 하시고 보존하사 사람이 기록하되 성령 하나님께서 감동하사 오류가 없게 하셨습니다. 이는 신비한 일이고 초자연적인 하나님의 역사입니다. 만일 성령 하나님의 감동은 없고 사람들로만 기록했다면 오류가 많았을 것입니다. 진리라고 할 수 없었을 것입니다. 그러나 신·구약 성경 66권은 많은 시간이 소요되었고 수많은 사람들이 동원되어 기록되었지만 오류가 없는 것은, 전지전능하신 성령 하나님께서 성경을 기록하는 저자들에게 역사하사 온전하게 기록하도록 하셨기 때문입니다. 이에 성경은 이렇게 말씀하고 있습니다.

베드로후서 1장 20~21절입니다.
"먼저 알 것은 경(經, 성경)의 모든 예언은 사사로이 풀 것이 아니니 예언은 언제든지 사람의 뜻으로 낸 것이 아니요 오직 성령의 감동하심을 입은 사람들이 하나님께 받아 말한 것임이니라"

디모데후서 3장 16절입니다.
"모든 성경은 하나님의 감동으로 된 것으로 교훈과 책망과 바르게 함과 의로 교육하기에 유익하니"

둘째, 성경은 이 땅의 모든 종교 경전과는 전혀 다른 진리임을 굳게 믿는 것입니다.

성경은 스스로 계신 창조주 하나님께서 감동하여 쓰게 하신 계시의 말씀입니다. 계시의 말씀이란 사람에 의하여 생긴 말씀이 아니라 하늘에 계신 하나님께서 주신 말씀이라는 말입니다. 성경의 참 저자는 하나님이십니다. 그런데 지구상에 존재하는 수많은 종교의 경전들은 창조주가 아닌 하나님께서 창조하신 피조물들이 기록한 것입니다. 피조물이 참 저자입니다. 지구촌에 거하는 사람들에게서 나온 경전에 불과합니다. 계시의 종교가 아닙니다. 인간들이 수행을 통해서 깨달은 바를 정리한 경전에 불과합니다. 그런 면에서 기독교 개신교와 큰 차이가 있습니다. 그래서 교훈과 잠언과 좋은 보감(寶鑑, 본보기)은 될 수 있어도 진리는 아닙니다. 불완전한 사람이 기록했기에 오류가 많습니다. 도덕적인 교훈에 머물고 있습니다. 현세에 유익한 말들로 기록되어 있습니다.

그러나 성경은 이 땅에서 발생한 것이 아닌 하늘에서 내려 주신 계시의 말씀으로 현세와 내세에 대한 모든 것을 기록하고 있습니다. 사람은 피조물의 유한성과 한계성과 불완전성 때문에 현세에 대해서만 부분적으로 알 뿐이지 내세에 대해서는 전혀 알 수가 없기에 사후에 대해서 기록할 수가 없습니다. 그래서 타 종교에는 내세에 대한 진리가 별로 없습니다. 혹 일부 기록이 되어 있다고 하더라도 엉성하고 부실하기 짝이 없습니다. 대부분은 없습니다. 그럼에도 불구하고 타 종교는 자기들에게도 구원이 있다고 말합니다. 내세에 대해서 비슷하게 말하기도 합니다. 개신교인들은 이런 헛된 주장들에 대하여 확실한 원칙을 굳게 잡고 미혹되거나 흔들리지 말아야 합니다. 개신교는 유일신 성삼위 하나님만 인정하고, 신·구약 성경만 유일한 참 진리로 믿는 절대성을 추종하기에 상대성을 수용하지 않습니다. 배타적이라고 비난해도 어쩔 수 없습니다. 성경에 비추어 보면 사실이기 때문입니다.

셋째, 성경은 정확무오(正確無誤)한 하나님의 말씀이라는 것을 확고하게 믿는 것입니다.

기독교 안에는 정경인 신·구약 성경에 대하여 불신하는 자들이 있습니다. 소위 자유주의와 인본주의 신학과 신앙을 추구하는 자들 가운데 일부 성경을 불신하는 자들이 있습니다. 어느 성경은 진리이고 어느 성경은 진리가 아니라고 말합니다. 또한 성경에 기록된 각종 이적, 기적 사건에 대하여 진짜가 아니라고 합리적으로 접근합니다. 예를 들면 홍해 바다가 갈라진 사건 등입니다. 자유주의 신학과 신앙을 가진 자들은 성경의 각종 기적과 이적 사건에 대하여 합리적이고 이성적으로 접근합니다. 하나님의 초자연적인 이적, 표적, 기적을 믿지 못합니다. 그래서 합리적(이성적)이지 않으면 진리로 받아들이지 않습니다. 이에 자유주의 신학과 신앙에 젖은 목사들이 설교하고 가르치면 매우 합리적이고 이성적으로 접근하고 이해되기에 현혹되고 추종합니다. 또한 로마가톨릭교회(천주교)는 성경과 외경을 정경(진리)으로 받아들입니다. 그래서 성경에 대한 정통신학과 신앙이 없거나 부실한 신자들은 자유주의 신학과 신앙에 빠지기 쉽습니다. 또한 천주교 신자들이 이런저런 말을 하면 개신교 신자들 중에는 흔들리는 자들이 있을 수 있습니다. 그런즉 오직 신·구약 66권 성경만이 진리와 정경이라고 굳게 믿고 신앙생활을 해야 합니다.

넷째, 성경 말씀대로 믿고 순종하면 결국 성취되고 승리한다는 것을 굳게 믿어야 합니다.

성경은 진리이고 진리는 참입니다. 허언이나 거짓이 아닙니다. 이것이 암시하는 바는 때가 되면 반드시 성취된다는 말입니다. 하나님은 사람과 같지 않아 거짓말하시는 분이 아닙니다. 정직하신 분이십니다. 그래서 목숨을 걸고 믿고 따를 수 있습니다. 그런데 일부 신자 중에는 끝까지 믿지 않고, 순종하지 않고 어느 정도 믿다가 중도에서 불신해 버립니다. 마치 마라톤 경기에서 일부 선수들이 힘들다고 끝까지 참지 못하고 중간에서 포기하는 것과 같습니다. 그러면 열매가 없습니다. 생명의 면류관을 받지 못합니다. 하나님의 신실하심을 맛보지 못합니다. 그런즉 끝까지 목숨을 걸고 믿고 순종해야 합니다. 그러면 반드시 승리합니다. 이런 부분에 있어서 확고한 원칙을 가져야 합니다. 그래야 흔들리지 않고 끝까지 인내할 수 있습니다. 마라톤 선수들도 골인 지점이 있다는 것을 믿고 끝까지 참고 달립니다.

바라기는 신자들도 성경의 성취에 대한 그러한 믿음과 확신 가운데 어떠한 상황과 형편에도 흔들림 없이 신앙 경주를 해야 합니다. 하지만 진리에 굳게 서지 못하면 가짜들이 흔들 때 흔들립니다. 자유주의와 이단들이 창궐한 이때 흔들릴 수 있습니다. 그래서 정통과 개혁주의 신학과 신앙에 근거한 진리에 대하여 확고한 원칙이 필요합니다. 지금도 그렇지만 향후 성경에 대한 도전이 심해질 것입니다. 적그리스도가 나타나서 미혹할 것입니다. 성경에 대하여 불신을 심어 주어 참 신앙을 무너뜨릴 것입니다. 사단과 자유주의자들은 이 부분을 집요하게 공격할 것입니다. 그러므로 성경에 대한 바른 원칙을 굳게 잡고 살아야 합니다. 기쁠 때나 슬플 때나, 좋을 때나 나쁠 때나, 생명의 안전이 보장될 때나 생명을 잃을 때나 끝까지 믿는 것입니다. 그러면 죽은 이후에라도 반드시 성취됩니다. 그런즉 기독교인들은 성경만이 유일무이한 진리임을 굳게 믿고 무시로 성경 말씀을 믿고, 읽고, 듣고, 배우고, 지키며 살아야 합니다. 이것이 기독교(개신교) 〈성경〉에 대한 원칙 세계관입니다.

제4장

〈교회〉에 대한 원칙

   기독교인들은 교회를 세우신 분과 교회의 주인이 하나님이시라고 확신합니다. 또한 교회는 개인이 아닌 공동체 개념이라고 생각합니다. 교회(敎會, 에클레시아, 복수 개념)란 부르심을 받은 하나님의 사람들이 모인 복수 공동체입니다. 정확히 말하면 만세 전에 택한 하나님의 사람들이 하나님의 부르심을 받고 모인 회(會)입니다. 따라서 엄격히 말하면 불신자들은 이에 속하지 않습니다. 오직 예수 그리스도를 구세주로 영접한 사람들이 모여 성삼위 하나님을 예배하고, 성경을 배우고, 신자들끼리 교제를 하는 곳이 교회입니다. 이런 교회에 대하여 잘못 알고 있는 불신자들이나 신자들이 적지 않은 것 같습니다. 하나님의 창조의 뜻을 실현하시기 위하여 결혼 제도를 세우신 분이 하나님이신 것처럼, 신자들로부터 찬양과 경배를 받으시고 구속역사를 이루시기 위하여 지구상에 교회를 세우신 분도 하나님이십니다. 피조물인 사람이 교회를 세우지 않았습니다. 따라서 사람이 교회의 주인이 될 수 없습니다.

   마태복음 21장 13절입니다.

"저희에게 이르시되 기록된바 내(예수님=하나님) 집(성전, 교회)은 기도하는 집이라…"

마태복음 16장 18절입니다.
"또 내가 네게 이르노니 너는 베드로라 내가 이 반석(베드로의 신앙 고백) 위에 내(예수님=하나님) 교회를 세우리니 음부(지옥의 문들, 죽음의 세력들)의 권세가 이기지 못하리라"

고린도후서 1장 1절입니다.
"…고린도에 있는 하나님의 교회와…"

에베소서 1장 23절입니다.
"교회는 그(예수님=하나님)의 몸이니"

기본적으로 집을 짓고 그 안에서 사는 자가 주인인 것처럼 교회의 주인은 교회를 세우신 하나님이십니다. 결코 어느 목사나, 장로가, 집사가 주인이 아닙니다. 건축 헌금을 많이 한 신자가 주인이 아닙니다. 교회 개척 목사나 개척 멤버가 주인이 아닙니다. 목사, 장로, 집사, 성도 등은 다 하나님의 종, 일꾼, 머슴들에 불과합니다. 그런데 종들이 주인 노릇을 하는 교회들이 늘어나고 있습니다. 자기들 마음대로 교회를 운영합니다. 일부 목사는 독재를 합니다. 이는 무서운 일입니다. 영적 쿠데타입니다. 교만입니다. 그 결과 여러 불행한 일들이 발생하고 있습니다. 담임 목사와 일부 장로들이 성도들을 무시하고 자기들 마음대로 교회 재정을 관리하고 교회를 운영합니다. 교회의 공동의회와 제직회와 당회를 사유화하여 자기들 마음대로 합니다. 담임 목사가 정년을 마치는 시점에서 자기 아들 목사에게 교회를 물려줍니다. 이를 세습(世襲)이라고 합니다. 여의도(국회) 정치판처럼 만들어 버립니다. 이는 매우 잘못된 것입니다. 누구든지 변질되고, 타락하고, 교만해지면 그리합니다. 교회는 담임 목사나 일부 장로에 의하여 좌지우지 경영하는 곳이 아니라 핵심적이고, 본질적이고, 중대하고, 최종적인 것은 공동의회와 제직회에 의하여 결정되고, 승인되고, 운영되는 것이 원칙입니다. 물론 성경과 교단 헌법에 기초해서 그리합니다. 그래야 교회가 투명하고, 그릇된 길로 가지 않고, 사유화되지 않고, 평화롭고, 전체가 책임을 지게 됩니다.

담임 목사와 일부 장로나, 집사가 주인 행세를 하고 지배하는 교회는 모든 것이 투명하지 않고 비밀이 많습니다. 상식에 맞는 절차와 과정을 생략합니다. 연간 계획이나 교회 헌금에 대한 수입과 지출 내역과 재정 상황과 회계 보고 등을 대충하고 넘어갑니다. 성도들은 자세하게 알 것이 없다는 식으로 대충 보고하고 지나갑니다. 담임 목사와 그 자녀들에게 지출되는 재정을 구체적으로 공개하지 않습니다. 담임 목사에게 지출되는 특별활동비 등에 대하여 공개하지 않습니다. 선교비도 마찬가지입니다. 이에 대하여 자세한 공개를 요구하고 질의와 비판을 하면 이상한 신자로 취급해 버리거나 무시합니다. 어느 교회는 야유까지 하고 강제로 쫓아냅니다. 교회의 정당한 회원을 말입니다. 이는 불법이고 독재입니다. 그저 담임 목사의 말에만 맹목적입니다. 담임 목사가 하나님처럼 완전하다고 생각합니다. 담임 목사가 하나님의 자리에 앉아 있습니다. 담임 목사를 신격화하는 교회입니다. 이런 교회는 건강한 교회가 아닙니다. 이미 병든 교회입니다. 하나님의 다스림을 받는 교회가 아니라 담임 목사의 다스림을 받는 교회입니다. 말로만 하나님이 교회의 주인이라고 하지 실상은 담임 목사가 교회의 주인인 교회입니다. 그런 교회는 희망이 없습니다. 위험한 교회입니다. 침몰한 타이타닉 호와 같은 교회입니다. 교회의 주인은 하나님이십니다. 하나님께서는 어느 한 사람에게 교회의 치리권을 주신 것이 아니라 교회 공동의회와 제직회와 당회에 치리권을 위임하셨습니다. 따라서 정당하고 건전한 공동의회와 제직회와 당회의 결정은 곧 교회의 주인이신 하나님의 결정이라고 보아도 됩니다.

이젠 목사와 장로들로 구성된 당회도 변질과 타락이 되어가고 있습니다. 구부러진 운동장처럼 담임 목사의 해바라기가 되어 행동하기에 공동의회와 제직회의 결정이 더욱 중요하게 되었습니다. 혹 제직회도 담임 목사의 팬이 되어 기울어진 교회들도 있어 전체 공동의회가 가장 중요한 의사결정기구가 되었습니다. 그런즉 건강하고 정상적인 교회는 세례교인의 총집합체인 공동의회에 모든 것이 세세하게 보고되고, 결정되고, 승인되어야 합니다. 특히 목회자 청빙과 교회 재정에 대한 중대한 사안의 시작과 끝은 반드시 공동의회의 의결, 승인, 보고를 통해서만 집행되어야 합니다. 그래야 담임 목사와 당회, 교회의 탈선과 부정을 예방할 수 있습니다. 담임 목사와 당회에 중요한 사안을 맡기거나 위임하면 그릇된 결정을 할 가능성이 매우 큰 시대가 되었습니다. 이것이 현실입니다. 교회든, 세상 기관이든 이중 삼중 견제 장치와 검증 절차를 생략하면 반드시 부정과 불법, 비리가 나타납니다. 왜냐하면 부패하고 타락한 인간들이기 때문입니다.

그리고 소위 '가나안 성도'들이 많다고 합니다. 교회와 목사와 신자들에게서 상처를 받아 교회를 떠나 자기 혼자 집에서 예배를 드리며 사는 자들입니다. '나 홀로' 신자입니다. 그 심정은 이해가 가지만 '교회'(복수 개념)라는 것에 대한 오해에서 나온 행동입니다. 교회는 신자들의 모임체(두 사람 이상)입니다. 하나님께서는 교회를 통해서 영광을 받으시고 일하십니다. 교회가 없는 곳이면 자기 홀로 예배와 찬양을 드려도 되지만 교회가 존재하는데도, 교회에 갈 수 있는데도 자기 혼자 예배를 드리며 신앙생활을 하는 것은 옳은 자세가 아닙니다. 영상이나, 인터넷이나, 라디오 방송을 들으며 예배만 드리면 끝나는 것이 아닙니다. 교회는 공동체로써 예배, 성경 공부, 신자들끼리 친교, 구제, 봉사, 전도와 선교 등의 다양한 일들과 기능을 하는 곳입니다. 마치 홈스쿨링과 학교와의 차이라고 할 수 있습니다. 말씀 선포와 성례(성찬+세례)와 권징이 있어야 정상적인 교회와 신앙생활이라고 할 수 있습니다. 그러므로 교회(에클레시아, 복수 개념)의 개념에 대하여 바로 알아야 합니다. 사실 건전하지 않은 교회들도 많지만 건전한 교회들도 많습니다.

따라서 어느 교회, 목사, 신자들에게 실망하고 상처받아서 교회를 떠나 혼자 신앙생활을 한다고 합리화하는 것은 성경적이지도 않고, 객관성도 없습니다. 이런 자세는 마트에서 계란 한판을 샀는데 그중에 일부 계란이 썩었다고 하여 계란 전체를 불신하고 외면하는 것과 같은 자세입니다. 만약 불완전한 교회의 모습 때문이라면 모순된 것입니다. 왜냐하면 가나안 신자들도 완전하지 않기 때문입니다. 이 땅에서는 무엇이든 완전한 사람, 물건, 교회, 기관은 없습니다. 이런 사실을 모르고 실망과 상처를 받았다고 하면서 가나안 신자로 사는 사람은 그 사람이 뭔가를 오해하거나 착각하고 사는 자입니다. 그러므로 '가나안 신자'로 살지 말아야 합니다. 모든 교회, 모든 목사, 모든 신자들을 매도하거나 불신하지 말아야 합니다. 결국 그렇게 살면 올바른 신앙도 아니고 자기만 손해입니다. 자기 주관과 틀과 세계에 빠져 사는 은둔자, 부적응자에 불과합니다. 어디가나 완전한 교회, 목사, 신자들은 없다는 원칙하에 신앙생활을 해야 합니다. 자기 자신도 완전하지 않으면서 완전한 것을 기대하는 것 자체가 모순입니다.

그리고 교회 선택과 관련하여 원칙이 있어야 합니다. 교회가 크든, 작든, 지하든, 지상이든, 임대 교회든, 세워진 교회든, 상가 교회든 이것이 교회 선택의 기본 조건과 원칙은 아닙니다. 교회 선택의 바른 원칙은 목사가 정직한가, 목사가 성경 말씀을 바르게 전하는가, 이단이나 불건전한 교회가 아닌가, 이단이나 불건전한 것과 연관이 없는가, 건전한 신학교를 나온 자인가, 이상한 프로그램을 하는 것은 아닌가, 각종 비리와 불의가 있는가, 많은 부채가 있는 교회인가, 건강한 교회인가 등만 잘 확인하고 검증하면 됩니다. 교회 목사가 유명한가, 인기가 있는가, 교인들 수가 많은가 등은 중요한 잣대가 아닙니다. 이는 마치 사람을 외모, 조건 규모만 보고 결혼하는 사람과 같습니다. 실수하는 것입니다. 가장 중요한 것은 목사와 교회의 도덕성과 전문성입니다. 도덕성이란 정직성이고, 전문성이란 성경 말씀을 본문과 문맥에 맞게 잘 해석하여 전하는가가 제일 중요합니다.

다른 것이 제아무리 뛰어나고 훌륭해도 목사와 교회가 도덕성이 약하거나 설교가 반듯하지 못하면 꽝입니다. 그런 교회와 목사는 속히 떠나는 것이 지혜이고 자기가 사는 길입니다. '소문난 잔칫집에 먹을 것이 없다'는 말이 있습니다. 이 속담이 전혀 틀리지 않습니다. 오늘날 사람들은 대형 마트나, 대형 병원이나, 대형 교회만 찾는 경향이 있습니다. 대형 기관이 항상 좋은 것만은 아니라는 것을 알아야 합니다. 마치 부잣집이 항상 좋거나 행복한 것만은 아닌 것과 같습니다.

사람이나 교회는 외적 규모에 따라 그 무엇이 있고 없고, 행복과 불행, 신뢰 여부가 결정되는 것이 아닙니다. 그런즉 교회를 선택할 때 외적 규모에 좌우되지 말아야 합니다. 성숙하고, 믿음이 좋고, 지혜로운 사람은 외모, 조건, 규모에 따라 좌우되지 않습니다. 내용과 중심을 봅니다. 됨됨이를 봅니다. 정확한 평판을 봅니다. 교회에 대하여 이런 사실을 원칙으로 알고 살면 매우 유익하고 큰 갈등이 없을 것입니다. 그런즉 기독교인들은 교회가 완전하지 않고 여러 소소한 문제가 있더라도 교회를 중심으로 신앙생활을 하기 바랍니다. 지상에는 완전한 사람이 없듯이 완전한 교회는 없습니다. 이것이 기독교(개신교) 〈교회〉에 대한 원칙 세계관입니다.

제5장　　　　　　　　　　　〈종말〉에 대한 원칙

　　기독교인들은 반드시 종말(세상 끝)이 있다고 믿습니다. 기독교인들
이 믿는 종말은 세상 사람들이 말하는 종말 개념과 큰 차이가 있습니다.
종말(終末, 마칠 종, 끝 말, end)의 사전적 의미는 계속되어 온 일이나 현
상의 끝판, 맨 끝을 말합니다. 보통 사람들이 '종말'이라고 말할 때는 이
세상이 끝나는 날, 지구 종말을 가리킵니다. 사람 중에는 세상 종말을 믿
는 사람들도 있고 믿지 않는 사람들도 있습니다. 또한 '세상 종말이 어떻
게 올 것이냐'라는 물음에 대해서는 의견이 분분합니다. 핵전쟁으로, 환
경파괴로, 질병으로, 기근으로, 이상기후 등의 말들을 합니다. 지구상에
많은 종교들이 있지만 종말에 대하여 구체적이고 명확하게 말하는 종교
는 기독교(개신교)뿐입니다. 어떤 종교에는 종말 자체가 없습니다. 혹 종
말이 있다고 하더라도 애매모호합니다. 기독교 종말론(終末論)이란 세상
과 지구와 인간의 종말을 믿고, 그리스도의 재림(再臨), 인류 최후의 심판
(審判), 인류의 부활(復活)과 승천(昇天) 등을 내세우는 설을 의미합니다.
기독교의 종말 원칙은 명확하고 구체적입니다. 기독교 진리인 성경은 세
상과 지구와 인간의 종말을 확실하게 말합니다. 그것은 복음이 모든 민

족에게, 땅끝까지 전파되었을 때 인류의 유일한 구세주이자 하나님이신 예수님께서 천사들과 함께 공중으로 재림해 오시는데 그때가 세상 종말, 지구 종말, 인간 종말, 세상 끝이라고 말합니다.

이때 지구촌에서는 놀라운 현상이 나타나는데 수천, 수백 년 등 이미 죽었던 자들이 하나님의 초자연적인 능력으로 신체가 홀연히 변화하여 부활합니다. 변화된 육체가 육체를 떠났던 영혼과 재결합하여 공중으로 들림을 받습니다. 이것을 휴거(携擧, 이끌 휴, 들 거, rapture, 들림)라고 합니다. 죽은 기독교인들이 먼저 하늘로 들림을 받은 이후 산 기독교인들이 들림을 받습니다. 나중에 불신자들이 하늘로 들림을 받습니다. 동시다발적이고 순간입니다. 그리하여 들림을 받은 전 인류가 공중에서 인류의 재판장이신 예수님으로부터 최후의 심판을 받고 천국과 지옥으로 들어가서 영원히 살게 됩니다. 이것이 성경이 말하는 기독교(개신교) 종말 원칙입니다. 기독교 종말을 주장하는 자들 중에는 사이비, 이단(가짜)들이 있습니다. 지상에 재림한 자칭 예수라고 하는 자들과 시한부 종말을 주장하는 자들이 가장 대표적입니다. 예수님의 재림은 지상 재림이 아니라 공중 재림입니다. 재림은 단 한 번뿐입니다. 그런즉 자칭 지상에 있으면서 재림 예수라고 하는 자들은 다 가짜와 이단들입니다. 그리고 몇 년도, 몇 월, 며칠, 몇 시에 예수님께서 재림해 오신다고 주장하는 자들도 다 가짜입니다. 이런 기독교인들을 시한부 종말론자들이라고 합니다. 다 거짓이고, 가짜이고, 사기(속임)입니다. 그래서 이단이라고 합니다. 기독교 종말 원칙과 핵심은 예수님의 공중 재림입니다. 그리고 종말의 시기는 아무도 모릅니다. 세상 종말과 재림의 때(시기)는 성부 하나님 외에는 아무도 모릅니다. 그래서 늘 깨어 살라고 말씀하셨습니다. 다음 성경 말씀이 잘 증거해 줍니다.

마태복음 24장 14절입니다.

"이 천국 복음이 모든 민족에게 증거되기 위하여 온 세상에 잔파되리니 그제야 끝(종말)이 오리라"

데살로니가전서 4장 16~17절입니다.

"…주께서 호령과 천사장의 소리와 하나님의 나팔로 친히 하늘로 좇아 강림(공중 재림)하시리니 그리스도 안에서 죽은 자들(기독교인들)이 먼저 일어나고(부활) 그 후에 우리 살아남은 자(그 당시 죽지 않은 자들)도 저희와 함께 구름 속으로 끌어올려(휴거) 공중에서 주를 영접하게 하시리니 그리하여 우리가 항상 주와 함께 있으리라"

데살로니가전서 5장 1~2절입니다.

"형제들아 때와 시기(종말 시기)에 관하여는 너희에게 쓸 것이 없음은 주의 날이 밤에 도적같이 이를 줄을 너희 자신이 자세히 앎이라"

마태복음 24장 36절입니다.

"…그날과 그때는 아무도 모르나니 하늘의 천사들도 아들도 모르고 오직 아버지(성부 하나님)만 아시느니라"

마가복음 13장 33절입니다.

"주의하라 깨어 있으라 그때(종말 때)가 언제인지 알지 못함이니라"

마태복음 24장 44절입니다.
"이러므로 너희도 예비하고 있으라 생각지 않은 때에 인자(人子, 예수님)가 오리라"

데살로니가전서 5장 4~5절
"형제들아 너희는 어두움에 있지 아니하매 그날이 도적같이 너희에게 임하지 못하리니 너희는 다 빛의 아들이요 낮의 아들이라 우리가 밤이나 어두움에 속하지 아니하나니"

그러므로 기독교인들은 매일, 죽을 때까지 종말 신앙으로 살아가야 합니다. 직선적 역사관을 가져야 합니다. 모든 일에는 시작이 있고 반드시 끝이 있습니다. 이것을 직선적 역사관이라고 합니다. 우리가 세상과 지구와 인간 종말이 언제인지는 모르지만, 반드시 도적같이 임한다는 사실을 알고 항상 정신을 차리고 살아야 합니다. 노아의 시대 사람들처럼 이 세상의 즐거움과 일에 흠뻑 젖어 살지 않아야 합니다. 이 세상의 삶을 근면 성실하게 살되 파수꾼처럼 영적으로 깨어 살아야 합니다. 사랑하고 좋아하는 사람이 언젠가 오겠다고 약속했을 때 매일 기다리며, 고대하며 사는 것처럼 기독교인들은 예수님의 공중 재림도 그런 마음과 자세로 준비하고 살아야 합니다. 종말의 약속을 잊고 세상에 빠져 먹고, 마시고, 즐기며 사는 신자는 예수님의 재림을 잊고 살기에 마치 파수꾼이 성을 지키다가 잠을 자는 것과 같습니다. 세상 종말은 반드시 옵니다. 그러나 언제인지 모릅니다. 그런즉 항상 깨어 종말 신앙으로 살아가야 합니다. 이것이 기독교(개신교) 〈종말〉에 대한 원칙 세계관입니다.

제6장

〈심판〉에 대한 원칙

    기독교인들은 인류에 대한 최후의 심판이 있다고 믿습니다. 인류를 심판하시는 이는 성자 예수님이라고 말합니다. 심판(審判, 살필 심, 판단할 판)의 사전적 의미는 '사건을 헤아리고 살피어 판단 또는 판결함'을 뜻합니다. 기독교에서는 하나님께서 모든 인류를 선·악 간에 심판하는 것을 의미합니다. 특히 세상 종말에 죽은 자나 산 자들에 대한 全인류의 최후 심판을 의미합니다. 심판은 우리 사회에 편만해 있고 친숙한 것입니다. 모든 운동 경기에도 반드시 심판이 있어 경기를 운영하고 마지막 승패를 판결합니다. 사법부에도 심판이 있습니다. 최종 심판은 법원(대법원)이 합니다. 누가 선·악을 행하였는지를 재판 과정을 통해서 가려내어 판결함으로 심판합니다. 학생들은 다양한 시험을 통해서 실력을 심판합니다. 따라서 현세나 내세에 심판이 있음은 누구도 부인하지 못합니다. 하지만 하나님을 믿지 않는 사람들 중에는 인류 최후의 심판에 대해서는 부정하는 자들이 많습니다. '살다가 죽으면 그만이지 무슨 심판이 있느냐'고 항변합니다. 하지만 이 땅에서의 부분적인 심판도 있지만, 사후(死後) 전후로 인류에 대한 마지막 최후 심판이 있다고 성경은 말합니다. 이는 다른 종교에는 없고 오직 기독교에서만 명확하게 말합니다.

히브리서 9장 27절입니다.

"한 번 죽는 것은 사람에게 정하신 것이요 그 후에는 심판이 있으리니"

성경은 살다가 죽은 자가 죽음으로 끝나지 않고 예수님께서 공중으로 재림하시는 세상 종말에 다시 살아나서 사후에 심판을 받는다고 말합니다. 하나님의 초자연적인 능력으로 이미 오래전에 죽은 자들이 다시 살아나게 됩니다. 이것을 부활이라고 합니다. 변화된 육체와 영혼이 다시 결합하여 부활한 모든 사람들은 공중으로 들림(휴거)을 받은 후 최후의 심판을 받고 천국과 지옥으로 들어가 영원히 살게 됩니다. 성경은 육체적 죽음(개인적 죽음)이 끝이 아니라고 말합니다.

전도서 12장 14절입니다.

"하나님은 모든 행위와 모든 은밀한 일을 선악 간에 심판하시리라"

사람들은 출생 이후 별의별 짓을 다 하며 삽니다. 착한 짓도 하고 나쁜 짓도 합니다. 실정법에 위반되는 짓도 하고 그렇지 않은 짓도 합니다. 감옥에 가기도 하고 상을 받기도 합니다. 사람들에게 드러나게 악한 짓이나 선한 짓을 하기도 하지만 사람들 몰래 은밀하게 악한 짓도 합니다. 어떤 사람은 악한 짓을 하고도 세상 법망을 피하기도 합니다. 완전범죄를 한 자들도 있습니다. 전 인류가 이런 선행과 악행에 대하여 완벽한 심판을 받게 됩니다. 그리하여 일생 동안 뿌린 대로 심판을 받게 됩니다. 그런즉 최후에는 누구도 억울하지 않습니다.

요한복음 5장 22절입니다.
"아버지(성부 하나님)**께서 아무도 심판하지 아니하시고 심판을 다 아들**(성자 하나님=예수님)**에게 맡기셨으니"**

인류 최후의 심판은 천지 만물, 사람을 창조하신 성자(예수님) 하나님께서 하십니다. 이분은 인류의 유일한 구세주인 예수님입니다. 한마디로 법원의 재판장처럼 인류의 재판장은 우리 죄를 위해서 십자가에 달려 죽으셨다가 3일 만에 다시 살아나신 예수님입니다. 성부 하나님께서 성자 하나님이신 예수님에게 전 인류에 대한 최후 심판을 맡기셨습니다.

사도행전 17장 31절입니다.
"이는 정하신 사람으로 하여금 천하를 공의로 심판할 날을 작정하시고…"

천하 인류, 산 자와 죽은 자 모두를 심판하실 재판장 성자 예수님은 한 점 오류도 없이, 인류를 좌우로 치우침이 없이 완전하게 심판하실 것입니다. 그것이 '공의(公義)'라는 말입니다. 하나님은 사람과 같지 않아서 거짓, 불법, 치우침이 없습니다. 공평무사하게 심판하십니다. 따라서 이 땅에 살면서 법원에서나 기타 등에서 억울한 일을 당한 사람들은 이때 공정한 심판을 받아 보상을 받게 될 것입니다. 그런즉 이 땅에서 좀 억울한 일을 당해도 참고 살기 바랍니다. 어차피 이 땅에서는 완전한 공의, 공정함이 없기 때문입니다. 반대로 권력과 돈과 인맥 등으로 범죄를 하고도 법망을 빠져나간 모든 자들은 긴장해야 할 것입니다. 최후의 심판은 완전하기 때문입니다. 빠져나갈 길이 없습니다.

디모데후서 4장 1절입니다.

"하나님 앞과 산 자와 죽은 자를 심판하실 그리스도 예수 앞에서 그의 나타나실 것과 그 나라를 두고 엄히 명하노니"

심판을 받을 대상은 산 자와 죽은 자들입니다. 과거와 현재의 모든 사람들입니다. 최초의 사람 아담을 비롯한 그 후손 모든 사람들입니다. 전인류입니다. 심판자는 예수 그리스도입니다. 그런즉 심판이 없다고 말하거나 그렇게 믿고 이 땅에서 진리를 불신하고 무시한 자들은 피눈물을 흘리는 심판을 받게 될 것입니다. 시각장애인이 눈에 보이지 않으니 태양도, 달도 존재하지 않는다고 하더라도 태양과 달이 존재하듯, 불신자들이 심판을 부인한다고 해도 심판이 없는 것이 아닙니다. 성경은 진리이고 진리는 반드시 이루어지기 때문입니다.

요한계시록 20장 13절 下~14절입니다.

"…각 사람이 자기의 행위대로 심판을 받고 사망과 음부도 불못(지옥)에 던지우니 이것은 둘째 사망(지옥에서의 영원한 삶) 곧 불못이라"

모든 인류(사람)는 자기 행위대로 심판을 받습니다. 심판을 받아 어디로 던져진다고 합니까? 불못(지옥 불)에 던져진다고 합니다. 마치 김장을 할 때 좋은 부분은 장을 담고 좋지 않은 부분은 버려 쓰레기장에 버리는 것과 같습니다. 첫째 사망은 이 땅에서 80~90년 동안 살다가 육체적으로 죽는 것이고, 둘째 사망이란 사후에 다시 부활하여 심판을 받은 이후 지옥 불에 들어가 영원히 고통만 겪고 사는 것을 둘째 사망이라고 합니다. 예수님을 진실로 믿고 살다가 죽은 사람은 천국에 들어가게 되고, 예수님을 불신한 사람이나 가짜 기독교인, 외식하는 기독교인, 이단들은 지옥 불에 들어가게 될 것입니다. 그러므로 살아 있을 때 복음을 받아들이고 구세주인 예수님을 진실로 믿고 살아야 합니다. 동시에 진리를 떠나 고의적으로 무법하게 살지 않아야 합니다. 자기 행위대로 심판을 받기 때문입니다. 심판은 반드시 있습니다. 따라서 기독교인들은 항상 심판 사상에 젖어 긴장하며 살아야 합니다. 이것이 기독교(개신교) 〈심판〉에 대한 원칙 세계관입니다.

제7장

〈천국〉에 대한 원칙

기독교인들은 천국이 있음을 확신합니다. 천국은 추상적인 곳이 아닌 사후에 반드시 들어가는 실제적인 장소입니다. 천국(天國)이란 하나님을 주인으로 섬기는 나라를 말합니다. 하나님의 나라라고도 합니다. 천당이라고도 하지만 천당이라는 말은 기독교 용어가 아닌 불교 용어입니다. 천국에 대하여 기독교인들은 성경에 근거하여 믿지만, 불신자들은 터무니없는 소설에 불과하다고 하면서 믿지 않습니다. 그거야 각자의 주권입니다. 천국(하나님의 나라)은 두 가지 개념이 있습니다. 장소적인 천국과 통치적인 천국이 있습니다. 장소라 하면 마치 지구(地球)나 국가처럼 실제로 존재하는 곳을 말합니다. 사후에 들어가는 곳입니다. 통치적인 천국이란 성령 하나님의 다스림과 통치를 받는 기독교 영적 세계 나라를 말합니다. 자신의 죄를 회개하고 구세주인 예수님을 영접한 사람, 성령세례를 받은 사람은 성령 하나님의 지배와 통치를 받기에 이미 영적 통치적인 천국이 임했습니다. 예수님을 믿는 자들이 현세에서 하나님의 지배와 통치를 받는 비장소적인 천국입니다. 장소적인 천국은 사후 부활 후에 변화된 육체와 영혼이 재결합하여 들어가는 곳입니다. 이 천국은 영원히 행복하게 사는 곳입니다. 이 천국은 질병과 눈물과 고통과 죽음이 없는 곳입니다. 착한 행실로 가는 곳이 아닙니다. 오직 예수 그리스도를 진실하게 믿음으로 가는 곳입니다. 성경은 천국에 들어가는 것에 대하여 구원(영생)이라고도 말합니다.

마태복음 7장 21절입니다.

"나더러 주여 주여 하는 자마다 천국에 다 들어갈 것이 아니요 다만 하늘에 계신 내 아버지의 뜻대로 행하는 자라야 들어가리라"(행위를 말하는 것이 아님)

마태복음 19장 23~24절입니다.

"예수께서 제자들에게 이르시되 내가 진실로 너희에게 이르노니 부자는 천국에 들어가기가 어려우니라 다시 너희에게 말하노니 약대(낙타)가 바늘귀로 들어가는 것이 부자가 하나님의 나라에 들어가는 것보다 쉬우니라 하신대"

누가복음 23장 42~43절입니다.

"가로되 예수여 당신의 나라에 임하실 때에 나를 생각하소서 하니 예수께서 이르시되 내가 진실로 네게 이르노니 오늘 네가 나와 함께 낙원에 있으리라 하시니라"

마태복음 3장 2절입니다.

"회개하라 천국이 가까왔느니라 하였으니"

로마서 14장 17절입니다.

"하나님의 나라는 먹는 것과 마시는 것이 아니요 오직 성령 안에서 의와 평강과 희락이라"

요한계시록 21장 4절입니다.

"모든 눈물을 그 눈에서 씻기시매 다시 사망이 없고 애통하는 것이나 곡하는 것이나 아픈 것이 다시 있지 아니하리니 처음 것들이 다 지나갔음이러라"

마태복음 25장 46절입니다.

"저희(불신자들)**는 영벌**(지옥)**에, 의인들**(참 신자)**은 영생**(천국)**에 들어가리라 하시니라"**

요한복음 14장 3절입니다.

"가서 너희를 위하여 처소(천국)**를 예비하면 내가 다시 와서**(공중 재림)** 너희를 내게로 영접하여 나 있는 곳**(천국)**에 너희도 있게 하리라"**

사도행전 16장 31절입니다.

"가로되 주 예수를 믿으라 그리하면 너와 네 집이 구원(영생)**을 얻으리라 하고"**

이 세상에서 사람들이 사는 주택(아파트)은 정부나 건설업자들이 짓습니다. 하지만 천국은 사람들이 짓지 못하고 오직 하나님께서 전능하신 능력으로 짓고 마련하십니다. 그리하여 인류의 유일한 구세주인 예수님을 진실로 영접한 사람들만, 만세 전에 택함을 받은 하나님의 친백성들만 들어가 영원히 사는 곳이 장소적인 천국입니다. 이 천국은 사후(死後)에 가는 곳입니다. 그리고 예수님을 진실로 영접한 사람들은 영적 통치영역으로 하나님의 나라가 임했습니다. 하나님의 말씀과 성령 하나님의 통치를 받는 사람은 그 마음이 이미 천국입니다. 그래서 이 땅에 사는 날 동안에 하나님을 예배라고, 찬양하고, 섬깁니다. 하나님의 말씀이자 계명인 성경을 믿고 그 말씀대로 거룩하게 삽니다. 이러한 삶은 오직 하나님의 나라가 임한, 천국이 임한 참 기독교인들에게만 나타나는 현상입니다.

물론 거짓, 가짜 신자들에게도 나타나기는 하지만 거룩하지는 않습니다. 흉내만 낼 뿐입니다. 가짜나 거짓은 성경의 계명대로 지키며 살지 않습니다. 절대로 그렇게 살지 않습니다. 그것을 통해서 진짜와 가짜를 분별할 수 있습니다. 진실로 영적으로, 통치적인 영역으로 천국이 임한 사람은 의와 희락과 화평과 거룩함이 나타나고 성령의 열매가 열립니다. 고의적으로 거짓말과 불법을 행하지 않고, 돈을 사랑하지 않고, 천국에 소망을 두고 삽니다. 만일 천국이 없다면 기독교인들이 이 세상에서 가장 불쌍한 자들이 될 것입니다. 예수님을 믿을 필요가 없습니다. 신앙생활이 아무런 의미가 없습니다. 왜냐하면 사후세계인 천국이 없어 이 땅에서의 신앙생활이 헛되고 헛되기 때문입니다. 그러나 진리인 성경은 천국이 반드시 있음을 말합니다. 그래서 참 기독교인들이 복된 것입니다. 그런즉 기독교인들은 항상 천국 사상에 젖어 천국을 소망하며 살아야 합니다. 이것이 기독교(개신교) 〈천국〉에 대한 원칙 세계관입니다.

제8장

〈지옥〉에 대한 원칙

기독교인들은 사후 부활 후에 변화된 육체와 영혼이 재결합한 이후 들어가 영원히 사는 천국이 있듯이 지옥이 있다고 말합니다. 진리인 성경이 그렇게 말하기 때문에 굳게 믿습니다. 지옥 또한 추상적인 개념이 아닌 실재하는 장소입니다. 지옥(地獄, hell)이란 '죄인들이 사후(死後) 부활 후에 들어가서 영원히 고통 가운데 사는 곳'을 말합니다. 지옥 불, 불과 유황 못, 둘째 사망, 암흑세계라고도 합니다. 형벌의 장소나 상태에 대한 이름으로 사용되었습니다. 죄인들이란 인류의 유일한 구세주인 예수 그리스도를 진실로 영접하지 않는 자들을 가리킵니다. 죄인들이란 불신자들, 타 종교인들, 무종교자들, 가짜 기독교인들, 사이비 기독교인들, 거듭나지 않은 자들, 외식하는 기독교인들, 이단들, 미신을 섬기는 자들, 종교 다원론을 믿는 자들, 종교업자들입니다. 죽을 때까지 예수님을 영접하지 않은 자들이 갑니다. 지옥의 삶은 시종일관 피눈물이 나며, 고통만 받고 영원히 사는 곳으로 자살할 권리도 박탈당합니다. 죽지도 못합니다. 회개도 소용이 없는 곳입니다. 적지 않은 사람들은 장소적인 지옥에 대하여 무시하거나 농담으로 여깁니다.

이 세상에도 실정법을 위반하고 악행을 저지른 죄인들이 가는 곳이 있습니다. 장소적인 교도소(감옥)입니다. 법을 위반하지 않은 자들은 교도소에 들어가지 않고 집으로 갑니다. 이처럼 살아생전에도 죄인들은 교도소에 가서 일정 기간 삽니다. 그러나 사후에 예수님을 믿지 않는 죄인들이 들어가는 영원한 감옥과 같은 지옥은 출소가 없습니다. 영원히 고통만 받으면 지옥 불 감옥에서 삽니다. 참으로 끔찍한 곳입니다. 사람들이 믿든 믿지 않든지, 인정하든지 부정하든지 지옥은 있습니다. 하나님의 말씀인 성경은 진리입니다. 진리는 참이라는 말인데 반드시 이루어집니다. 진리는 거짓이 하나도 없습니다. 이 땅에서나 사후에나 성취되는 것이 시간적 차이만 있을 뿐 그대로 이루어집니다. 그래서 성경 말씀을 가볍게 생각하거나 무시할 수 없습니다. 진지하게 고민하고 존중하는 사람이 지혜자입니다. 미래를 대비하는 자입니다.

마태복음 5장 29절입니다.

"만일 네 오른눈이 너로 실족케 하거든 빼어내 버리라 네 백체 중 하나가 없어지고 온몸이 지옥(地獄)에 던지우지 않는 것이 유익하며"

마태복음 10장 28절입니다.

"몸은 죽여도 영혼은 능히 죽이지 못하는 자들(사람들)을 두려워하지 말고 오직 몸과 영혼을 능히 지옥(地獄)에 멸하시는 자(하나님)를 두려워하라"

베드로후서 2장 4절입니다.

"하나님이 범죄한 천사들을 용서치 아니하시고 지옥(地獄)에 던져 어두운 구덩이에 두어 심판 때까지 지키게 하셨으며"

요한계시록 20장 10절입니다.
"또 저희를 미혹하는(속이는) 마귀(사단)가 불과 유황 못(지옥)에 던지우니 거기는(지옥은) 그 짐승(사단 하수인들)과 거짓 선지자(거짓 목사들)도 있어 세세토록(영원토록) 밤낮 괴로움을 받으리라"

요한계시록 20장 14~15절입니다.
"사망과 음부도 불못(지옥)에 던지우니 이것은 둘째 사망 곧 불못(지옥)이라 누구든지 생명책에 기록되지 못한 자는 불못(지옥)에 던지우더라"

마태복음 13장 42절입니다.
"풀무 불(지옥)에 던져 넣으리니 거기서 울며 이를 갊이 있으리라"

마태복음 25장 46절입니다.
"저희는(불신자들) 영벌(지옥)에, 의인들은(참 그리스도인들) 영생(천국)에 들어가리라 하시니라"

누가복음 16장 23~24절입니다.
"저가 음부(지옥)에서 고통 중에 눈을 들어 멀리 아브라함과 그의 품에 있는 나사로를 보고 불러 가로되 아버지 아브라함이여 나를 궁휼이 여기사 나사로를 보내어 그 손가락 끝에 물을 찍어 내 혀를 서늘하게 하소서

내가 이 불꽃 가운데서 고민(고통이 극심한 상태)**하나이다"**

천국(天國)이 참 그리스도인들만 사후 부활 후에 들어가는 영원히 행복한 곳이라면, 지옥(地獄)은 참 그리스도인이 아닌 사람들이 사후 부활 후에 들어가는 영원히 고통만 받는 장소입니다. 장소적인 지옥은 하나님께서 죄인들을 영원히 벌하시기 위해서 예비해 놓으신 곳입니다. 한 번 들어가면 출소가 없는 영원한 교도소입니다. 영원토록 끔찍한 고통만 당하며 사는 곳입니다. 사후 부활 후에 이 지옥에 들어가지 않는 유일한 길은 진실로 인류의 유일한 구세주인 예수님을 진실로 믿는 것밖에 없습니다. 믿어져야 합니다. 하나님으로부터 믿음을 받지 못한 자들은 원치 않아도 다 지옥불에 들어가야 합니다. 지옥에 들어가는 자들은 인생의 실패자요 가장 불행한 사람입니다. 이 세상에서 아무리 큰 업적을 남기고, 존경을 받고, 인류에 공헌을 하고, 애국자이고, 위대한 일을 하였다고 하더라도 예수님을 믿지 않고 죽은 자들은 다 지옥행입니다. 반면 아무리 나쁜 짓을 한 자들일지라도 진심으로 예수님을 믿고 회개한 자들은 사후에 천국에 들어갑니다. 천국행과 지옥행은 오직 믿음이라는 승차표, 열쇠, 비밀번호로 결정됩니다. 사람은 죽음으로 끝나지 않습니다. 내세, 사후세계가 있습니다. 그런즉 기독교인들은 이런 지옥 사상을 굳게 붙잡고 두렵고 떨림으로 살아야 합니다. 동시에 불신자들에게 이런 사실을 알리고 최선을 다해서 전도해야 합니다. 믿고 안 믿는 것은 나중이고 먼저 복음을 전해야 합니다. 이것이 기독교(개신교) 〈지옥〉에 대한 원칙 세계관입니다.

제9장 　　　　　　　　　　　　　　　 <부활>에 대한 원칙

　　기독교인들은 사람이 죽으면 죽음으로 끝나지 않고 세상 종말, 즉 예수님께서 인류를 재판(심판)하기 위해서 천사들과 함께 공중으로 재림해 오실 때 반드시 부활이 있다고 믿습니다. 기독교 진리인 성경(聖經)이 그렇게 말하기 때문입니다. 기독교는 부활의 종교입니다. 부활(復活)이란 다시 살아나는 것을 말하는데 신자나 불신자들 모두가 부활합니다. 죽은 자나 산자 모두가 새롭게 부활합니다. 이것이 부활에 대한 기독교의 원칙입니다. 다른 종교와 비기독교인들은 부활을 믿지 않습니다. 터무니없는 말이라고 합니다. 기독교인 중에도 일부는 부활을 반신반의합니다. 부활이란 피조세계에서는 반복되는 현상입니다. 씨앗을 땅에 뿌리면 씨앗이 썩은 이후 싹이 나는 부활을 합니다. 신비한 일입니다. 씨앗이 썩으면 그대로 죽어 싹이 나지 않아야 하는데, 씨앗이 썩었는데 싹이 납니다. 다시 살아납니다. 많은 풀들과 식물들과 나무들이 겨울에는 죽은 듯 있다가 봄이 되면 다시 부활하는 싹이 납니다. 이처럼 부활이란 전혀 생소한 것이 아닙니다. 이 세상에서도 피조물을 통해서 해마다 간접적으로 경험하는 일입니다. 이런 것에 비추어 볼 때 인간의 부활에 대해서도

무조건 부정하는 것은 섣부른 판단이라고 할 수 있습니다. 기독교 진리인 성경은 죽은 자의 부활에 대하여 분명하게 말합니다. 부활의 첫 열매와 사례는 인류의 유일한 구세주인 예수님이십니다. 예수님께서는 십자가에 달려 죽으시기 전에 제자들에게 미리 자신의 죽음과 부활을 예언하셨습니다. 그 예언대로 십자가에 달려 죽으셨다가 3일 만에 부활하셨습니다.

마태복음 20장 19절입니다.
"이방인들에게 넘겨주어 그를 능욕하며 채찍질하며 십자가에 못 박게 하리니 제삼일에 살아나리라(부활)**"**

마태복음 28장 7절입니다.
"또 빨리 가서 그의 제자들에게 이르되 그가 죽은 자 가운데서 살아나셨고(부활) **너희보다 먼저 갈릴리로 가시나니 거기서 너희가 뵈오리라 하라 보라 내가 너희에게 일렀느니라 하거늘"**

로마서 1장 4절입니다.
"성결의 영으로는 죽은 가운데 부활(復活)**하여 능력으로 하나님의 아들로 인정되셨으니 곧 우리 주 예수 그리스도시니라"**

사도행전 24장 15절입니다.
"저희가 기다리는바 하나님께 향한 소망을 나도 가졌으니 곧 의인과 악인의 부활(復活)**이 있으리라 함이라"**

마태복음 22장 23절입니다.

"부활(復活)이 없다 하는 사두개인들이 그날에 예수께 와서 물어 가로되"

고린도전서 15장 12~14절입니다.

"그리스도께서 죽은 자 가운데서 다시 살아나셨다(부활) 전파 되었거늘 너희 중에서 어떤 이들은 어찌하여 죽은 자 가운데서 부활(復活)이 없다 하느냐 만일 죽은 자의 부활이 없으면 그리스도도 다시 살지 못하셨으리라 그리스도께서 만일 다시 살지 못하셨으면 우리의 전파하는 것도 헛것이요 또 너희 믿음도 헛것이며"

고린도전서 15장 20절입니다.

"그러나 이제 그리스도께서 죽은 자 가운데서 다시 살아(부활) 잠자는 자들(죽은 자들)의 첫 열매(부활의 열매)가 되셨도다"

기독교는 부활의 종교라고도 합니다. 그만큼 부활이 기독교 진리의 핵심 중의 핵심이라는 말입니다. 만일 죽은 자의 부활이 없다면 세상에서 기독교인들이 가장 불쌍한 자들입니다. 왜냐하면 다시 살지 못하기에 쓸데없는 것, 헛것을 믿었기 때문입니다. 이는 마치 농부가 죽은 씨앗을 논과 밭에 열심히 뿌리는 헛수고와 같습니다. 그러나 예수님의 십자가 사건과 부활 사건은 역사적인 팩트입니다. 또한 성경은 거짓을 예언한 책이 아닌 진리(참)입니다. 일반적으로 피조물들의 부활을 통해서도 부활이 있음이 입증됩니다. 사람은 한번 태어나면 죽어도 죽지 않습니다. 무슨 말입니까? 사람은 육체와 영혼으로 결합되어 있습니다. 육체에서 어느 날 영혼이 떠나면 죽었다고 말합니다. 시체라고 합니다. 육체(뼈와 살)는 물질이기에 시간이 지나면 썩어 없어지지만, 물질이 아닌 영혼은 썩지도 않고, 불에 타지도 않고, 죽지도 않고, 영원히 없어지지도 않습니다. 한마디로 마치 산 씨앗처럼 죽으나 사나 살아 있습니다. 단지 육체가 죄의 형벌로 사형 선고를 받아 썩거나 죽는 것뿐입니다. 그래서 죽음이란 영혼이 육체를 떠나는 것이라고 말합니다. 산 씨앗은 땅에 묻히면 언제든지 다시 살아나고 부활하듯이 산 영혼은 마지막 세상 종말에 변화된 육체와 결합하여 다시 살아납니다. 그리하여 공중으로 들림(휴거)을 받아 재판장이신 예수님으로부터 최후의 심판을 받고 천국 아니면 지옥에 들어가서 영원히 살게 됩니다. 그런즉 확실한 부활 신앙을 가지고 살아야 합니다. 이것이 기독교(개신교) 〈부활〉에 대한 원칙 세계관입니다.

제10장

〈재림〉에 대한 원칙

　기독교는 세상 종말(끝)에 예수님께서 천사들과 함께 이미 죽은 자들과 산 자들인 인류를 심판하시기 위하여 지상이 아닌 공중으로 재림해 오신다고 말합니다. 이단들은 예수님의 지상 재림을 주장합니다. 재림(再臨)이란 '두 번째 옴'을 말하는데, 인류의 유일한 구세주인 예수님께서 죽으신 지 3일 만에 다시 부활하여 승천하셨습니다. 그 예수님께서 인류를 심판하시기 위해서 세상 종말에 재판장으로 이 세상에 다시 오시되 공중으로 오신다고 말합니다. 불신자들은 예수님의 재림에 대하여 황당한 주장이라고 말합니다. 영적인 시각장애인들인 불신자들은 충분히 그렇게 말할 수 있습니다. 믿어지지 않고 영적인 눈으로 보이지 않으니 부정할 수밖에 없습니다. 재림이라는 것도 일상생활에서 표현이 다를 뿐 종종 경험하는 일들입니다. 부모님이 집을 떠나 타지에 갔다가, 해외에 갔다가 다시 귀국, 귀가하는 일들이 그것입니다. 기독교인들 중에는 예수님의 재림에 대하여 반신반의하는 자들이 있고, 재림을 생각지 않고 사는 자들도 있습니다. 또한 이단들도 재림을 믿는 자들과 믿지 않는 자들이 있는데 믿는 자들 중에는 지상에 재림해 오신다고 말합니다. 이는 틀린 주장입니다. 예수님의 초림(初臨, 처음 옴)인 성탄은 지상 재림이었습니다. 그러나 성경은 재림(再臨, 두 번째 옴)에 대하여 공중 재림이라고 분명하게 말합니다. 초림(성탄)이 단 한 번이었듯이 공중 재림도 단 한 번뿐입니다.

데살로니가전서 4장 15절입니다.

"우리가 주의 말씀으로 너희에게 이것을 말하노니 주 강림(공중 재림) 하실 때까지 우리 살아남아 있는 자도 자는(죽은 자) 자보다 결단코 앞서지 못하리라 주께서 호령(지휘하는 명령)과 천사장의 소리와 하나님의 나팔로 친히 하늘(공중)로 좇아 강림(공중 재림)하시리니 그리스도 안에서 죽은 자들이 먼저 일어나고(부활)"

마태복음 24장 30절입니다.

"그때에 인자(예수님)의 징조가 하늘에서 보이겠고 그때에 땅의 모든 족속들이 통곡하며 그들이 인자가 구름을 타고(함께) 능력과 큰 영광으로 오는(공중 재림) 것을 보리라"

사도행전 1장 11절입니다.

"가로되 갈릴리 사람들아 어찌하여 서서 하늘을 쳐다보느냐 너희 가운데서 하늘로 올리우신(승천) 이 예수는 하늘(공중)로 가심을 본 그대로 오시리라(공중 재림) 하였느니라"

데살로니가전서 5장 4~5절

"형제들아 너희는 어두움에 있지 아니하매 그날이 도적같이 너희에게 임하지 못 하리니 너희는 다 빛의 아들이요 낮의 아들이라 우리가 밤이나 어두움에 속하지 아니하나니"

기독교는 예수님의 공중 재림의 종교입니다. 예수님의 재림은 반드시 있습니다. 예수님의 공중 재림과 복음이 모든 민족에게 증거되는 것과 세상 종말과는 그대로 연결되어 있습니다. 땅끝까지 복음이 증거되었을 때가 세상 끝이고, 예수님의 공중 재림의 때입니다. 예수님께서 공중으로 재림해 오시는 목적은 이미 죽은 자와 산 자, 인류를 그 행위대로 선악 간에 심판하시어 천국과 지옥으로 보내기 위함입니다. 한마디로 농부가 곡식이 다 익으면 가을 추수 때에 타작을 하여 알곡은 가마니에 넣고 가라지는 불에 태우듯이 예수님의 공중 재림은 인류에 대한 마지막 타작마당입니다. 이것을 인류 최후의 심판이라고 합니다. 이 모든 것이 예수님의 공중 재림으로 이루어집니다. 이단과 사이비 자들이 주장하듯 지상 재림이 아닙니다. 자칭 재림 예수가 이 땅에 많이 출현했는데 지구상에서 돌아다니는 자들은 다 가짜고 이단입니다. 예수님은 지상이 아닌 공중으로 재림해 오십니다.

따라서 예수님의 공중 재림은 참 기독교인들에게는 너무나도 기쁜 날입니다. 지상에서 사는 날 동안 예수님을 믿는 것 때문에 당한 온갖 억울함과 불이익을 보상받는 날입니다. 영원한 천국으로 완전하게 입성하는 날입니다. 반대로 예수님을 믿지 않고 온갖 죄악 가운데 산 불신자들에게는 통곡의 날이 될 것입니다. 자신들이 뿌린 대로 거두게 될 것입니다.

불 속인 지옥불에 던져지게 될 것입니다. 그곳에서 영원히 고통만 받고 살 것입니다. 그래서 예수님의 공중 재림 당시 산 불신자들은 지상에서 하늘을 보면서 통곡하게 될 것입니다. 그러므로 불신자들은 속히 예수님을 찾는 노력과 수고를 하되 믿어야 하고, 기독교인들은 참 신앙으로 살되 재림신앙으로 살아야 합니다. 세상의 것(돈)도 사랑하고 하나님도 사랑할 수 없습니다. 하나만 사랑해야 합니다. 이것이 기독교(개신교) 〈재림〉에 대한 원칙 세계관입니다.

제11장

〈구원〉에 대한 원칙

기독교(천주교+개신교) 중에서 개신교는 인류의 유일한 구세주인 예수 그리스도만을 믿어야 구원을 얻는다고 말합니다. 오직 믿음으로만 구원을 얻을 수 있다고 주장합니다. 다른 구원의 길과 방법은 인정하지 않습니다. 상대적 구원관, 다른 종교와 교회 밖에도 구원이 있다는 종교 다원주의는 절대로 인정하지 않습니다. 왜냐하면 기독교 진리인 성경이 그렇게 말씀하기 때문입니다. 그래서 기독교 구원관은 배타적(남이나 다른 생각 따위를 배척, 물리침)입니다. 이는 기독교(개신교) 교리에 근거한 타당하고 정당한 배타적 구원관입니다. 배타적이라고 해서 다 폐쇄적이거나, 잘못된 것이거나, 나쁜 것은 아닙니다. 진리(참)는 하나이기 때문에 배타적이어야 합니다. 참을 참이라고 하는 것은 상식적이고, 바르고, 정당한 배타성입니다.

예를 들어 기혼자는 다른 이성이 자기 아내를 터치하지 못하도록 배우자에 대해서 배타적 입장을 취합니다. 자기 아내이기 때문입니다. 자기 아내는 타인과 더불어 공유할 수 있는 존재가 아닙니다. 부모에 대해서도 배타적이어야 합니다. 세상에 많은 부모들이 있지만 자기의 참 부모는 오직 자기를 낳아 주고 키워 준 자기 부모뿐이기 때문입니다. 이것을 배타적이라고 공격하고, 욕하고, 비난하는 것은 난센스이자 코미디입니다. 다른 이성도 다 자기 배우자이고 다른 부모도 다 자기 부모라고 하는 것이 상대를 존중하는 것입니까? 절대로 아닙니다. 기독교 중 개신교의 구원관도 마찬가지입니다. 성경이 오직 예수 그리스도를 믿어야만 구원을 받는다고 하니 그리 믿고 주장하는 것입니다. 결코 억지나 나쁜 배타성이 아닙니다. 타 종교자들도 자기가 신봉하는 종교 교리에 대해서 타당한 배타성이 있어야 정상입니다. 이에 믿어지면 믿고 안 믿어지면 안 믿으면 됩니다. 이것을 가지고 배타적이라고 공격하는 것은 바른 자세가 아닙니다. 이러한 기본 지식과 상식을 소유하고 있으면 어느 종교가 어떤 주장을 하더라도 배타적이라고 하지 않습니다. 모든 종교와 신앙인들은 자기가 믿고 추종하는 기본 교리에 있어서 서로 배타적이어야 정상입니다.

구원(救援, 구할 구, 도울 원)의 사전적 의미는 '곤란한 처지에 있는 사람을 건져내는 것이나 죄에서 건짐 받음'을 의미합니다. 기독교(개신교)에서의 구원이란 '인류의 유일한 구세주인 예수 그리스도를 믿음으로 죄사함을 받아 언제 죽으나 지옥으로 가지 않고 하나님의 나라인 천국(天國, 낙원)에 들어가는 것'을 말합니다. 영생(永生)이라고도 합니다. 이슬람의 구원관은 믿음이 아니라 행위로의 구원입니다. 육신오행(六信五行)을 행하여야 구원을 받습니다. 육신이란 알라, 천사, 쿠란, 예언자, 내세, 예정을 믿어야 하고, 오행이란 신앙 고백, 예배, 단식, 자선(종교세), 메카

순례를 잘 지켜야 죄에서 구원을 받는다고 합니다. 천주교(로마가톨릭교회)의 구원관은 믿음과 행위의 구원입니다. 연옥 교리가 그것입니다. 불교도 수행을 통해 해탈해야 극락정토에 들어간다는 구원관입니다. 행위에 의한 구원관입니다. 무종교자들도 착하게 살면 사후에 좋은 곳에 간다고 말합니다. 착한 행위에 따른 구원관입니다. WCC(세계교회협의회)는 교회, 성경 밖에도 구원이 있다는 '담임 목사 주의'를 주장합니다. 성경은 지구상에 존재하는 다른 종교에는 구원이 없다고 말합니다. 오직 기독교 중에서도 개신교만이 성경에 근거한 명확한 믿음으로의 구원관을 말합니다. 이렇게 말하는 구원관에 대해서 비난을 해도 어쩔 수 없습니다. 성경이 그렇게 말하기 때문입니다. 구원관은 마치 기차나 버스를 타고 목적지를 향하는 여행과 같기에 바른 구원관은 매우 중요합니다. 정확하지 않은 구원관을 확신하고 살면 전혀 다른 목적지에 도달하게 됩니다. 헛고생, 헛된 믿음, 헛된 신앙, 헛된 종교가 될 수 있습니다. 그런즉 성경에 근거한 정확하고 바른 구원관을 가지는 것이 제일 중요합니다. 성경에 근거한 구원에 대한 말씀은 다음과 같습니다.

에베소서 2장 8~9절입니다.

"너희가 그(하나님) 은혜를 인하여 믿음으로 말미암아 구원을 얻었나니 이것이 너희에게서(사람에게서) 난 것이 아니요 하나님의 선물이라 행위에서 난 것이 아니니 이는 누구든지 자랑치 못하게 함이니라"

디모데후서 1장 9절입니다.

"하나님이 우리를 구원하사 거룩하신 부르심으로 부르심은 우리의 행

위(行爲)대로 하심이 아니요 오직 자기 뜻과 영원한 때 전부터 그리스도 예수 안에서 우리에게 주신 은혜대로(값없이) 하심이라"

사도행전 16장 31절입니다.
"가로되 주 예수를 믿으라 그리하면 너와 네 집(가족)이 구원을 얻으리라 하고"

하박국 2장 4절입니다.
"…의인은 그 믿음으로 말미암아 살리라"

요한복음 3장 15절입니다.
"이는 저(예수님)를 믿는 자마다 영생을 얻게 하려 하심이니라"

기독교(천주교+개신교) 중에서 개신교의 구원에 대한 원칙은 '오직 믿음'입니다. 야고보서에서 '행함이 없는 믿음은 죽은 믿음이다'라고 하므로 천주교처럼 믿음+행위로 구원을 얻는다고 주장하기도 하는데 이는 큰 오해입니다. 이 말씀은 예수님을 믿는다고 하는 일부 기독교인들이 입으로만 신앙을 외치고 행동에 있어서는 성경 말씀대로 살지 못한 것에 대한 지적일 뿐입니다. 다시 말해서 언행일치된 신앙을 강조한 것뿐이지 행위가 구원의 조건이 된다는 말씀이 아닙니다. 그리고 기독교인들이 가진 믿음조차도 사람에게서, 사람의 노력으로 생긴 것이 아니라 하나님께서 자기 기쁘신 뜻과 주권에 따라 조건 없이 베풀어 주신 은혜(선물)라고 합니다. 하나님으로부터 믿음이라는 선물을 받은 자만이 그 믿음의 눈으로 보지 못했던 예수님과 하나님을 믿게 됩니다. 신앙의 눈이 열리어 믿게 됩니다. 이는 믿음이라는 것의 신비한 기능과 역할입니다. 불신자들에게는 이런 믿음이 없기 때문에 아무리 설명해도 예수님과 하나님과 성경을 믿지 못하는 것입니다. 내세를 믿지 않습니다. 이는 마치 누군가를 뜨겁게 사랑하고 싶어도 마음에 그런 사랑이 일어나지 않으면 밋밋한 것과 같은 원리입니다.

아무리 어떤 이성을 사랑하라고 해도 마음에 사랑하는 마음이 일어나지 않으면 함께는 살 수 있어도 진정으로 사랑하지는 못합니다. 신앙생활도 마찬가지입니다. 믿음이 없이도 교회에 출입할 수 있습니다. 예배를 드릴 수 있습니다. 그러나 진실로 예수님은 믿지 못합니다. 믿음이 없기 때문입니다. 그런 자들은 기독교인이 아니라 단지 종교인에 불과합니다. 그런 사람들은 삶에 변화가 없습니다. 행동이 불신자들과 별반 다르지 않습니다. 이런 사람은 가리켜서 거듭나지 않은 종교인이라고 말합니다. 교회마다 그런 자들이 적지 않습니다. 교회 분란은 대부분 신앙이 미숙하거나, 변질되었거나, 거듭나지 않은 종교인들이 일으킵니다. 예수님과 사도들과 기독교인들과 교회를 핍박했던 유대 종교 지도자들과 장로들과 바리새인들과 서기관들이 그런 자들입니다. 말이 아닌 행동을 보면 참 신자인지 아닌지 어느 정도 알 수 있습니다. 참 신자 여부 확인은 말이 아닌 성령의 열매와 빛의 열매입니다. 그것이 목사든, 장로든, 집사든, 누구든지 말입니다. 목사라고 해서 다 거듭난 자라고 단정하는 것은 오산입니다. 그렇지 않은 목사들도 있습니다. 평소에 하는 짓, 언행을 보면 정체성이 보입니다. 가장 대표적인 것이 반복적인 거짓말과 돈에 대한 탐심입니다. 기독교에 대한 구원의 원칙은 오직 믿음뿐입니다. 그러므로 기독교인들은 이런 사실을 굳게 믿고 혹 실수와 죄를 짓더라도 흔들림이 없어야 하고, 예수 그리스도를 진실로 믿는 자들은 하나님의 계명대로 순종하려는 열심이 있어야 합니다. 고의적으로는 거짓과 불법을 행치 않아야 합니다. 이것이 기독교(개신교) 〈구원〉에 대한 원칙 세계관입니다.

제12장　　　　　　　　　　# 〈이단〉에 대한 원칙

　　기독교는 이단 사상을 미워하고 배격합니다. 지적과 권면을 하는데도 계속해서 이단 사상을 버리지 않고 추종하는 사람도 배격합니다. 왜냐하면 이단 사상은 진리가 아닌 다른복음으로 기독교인들을 영적, 정신적, 육체적, 인간 관계적으로 병들게 하여 죽음의 길, 그릇된 길로 인도하여 영혼을 파괴하고, 행복한 가정생활과 인생을 망가뜨리고 마치 불량식품이나, 부패한 음식이나, 강도나, 불량자들과 같기 때문입니다. 또한 이단 사상을 추구하는 자와 만나고 교제나 대화를 하다 보면 자신도 모르게 영향을 받거나 전염될 수 있기 때문입니다. 그래서 이단에 대한 원칙은 한두 번 권면한 후에 듣지 않으면 멀리하는 것입니다. 불쌍하고 안타깝지만 결코 가까이하지 않는 것입니다. 그렇게 하는 이유는 성경의 명령이기 때문입니다. 나무나, 쇠나, 인간성이나, 신앙이나 한번 구부러지면 반듯하게 펴기가 쉽지 않습니다. 이념과 사상과 신앙이 잘못 입력과 저장이 되면 쉽게 벗어나지 못합니다. 도리어 역공을 펴고 나와 건전한 자들이 이단에 넘어가는 일들이 종종 발생합니다. 진짜든, 가짜든 강력한 쪽으로 기울게 되어 있습니다. 그래서 신앙이 강한 자나, 연약한 자나, 이

단은 멀리하는 것이 지혜이자 자신을 보호하는 길입니다. 순진한 감성은 품지 말아야 합니다.

이단(異端)에 대한 국어사전의 정의는 다음과 같습니다. **"정통학파나 종파에 벗어나는 설(說)이나 파벌을 주장하는 일 혹은 기독교에서 정통적 교의(敎義)나 교파 이외의 교의나 교파를 이름"**이라고 정의했습니다. 성경·찬송 낱말 사전에서의 이단(異端, 다를 이, 끝 단)이란, **"자기가 신봉하는 길과 달리 별도의 길을 이룸이고, 전통이나 권위에 반항하는 것이고, 하나님의 신조에 반대함"**이며, 또한 **"전통의 길을 왜곡해 해석함, 분파, 종파, 교파"**라고 정의하고 있습니다. 신·구약 주석을 쓰신 박윤선 박사는 이단을 다음과 같이 정의했습니다. **"이단이란 말은 신자들이 공통적으로 가지는 진리의 표준에 위배되는 의견을 채택함이다. 공정한 의미에서 이단은 역사적으로 고백해 온 성경적 교리를 위반하고 다른 의견을 채택하는 것이다. 그러나 누구든지 그 잘못된 의견을 채택하였다가도 조만간 그것을 버렸으면 그는 이단이 아니다"** 필자가 속한 대한예수교 장로회 합신 교단은 이단에 대하여 다음과 같이 정의하였습니다. **"성경의 근본 교리에 위배되는 주장을 하거나 그에 동참하면서 교회의 정당한 권면을 받지 않고, 회개도 하지 않고, 계속 그것을 고집하는 것을 이단이라고 한다. 즉 성경, 신론, 인간론, 기독론, 구원론, 교회론, 종말론 중 어느 하나에 있어서도 그 주장이 본질상 성경과 위배될 경우, 그러한 주장을 하는 것 자체가 이단이다"**

그리고 한국 교회 8개 교단 이단대책위원회는 2018년 6월 1일 천안에서 전체 회의를 열고 이단 관련 용어를 다음과 같이 규정했습니다. '이단'이란 **"하나님, 예수님, 성령님, 삼위일체, 성경, 교회, 구원에 대한 신앙 중 하나라도 부인하거나 왜곡하는 경우"**로 규정했습니다. '이단성'이란 **"성경과 기독교 정통교리의 가르침에 있으나 부분적으로 이단적 요소를 가진 경우"**로 규정했습니다. 이제 성경은 이단에 대하여 어찌 말하는지 살펴보겠습니다. 성경은 이단 사상을 다른 복음이라고 말합니다. 사실 다른 복음은 유사 복음은 될 수 있어도 참 복음은 아닙니다. 다른 복음은 그 정도와 양에 상관없이 성경에 기록된 참 진리를 부인하는 자입니다.

갈라디아서 1장 6~7절입니다.

"그리스도의 은혜로(공짜로) 너희를 부르신 이를 이같이 속히 떠나 다른 복음을 좇는 것을 내가 이상히 여기노라 다른 복음은 없나니 다만 어떤 사람들이 너희를 요란케(선동하고 어지럽게 함) 하여 그리스도의 복음을 변하려 함이라 그러나 우리나 혹 하늘로부터 온 천사라도 우리가 너희에게 전한 복음 외에 다른 복음을 전하면 저주를 받을찌어다"

이단은 하나님이신 예수님께서 육체로 성육신하신 것을 부인하는 자라고 말합니다. 예수님은 유일하게 신성과 인성을 소유하신 분이십니다. 하나님의 친백성들의 죄를 사하시고 구원하시려고 베들레헴 마구간에 인간의 몸으로 성탄하셨습니다. 이런 사실을 이단들은 부인합니다. 이슬람교도 부인합니다. 이런 자를 이단이자 적그리스도라고 합니다.

요한이서 1장 7절입니다.

"미혹하는 자가 많이 세상에 나왔나니 이는 예수 그리스도께서 육체로 임하심을 부인하는 자라 이것이 미혹하는 자요 적그리스도니"

이단은 성경을 가감(加減)합니다. 성경에 없는 것을 진리처럼 주장하거나 더합니다. 변개하려고 합니다. 또한 성경에 기록된 진리를 무시, 외면, 부인, 빼 버립니다. 이단들이 성경을 가감하는 주장들을 들으면 매우 산뜻하고 끌립니다. 처음 들어 보는 것이기에 설레기까지 합니다. 신선합니다. 지금까지 헛배운 것처럼 느껴지기도 합니다. 그러나 음식의 첨가물처럼 진리를 가감하였기에 처음 맛보는 음식처럼 느껴질 뿐입니다. 이단들은 영적 첨가물을 잘 사용합니다. 그래서 새로운 말씀처럼 들립니다. 무엇이든지 인본주의와 신비주의와 거짓을 첨가하면 달콤합니다. 먹음직스럽습니다. 그래서 미혹되는 것입니다. 밋밋해서는 미혹을 당하지 않습니다. 사람들이 혹하지 않습니다. 특별하고 독특하고 전에 경험하지 못한 맛, 색깔, 모양, 주장, 가르침, 설교이어야 합니다.

요한계시록 22장 18~19절입니다.
"내가 이 책의 예언의 말씀을 듣는 각인에게 증거하노니 만일 누구든지 이것들 외에 더하면 하나님이 이 책에 기록된 재앙들을 그에게 더하실 터이요 만일 누구든지 이 책의 예언의 말씀에서 제하여 버리면 하나님이 이 책에 기록된 생명 나무와 및 거룩한 성에 참예함을 제하여 버리시리라"

이단들은 성경에 없는, 본문에 없는 말씀을 더하거나 빼 버립니다. 자기들 마음대로 설교, 가르침을 행합니다. 진리, 성경이 아닌 인간의 생각,

거짓된 주장을 더하여 설교하고 가르칩니다. 그렇다면 이단은 누가 정합니까? 이단 규정은 개인이 정하는 것이 아니라 각 교단 총회가 결정합니다. 이단사이비대책위원회가 어떤 사람이나, 목사나, 교회나, 기독교기관이나, 기독교 신문에 대한 이단성 여부를 조사하여 총회에 청원을 합니다. 청원을 접수한 총회는 장로 총대와 목사 총대로 구성한 총회에서 심의하여 이단사이비대책위원회에 조사, 연구하여 다음 총회 때에 보고하도록 합니다. 이에 이단사이비대책위원회가 1년 동안 조사하여 정리한 내용을 총회에 보고하면 총회가 논의 후에 이단 여부를 규정합니다. 이는 교회 안팎에서 법적 효력이 있습니다.

아무리 이단성이 있다고 해도 개인이 이단으로 규정하지 못하고 잘못하면 명예 훼손으로 고소를 당합니다. 이는 마치 실정법을 어긴 사람에 대하여 유죄 여부를 어떤 사람이나, 경찰이나, 검사나, 판사가 개인적으로 규정하지 못하는 것과 같습니다. 아무리 잘못을 했어도 사법부인 법원에서 확정 판결이 나와야 유죄와 무죄가 결정됩니다. 법적 효력이 있습니다. 그전까지는 무죄추정의 원칙(無罪推定의 原則)에 따라 무죄입니다. 무죄추정의 원칙이란 '피고인이 유죄로 판결이 확정될 때까지는 무죄로 추정한다'는 원칙입니다. 만일 유·무죄에 대하여 확정 판결이 나오지 않은 상태에서 누군가를 범죄라고 소문을 내면 명예 훼손으로 처벌을 받습니다. 그것이 법질서입니다. 따라서 교회 안팎에서 누군가에게 이단이나 범죄자라고 칭할 때 함부로 말해서는 안 됩니다. 혹 사실이라 할지라도 공익이 아닌 상대방의 명예를 훼손할 목적이 인정되면 유죄를 받습니다.

그렇다면 이단성이 의심되거나 계속 이단 사상을 추구하는 자는 어찌 대해야 합니까? 시험해 보아야 합니다. 확인하고 검증해 보아야 합니다. 맹신하지 말고 상고해 보아야 합니다. 생각 없이 즉흥적으로 아멘 하거나 추종하지 말아야 합니다. 이단 사상이 난무하니 범사에 의문을 품고 살아야 합니다. 이단 사상을 추구하는 것이 확인되면 바르게 훈계해야 합니다. 훈계해도 듣지 않으면 어찌해야 합니까? 한두 번 훈계한 후에 멀리해야 합니다. 성경은 이단 사상을 고집하는 자에 대하여 집에 들이지도 말고 인사도 하지 말라고 단호하게 말합니다.

요한일서 4장 1절입니다.

"사랑하는 자들아 영(목회자나 신자)**을 다 믿지 말고 오직 영들**(목회자들이나 신자들)**이 하나님께 속하였나 시험하라**(테스트하라) **많은 거짓 선지자가 세상에 나왔음이니라"**

사도행전 17장 11절입니다.

"베뢰아 사람은… 간절한 마음으로 말씀을 받고 이것이 그러한가 하여 날마다 성경을 상고(詳考, 연구, 검토)**하므로"**

디도서 3장 10절입니다.

"이단에 속한 사람을 한두 번 훈계한 후에 멀리하라"

요한이서 1장 10~11절입니다.

"누구든지 이 교훈을(바른 교훈) **가지지 않고 너희에게 나아가거든 그**

를 집에 들이지도 말고 인사도 말라 그에게 인사하는 자는 그 악한 일에
참예하는 자임이니라"

그리스도인들은 이단에 대하여 불쌍히 여김과 함께 단호한 입장을 취
해야 합니다. 이단 사상을 추구한다는 것을 알면 불쌍히 여기는 마음으
로 기도한 후, 한두 번 권면과 훈계를 해서 들으면 얼마든지 포용하고 그
렇지 않으면 멀리하고, 집에 들이지도 말고, 인사도 하지 말아야 합니다.
이것이 기독교인들이 이단자에게 취해야 할 자세입니다. 그러므로 늘 깨
어 있음으로 자신이 이단 사상에 빠지지 않고 혹 주변에서 이단 사상에
빠진 자들이 있다면 성경이 제시하는 기준과 원리와 원칙에 따라서만 하
고 그 이상은 행하지 말아야 합니다. 자기 생각대로 하지 말아야 합니다.
그래야 안전합니다. 하나님의 택한 사람이라면 들을 것이지만 유기된 자
라면 바른 훈계 듣기를 거부할 것입니다. 이것이 기독교(개신교) 〈이단〉
에 대한 원칙 세계관입니다.

제13장

〈기도〉에 대한 원칙

과거나 현재나 사람들은 어떤 대상에게 개인과 가정의 건강, 안녕, 복, 부, 사업 번창, 소원 성취, 비전 등을 위해서 기도합니다. 기독교인들만 기도하는 것이 아닙니다. 기도는 기독교인들의 전유물이 아닙니다. 타 종교인들도 기도합니다. 이슬람교도들은 기독교인들보다 더 많이 기도 합니다. 하지만 기독교인의 기도는 막연한 어떤 존재나 신에게 하지 않 고 스스로 살아 계신 여호와 하나님께 한다는 점이 불신자나 다른 종교인 들과 확연히 다른 부분입니다. 기독교인이라면 반드시 기도 생활을 해야 합니다. 하나님께 기도를 하지 않고 살 수 없습니다. 기독교인들은 불완 전하고, 미래를 알 수 없고, 세상이 악하고, 악한 영들이 유혹하고, 연약 한 존재들이기 때문입니다. 하나님의 보호, 인도, 지원이 필요한 존재입 니다. 마음도, 신앙도, 의지도 연약합니다. 그래서 하나님께 기도하며 살 아야 합니다. 물론 교만하고 자만한 자들은 기도하지 않습니다. 기도란 무엇입니까? 기도(祈禱, 빌기, 빌 도)란 '마음으로 바라는 바가 이루어지 기를 하나님께 비는 일 또는 그 의식'입니다. 어떤 자들은 '하나님과의 대 화'라고 합니다. 추상적이지만 영적인 호흡이라고도 합니다. 개혁주의가 믿고 따르는 '웨스트민스터 소요리 문답'에는 기도에 대하여 이렇게 말하고 있습니다.

"기도는 그리스도의 이름으로 기원을 하나님께 고하고 그의 뜻에 합당한 것을 간구하여 죄를 자복하며 그의 자비하신 모든 은혜를 감사하는 것이다"

일반 사람들이나 보통 신자들이 생각하는 기도란 자기들의 소원이 이루어지도록 비는 것으로 여깁니다. 그러니까 기도의 목적이 자기 이익과 자기 소원 성취를 위해서 합니다. 틀린 말은 아니지만 그렇다고 성경적인 기도관도 아닙니다. 성경적인 기도란 일방적으로 자기 소원을 어떤 존재나 대상에게 비는 것이 아니라 기도를 들으시고 최종적인 응답 주권을 가지신 하나님께 소원에 대한 뜻을 묻되 하나님의 주권대로 응답해 달라고 하는 것입니다. 이것을 하나님 주권적인 기도라고 합니다. 기도는 자기 소원과 뜻대로 무조건 응답해 달라는 겁박이나 떼쓰는 것이 아닙니다. '나의 소원은 이러이러한데 하나님의 뜻대로 이루어 주시옵소서!'라고 하는 것이 성경적 기도이자 하나님 주권적인 기도입니다. 피조물들과 종들이 취할 자세입니다. 이런 모범적인 기도가 예수님께서 가르쳐 주신 '주기도'입니다. 또한 겟세마네 동산에서의 예수님의 기도입니다.

마태복음 6장 9~13절입니다.
"그러므로 너희는 이렇게 기도하라 하늘에 계신 우리 아버지여 이름이 거룩히 여김을 받으시오며 나라이(하나님나라) 임하옵시며 뜻이 하늘에

서 이룬 것같이 땅에서도 이루어지이다 오늘날 우리에게 일용할(필요한) 양식을 주옵시고 우리가 우리에게 죄 지은 자를 사하여(용서) 준 것같이 우리 죄를 사하여 주옵시고 우리를 시험(유혹)에 들게 하지 마옵시고 다만 악에서 구하옵소서(나라와 권세와 영광이 아버지께 영원히 있사옵나이다 아멘"(조건적인 기도가 아님)

마태복음 26장 39절입니다.
"조금 나아가사 얼굴을 땅에 대시고 엎드려 기도하여 가라사대 내 아버지여 만일 할 만하시거든 이 잔을 내게서 지나가게 하옵소서 그러나 나의 원대로 마옵시고 아버지의 원대로 하옵소서 하시고"(하나님 주권적인 기도)

마태복음 26장 42절입니다.
"다시 두 번째 나아가 기도하여 가라사대 내 아버지여 만일 내가 마시지 않고는 이 잔이 내게서 지나갈 수 없거든 아버지의 원대로 되기를 원하나이다 하시고"[하나님 주권적인(중심적인) 기도]

고린도전서 10장 31절입니다.
"그런즉 너희가 먹든지 마시든지 무엇을(whatever) 하든지 다 하나님의 영광을 위하여 하라"(하나님 중심적인 삶과 기도)

자기 백성들의 죄를 사하시고 구원하시기 위해서 이 땅에 성탄하신 예수님께서는 잡히시기 전, 십자가를 지시기 전에 제자들과 함께 겟세마네

동산에 오르셔서 깊은 밤까지 심히 슬프고 고통스러운 기도를 하셨습니다. 세 번에 걸쳐서 동일한 기도를 하시되 자기중심적인 기도가 아닌 하나님 영광을 위한 기도, 하나님 주권적인 기도를 하셨습니다. 예수님의 마음은 고통스럽고 수치스러운 십자가 죽음을 피하고 싶다는 속내를 드러낸 기도를 하셨지만, 성부 하나님의 주권, 뜻에 맡기는 기도를 하셨습니다. 결국 예수님의 소원대로, 기도대로 되지 않고 성부 하나님의 주권대로 되어 예수님은 십자가에 달리셨습니다. 하나님의 행하시는 일, 하나님의 주권적인 일은 실수와 실패가 없습니다. 결국 형통하게 됩니다. 예수님이 십자가에 달리심으로 우리가 구원을 얻게 되었습니다. 예수님도 3일 만에 다시 살아나셨습니다. 만일 예수님의 소원대로 응답되어 십자가를 지시지 않았다면 아무도 구원을 얻지 못했을 것입니다.

우리는 여전히 죄인으로 살다가 영벌에 처해질 것입니다. 무슨 말을 하고 싶은가 하면 대부분의 신자들은 자기가 소원하는 바가 반드시 이루어지기를 바랍니다. 자기중심적인 기도를 합니다. 진실로 하나님 주권적인 기도를 하지 않습니다. 하지만 자기 소원과 뜻대로 응답받는 것이 반드시 좋은 것이나 복이 아니라는 것입니다. 사람들의 생각과 소원은 매우 짧고 근시안적입니다. 불완전합니다. 한 치 앞도 내다보지 못하고 무엇을 구합니다. 지극히 이기적인 기도입니다. 그러나 하나님은 모든 사람들의 형편과 처지와 유익과 해를 통찰하고 계십니다. 기도의 응답을 해 주는 것이 좋은지 응답을 해 주지 않는 것이 좋은지 잘 아십니다. 병을 치료해 주는 것이 좋은지 그대로 병을 앓고 살다가 죽게 하는 것이 좋은지 잘 아십니다. 사람은 잘 모르기에 무조건 낫게 해 달라고만 매달립니다. 이에 이기적인 기도나 고집을 부리는 기도를 하면 때론 그대로 응답해 주십니다. 하지만 그 결과는 비참할 수 있습니다. 후회막급할 수 있습니다. 생각이 짧고, 이기적이고, 종합적인 것을 보지 못하고, 미래를 내다보지 못하기에 눈앞의 이익만 생각하여 자기가 기도한 대로 응답해 달라고 떼를 씁니다. 보통 사람들의 기도가 이에 속합니다. 하나님은 인격적인 분이시기 때문에 때론 신자가 계속 고집을 부리면 그대로 응답해 주시므로 실패를 맛보고 깨닫게 하십니다. 단적인 예로 이스라엘 백성들이 자기들에게 인간의 왕을 달라고 떼쓰자 불행한 일들에 대한 경고 후 사울 왕을 허락하십니다. 그러나 결과는 고통 그 자체였습니다. 사람이 좋으신 하나님의 통치를 받지 않고 불완전하고 악한 사람의 통치를 받는 것은 고통뿐입니다.

반면 하나님 주권적인 기도를 하는 신자들에게는 예수님의 기도를 응답하신 것처럼 완전하게 응답하십니다. 전혀 실수와 실패와 후회가 없는 응답을 하십니다. 하나님이 행하시는 일은 완전하시기 때문입니다. 이런 차원에서 볼 때 기도는 나의 소원과 뜻, 바람을 하나님께 맡기는 것, 만물의 주인이신 하나님의 뜻대로 행하시라고 맡기는 것입니다. 완전하신 하나님을 의지하고 그분의 처분대로 하겠다고 하는 것입니다. 그러면 결과가 좋습니다. 기도는 마구 소리 지르고, 온몸을 흔들면서 부르짖고, 교회나, 산이나, 굴에 들어가서 속이 후련하도록 외치는 것이 아닙니다. 기도는 순수한 믿음과 마음으로 어떤 바람을 하나님께 고하되 자기 뜻이 아닌 하나님 뜻대로 이루어 달라고, 하나님의 영광을 드러나게 해 달라고, 주님의 뜻이 이루어지게 해 달라고 순수하게 하나님의 주권적인 기도를 하는 것이 성경의 기도 원칙입니다. 먹든지 마시든지 무엇을 하든지 다 하나님의 영광을 위해서 살아야 하기 때문입니다. 하나님을 위해서 창조함을 받았고 모든 피조물은 창조주를 위해서 존재하는 것입니다. 기도도 하나님을 위해서 해야 정상입니다. 그런즉 떼쓰는 기도와 이기적인 기도와 탐욕적인 기도와 자기 주권적인 기도, 억지 기도는 그만해야 합니다. 기도의 방향을 확 바꾸어야 합니다. 항상 의식주 문제와 육신의 복과 건강을 위해서만 기도하지 말아야 합니다. 산에서든, 집에서든, 골방에서든, 교회에서든 소리를 바락바락 지르는 기도는 그만해야 합니다. 인간 중심적인 기도, 자기중심적인 기도, 자기 비전 중심적인 기도, 하나님께 겁박하는 기도, 기복적인 기도, 탐욕적인 기도, 우리의 주인이신 하나님께 무례하게 하는 기도, 세속적인 기도는 그만해야 합니다.

하나님은 전지전능하신 분이십니다. 기도하는 자의 중심(마음)을 보십니다. 소리를 지르든 지르지 않든지 다 아십니다. 이미 마음의 소원과 필요를 다 아십니다. 공동체로 모여 합심 기도를 할 때 주여 삼창을 하고 일어서거나 앉아서 외치고 난리를 치는데 이런 것은 이제 그만해야 합니다. 우리가 하는 기도는 사람에게 하는 것이 아닙니다. 미신을 섬기는 자들처럼 목욕을 하고 정성을 다 바쳐서 기도를 해야 응답받는 것이 아닙니다. 어떤 방법과 기술과 모양을 취해야 하는 것이 아닙니다. 물질과 헌금을 바쳐야 기도에 효험이 있고 응답받는 것이 아닙니다. 귀가 잘 들리지 않는 사람에게 하는 것이 아닙니다. 이런 모습은 과거 거짓 선지자들이 했던 기도나 무당들이 했던 행동과 유사합니다. 기도를 하는데, 간구를 하는데 아주 몸부림을 칩니다. 괴성을 지릅니다. 어떤 사람은 펄쩍펄

쩍 뛰기도 합니다. 소리를 고래고래 지릅니다, 통성 기도만을 합니다. 이러한 모습은 적절하지 않습니다.

기도에 있어서 갖추어야 하는 것은 중심, 믿음으로 하는 것입니다. 나머지 행태는 별 의미가 없습니다. 기도의 시간, 기도 소리, 기도 정성, 기도하기 전 헌금, 새벽 기도, 철야 기도, 금식 기도 등은 기도 응답의 본질과 핵심이 아닙니다. 하나님은 사람의 외모, 조건을 보시지 않고 중심(마음)과 믿음을 보시기 때문입니다. 아무리 열심히 기도를 해도 중심과 믿음이 없이 하는 기도는 자기만족은 될지 몰라도 헛수고입니다. 기도의 본질과 핵심은 순수하고 믿음의 마음으로 하되 하나님 주권적인 기도를 잔잔하게 하는 것입니다. 하나님에 대한 지식이 바르면 기도를 할 때 난리를 치지 않습니다. 차분하고 정숙하게 합니다. 바라기는 기독교인들의 기도하는 마음과 자세가 더욱 성숙해지기를 바랍니다. 하나님의 영광과 공공의 이익과 이웃 사랑을 위한 기도를 해야 합니다. 이것이 기독교(개신교) 〈기도〉에 대한 원칙 세계관입니다.

제14장

〈예배〉에 대한 원칙

기독교인들에게 예배는 신앙의 본질이자 출발이자 마지막입니다. 예배는 하나님의 존재를 인정하고, 고백하는 것이고, 예배를 통해서 다른 사람들에게 간접적으로 하나님의 존재를 알리는 행위입니다. 예배는 신앙생활에 있어서 제일 중요합니다. 신자가 예배를 어떻게 생각하고 어떤 마음으로 드리느냐에 따라서 참된 신앙의 유·무를 판단할 수 있습니다. 왜냐하면 그리스도인의 존재 이유가 창조주 하나님, 스스로 살아 계신 하나님을 예배하는 것이 첫 번째 자세이기 때문입니다. 나머지 행위는 그 다음입니다. 진실로 하나님을 사랑하는 신자는 진실한 마음과 감사와 기쁨으로 하나님을 예배합니다. 예배를 제일 소중하고, 우선하고, 가치 있게 생각합니다. 가볍게 여기지도 않고 남용하지도 않습니다. 예배를 의식적으로나 절차적으로 이용하거나 해치우지 않습니다. 예배 시간에 다른 생각을 하거나, 스마트폰을 하거나, 전화 통화를 하러 밖으로 나가거나, 문자를 주고받거나, 정보검색을 하거나, 옆 사람과 이야기하지 않습니다. 예배가 다 끝나지도 않았는데 바쁘다고, 약속이 있다고 밖으로 나가지 않습니다. 성의 없이 하거나 형식적으로 예배하지 않습니다. 개인적인 특송과 찬양대에서 찬양을 하더라도 오직 하나님만을 의식하고 생각하며 찬양합니다. 오직 하나님만을 생각하며 예배합니다. 예배 시간을 기다리고 기뻐하며 예배당에 나아옵니다.

예배(禮拜)의 사전적 의미는 '겸손한 마음으로 하나님을 경배하는 일'입니다. 구약시대에는 형식에 있어서는 달랐지만, 중심 내용에 대해서는 같은 의미로 '제사(祭祀)'라고 했습니다. 제사라는 말은 본래는 '동물의 육체를 도륙한다'에서 유래하였습니다. 과거 구약 제사는 흠이 없는 동물을 죽여서 제물로 드리는 제사였습니다. 천주교에서는 '미사'라고 합니다. 기독교만 예배가 있는 것이 아닙니다. 미신을 섬기는 자들, 이방 종교인들도 예배를 드립니다. 단지 비기독교인들은 알 수 없는 대상물이나 우상에게 예배를 드리지만, 기독교인들은 살아 계신 여호와 하나님, 창조주 하나님께 예배를 드립니다. 성경에는 오늘날과 같은 예배 형식이 아니었습니다. 오늘날처럼 여러 모양과 시설과 도구와 형식을 갖춘 예배를 드리라는 것도 성경에 없습니다. 그래서 각 교단마다 예배 순서와 스타일이 다 다른 것입니다. 법과 규범처럼 제도화된 형식이 없습니다.

이런 사실을 알고 예배를 드려야 합니다. 오늘날 예배당처럼 시설을 갖추고 정해진 순서에 맞게 해야 정상이라고 할 수 없습니다. 그렇게 해도 되고 좀 다르게 해도 됩니다. 어떻게 해야만 정상이 아닙니다. 예배에 있어서 고려할 점은 예배의 대상과 내용과 중심입니다. 우리가 잘 아는 것처럼 예배의 대상은 '알라'나 '사람'이 아니라 오직 성삼위 하나님입니다. 그럼에도 불구하고 실상은 하나님보다 사람, 군중을 의식해서 기도,

찬양, 헌금, 예배를 드리는 성도들이 적지 않습니다. 화려한 예배당 디자인을 하고 비싸고 웅장한 악기 등을 사용하는 것은 사람들이 보기와 듣기에 좋게 하기 위한 측면을 부인하지 못합니다. 하나님은 그런 것으로 만족하시는 분이 아닙니다. 창고와 마구간에서 예배를 드려도, 지하나 상가나 허름한 장소에서 예배를 드려도 외식하지 않고 중심으로 예배하는 자의 예배를 기뻐하시고 받으십니다. 가인과 아벨의 제사가 잘 대변해 줍니다. 오늘날 예배당 시설이나 예배자들이나 너무 사람들을 의식하고 사람에게 치우쳐 있습니다. 그런 인상을 짙게 받습니다.

예배의 핵심 내용으로는 신앙 고백, 찬송, 기도, 하나님 말씀 선포, 헌금(헌물)입니다. 그리고 진실한 마음으로 드리는 것입니다. 가장 중요한 것은 중심으로 하나님을 예배하는 것입니다. 중심으로 드리지 않는 예배는 어떤 모양과 열심과 횟수와 멋진 장소에서 드려도 헛된 것이 됩니다. 그리고 예배에는 두 종류의 예배가 있습니다. 신자들이 어느 한 곳(교회)에서 공동체로 모여 드리는 예배와 언제 어디서나 예수님을 믿는 신자 하나하나가 거룩한 삶으로 드리는 산 예배입니다. 진정한 예배는 중심으로 어떤 장소에 모여 공적인 예배를 드리고 개인적인 생활 가운데 성경 말씀대로 지키며 사는 거룩한 산 제사입니다. 이런 균형 있는 예배를 드리며 사는 자가 참 신자입니다. 개인적인 삶은 엉망인데 예배당에 와서만 거룩한 척 기도하고, 찬송하고, 예배를 드리는 것은 하나님을 기망하는 것입니다. 외식하는 신자입니다. 그리고 예배를 남용, 남발하지 않아야 합니다. 한국 교회와 신자들은 예배가 너무 많습니다. 좋게 보면 믿음이 있어 보이지만 실상은 진정성이 떨어집니다. 무엇이든지 횟수가 많으면 기계적이고 형식적이게 됩니다. 예수님으로부터 호되게 저주 선언을 받은 유대 바리새인들과 서기관들처럼 말입니다. 한국 교회는 예배 횟수가 지나칠 정도로 많습니다. 다르게 비유하면 과식 상태입니다. 일장일단이 있습니다. 하나님은 예배의 횟수에 좌우되지 않고 진정성을 중요히 여기십니다. 정성과 중심이 떨어진 예배는 드리지 않는 것이 좋습니다. 그런 식의 예배는 하나님을 업신여기는 것이 됩니다.

그리고 예배는 오직 하나님만 생각하고 그분에게만 드리는 시간인데 마치 잡상인들이 회의장에 들어와서 장사를 하는 것처럼 사람이 들어와서 박수를 받고 인사를 하는 일들이 종종 있습니다. 예배를 훼손합니다. 예배를 더럽힙니다. 이는 예배와 광고와 소개 등을 구분하지 못하고 예배 시간에 마구잡이로 하는 것에 불과합니다. 생각 없이 관행과 편리대로 예배를 드리기 때문입니다. 어떤 행사든지 1부, 2부, 3부로 나누어서 하듯이 예배와 광고와 소개와 친교 등도 나누어서 해야 합니다. 예배에 포함되지 않는 것들도 예배라고 예배 시간에 행하는 일등이 비일비재합니다. 물론 이해와 해석의 차이가 있지만 목사들의 책임이 큽니다. 특히 결혼식장에 가보면 결혼 예배라고 하고는 별의별 짓들을 다 합니다. 결혼 예배인데 축가로 세상 음악도 부릅니다. 사람들을 즐겁게 하기 위해서 장기 자랑도 하고, 온갖 행위를 다 합니다. 예배라고 할 수 없는 짓들을 서슴지 않고 합니다. 완전히 코미디이고 개그 콘서트입니다. 그런데 예배라고 합니다. 혼합주의와 짬뽕 예배입니다. 인간을 기쁘게 하는 짓들을 두려워하지 않고 당당하게 하면서 웃고, 박수 치고, 즐거워합니다. 그냥 결혼식이라고 하면 문제가 없는데 예배라고 붙이고 짬뽕으로 결혼

예배를 치르는 자들이 적지 않습니다. 무지에 따른 용감한 행동입니다. 이런 일이 있어서는 안 됩니다. 거룩한 예배를 더럽히는 짓입니다. 예배를 개그나 코미디로 만드는 것입니다. 생각들을 하고 행하여야 합니다. 무엇이든지 즐겁기만 하면 되는 것이 아닙니다. 물불을 가려서 행하여야 합니다.

그리고 예배를 길게 하느니 짧게 하느니 말들이 있는데 그런 비판과 문제 제기 자체가 심각한 것입니다. 예배를 길게 할 수도 있고 짧게 할 수도 있는 것이지 어찌 틀에 박힌 대로 합니까? 다른 계획과 마음이 있고 속히 예배를 해치우고 자기 할 일을 하려고 하니 예배 시간에 대하여 불만스러운 것입니다. 마음이 하나님께 있지 않은 자들입니다. 마음이 다른 콩밭에 가 있기에 예배도 빨리 끝나기를 원하는 것입니다. 신자가 누구를 위해서 존재하며, 주일이 누구를 위해서 있고 쉽니까? 우리 자신이 아닌 하나님을 위해서입니다. 그럼에도 불구하고 인간, 자신을 위해서 존재하는 것처럼 행동합니다. 주일인데도 예배를 빨리 마치고 자기들 일을 보려고 합니다. 주일을 평일처럼 생각합니다. 주일이 어떤 날인지 망각한 처사입니다.

극장에 가서 영화는 2시간씩 보고, 드라마도 1시간씩 보고, 스포츠 중계도 90분씩 보고, 스마트 폰은 몇 시간씩 합니다. 각종 동호회 모임도 몇 시간씩 합니다. 이성과의 데이트나 모임은 몇 시간씩 하면서 하나님께 드리는 예배가 조금만 길고 설교가 20분만 넘으면 시계를 쳐다보고 빨리 끝내라고 손사래를 치고 불편해하는 모습은 신자들의 신앙 현주소를 가

늘하게 합니다. 그만큼 하나님께 드리는 예배와 성경 말씀을 듣는 것에 관심이 없고 오직 빨리 예배를 마치고 모임에 가고, 놀러 가고, 쇼핑을 하는 데에만 관심이 있습니다. 주님의 날인 주일도 평일처럼 자기들을 위한 시간이나 날로 착각합니다. 주일에 대한 무지나 무개념 신자입니다. 다는 아니지만 상당수가 그런 것 같습니다. 이런 모습은 바람직하지 않습니다.

그리고 예배를 드리러 가는 것인지, 예배를 드리는 것인지 아니면 예배를 받기 위해서 예배를 드리러 가는 것인지 알 수가 없습니다. 복과 은혜를 받기 위해서, 위로받기 위해서, 불안하므로 평안을 얻기 위해서, 치유를 받기 위해서 예배를 드리거나 예배를 드린다고 말하는 신자들이 많습니다. 이는 매우 잘못된 말이자 자세입니다. 예배를 드리는 것과 예배를 드리러 가는 것은 오직 하나님의 어떠하심을 생각하며 하나님만을 영화롭고 찬양하기 위함입니다. 하나님께 예배를 드리는 자들은 이미 거듭난 자들입니다. 그리스도인들은 먹든지 마시든지 무엇을 하든지 다 하나님의 영광을 위해서 사는 자들입니다. 특히 예배는 더욱더 그렇습니다. 그리스도인으로 예배를 드리는 자들은 이미 구원의 은혜, 죄 사함의 은혜를 받은 자들입니다. 전에 하나님을 몰랐을 때는 자기를 위해서 살았지만 거듭난 이후에는 무엇을 하든지 무조건적으로 하나님의 영광을 위하고, 하나님만을 찬양하기 위해서 삽니다.

그런데 마치 불신자들과 타 종교인들이 제사를 드릴 때 뭔가를 바라고 제사를 드리는 것처럼 하나님께 예배를 드리는 것은 잘못된 것입니다. 종, 노예, 머슴, 품꾼은 무엇을 바라고 주인을 섬기는 것이 아닙니다. 무조건적으로 주인에게 충성합니다. 따라서 예배를 자신에게 돌아올, 주어질 무엇인가를 바라고 하는 자세는 갖지 말아야 합니다. 이는 불순한 것입니다. 조건적으로 예배를 드리거나 드리러 간다고 하지 말아야 합니다. 가장 많이 잘못하는 말이 '은혜를 받으러 간다', '위로받으러 간다', '치유 받으러 간다', '평안을 얻기 위해서 예배 드린다', '감동 받기 위해서 예배 드린다' 등입니다. 예배(제사, 미사)와 관련된 성경 말씀은 다음과 같습니다.

창세기 4장 3~5절입니다.

"세월이 지난 후에 가인은 땅의 소산으로 제물을 삼아 여호와께 드렸고 아벨은 자기도 양의 첫 새끼와 그 기름으로 드렸더니 여호와께서 아벨과 그 제물은 열납하셨으나(받으셨으나) 가인과 그 제물은 열납하지 아니하신지라…"

레위기 9장 2절입니다.

"아론에게 이르되 흠 없는 송아지를 속죄제를 위하여 취하고 흠 없는 수양을 번제를 위하여 취하여 여호와 앞에 드리고"

사무엘상 15장 22절입니다.

"사무엘이 가로되 여호와께서 번제와 다른 제사를 그 목소리 순종하는 것을 좋아하심같이 좋아하시겠나이까 순종이 제사보다 낫고 듣는 것이 수양의 기름보다 나으니"

사무엘상 16장 7절입니다.

"여호와께서 사무엘에게 이르시되 그 용모와 신장을 보지 말라 내가 이미 그를 버렸노라 나의 보는 것은 사람과 같지 아니하니 사람은 외모를 보거니와 나 여호와는 중심(中心)을 보느니라"

요한복음 4장 23~24절입니다.

"아버지께 참으로 예배하는 자들은 신령과 진정으로 예배할 때가 오나니 곧 이때라 아버지께서는 이렇게 자기에게 예배하는 자들을 찾으시느니라 하나님은 영(초월적인 거룩한 영)이시니 예배하는 자가 신령(성령)과 진정(진리)으로 예배할찌니라"

로마서 12장 1절입니다.

"그러므로 형제들아 내가 하나님의 모든 자비하심으로 너희를 권하노니 너희 몸을 하나님이 기뻐하시는 거룩한 산 제사(예배, 거룩한 일상생활)로 드리라 이는 너희의 드릴 영적 예배니라"

히브리서 11장 4절입니다.

"믿음으로 아벨은 가인보다 더 나은 제사를 하나님께 드림으로 의로운 자라 하시는 증거를 얻었으니 하나님이 그 예물에 대하여 증거하심이라 저가 죽었으나 그 믿음으로써 오히려 말하느니라"

성경 말씀에 비추어 보면 하나님께 예배함에 있어서 가장 중요한 본질과 핵심은 구약이나 신약이나 정결함(흠 없음/성결함)과 중심과 믿음, 거룩한 삶입니다. 이런 요소가 하나님이 기뻐 받으시는 예배에 대한 하나님의 기준입니다. 다른 외적인 조건이나 모양이 아닙니다. 예배당의 화려함이 아닙니다. 예배당의 내부 인테리어가 아닙니다. 기계처럼 움직이는 예배 순서나 모양이 아닙니다. 비싼 피아노나 오르간이 아닙니다. 웅장한 예배당이 아닙니다. 그럴듯한 찬양대가 아닙니다. 이러한 본질과 핵심 요소가 예배에 있어서 기독교의 원칙 세계관입니다. 공동체 예배와 개인적인 거룩한 산 제사에서 중심과 정결함과 믿음이 없으면 하나님께서 받지 않으십니다. 헛된 예배, 외식적인 예배가 됩니다. 자신과 성도들의 귀와 눈을 즐겁게 하는 예배가 됩니다. 그러므로 예배를 드릴 때는 진실하게 회개함으로 정결함을 가지고 드려야 하고, 겉모습이 아닌 진정성을 가지고 중심(마음)으로 드려야 하고, 창조주 하나님과 스스로 계신 하나님에 대한 확고한 믿음으로 드려야 하고, 죄와 구별된 거룩한 생활을 하는 산 예배를 드려야 합니다. 예배당에 앉아서 예배를 드린다고 다 거룩한 예배가 아닙니다. 어떤 자들은 가인의 예배가 되고, 어떤 자들은 아벨의 예배가 됩니다. 이러한 상태는 자신과 하나님만이 압니다. 예배를 드릴 때는 사람을 의식하지 말고 오직 영이신 하나님만을 생각하고, 의식하고, 바라면서 예배를 드려야 합니다. 이것이 기독교(개신교) 〈예배〉에 대한 원칙 세계관입니다.

제15장

〈헌금과 십일조〉에 대한 원칙

헌금과 십일조에 대하여 오해하거나, 무지하거나, 거부감이 있는 분들이 의외로 많습니다. 신앙생활을 오래 하고, 직분자고, 청년부 회장도 맡고 있고, 모태 신앙인데도 십일조를 하지 않는 분들이 있습니다. 어떤 신자는 자기 마음이 내키지 않아서 내지 않는다고 말합니다. 어떤 신자는 한두 번 십일조가 밀리면 목돈으로 내야 하기에 부담이 되어 내지 않는다고 말합니다. 그러한 기분과 주장은 성경과 하나님의 은혜와 만물이 주의 것이라는 것에서 출발하지 않고, 자기 마음이 십일조 여부의 판단 기준이 되어 출발하기 때문입니다. 이는 마치 국가에 바치는 세금에 대하여 헌법에 기초하지 않고 자기 형편과 처지에 기초하는 것과 같습니다. 하나님의 은혜를 망각한 주장입니다. 이는 마치 주일성수와 비슷합니다. 6일 동안은 생존을 위해서 열심히 일하고 살라고 주셨습니다. 그러나 주일 하루는 온전히 주님을 위해서 헌신하라고 말합니다. 그날만큼은 하나님과 공익을 위해서 살라고 합니다. 7일 중 6일을 주고 하루만 헌신하라고 하는데도 싫다고 합니다. 주일을 성수하지 않는 기독교인들이 있습니다. 십일조도 그렇습니다. 눈에 보이는 것과 보이지 않는 모든 만물과 인간에게 필요한 것은 다 하나님의 것입니다. 하나님이 창조하신 것입니다. 우리가 누리고 있는 모든 것은 하나님이 공짜로 주신 것입니다. 모든 것이 하나님의 창조에 따라 그의 소유임에도 불구하고 모든 것을 인간에게 주신 후 열에서 아홉은 가지라고 하시고 십분의 일만 하나님의 뜻 실현과 구속사를 위하여 하나님께 바치라고 하는데도 아깝고 마음이 내키지 않는다고 거부합니다.

　이런 신자는 신앙의 기본이 안 되었거나 만물의 주인이 누구이며 하루하루를 누구의 은혜로 사는지 모르는 자입니다. 배은망덕한 자입니다. 세상의 그 어느 건물주보다 아주 싸게 사용하고 십분의 일만 내라고 하는데도 불만입니다. 하나님의 은혜와 만물의 주인이신 하나님에 대하여 바르게 알면 십일조는 공짜나 다름이 없습니다. 만물의 건물주, 만물의 토지주인 하나님께서 인간에게 십에서 아홉은 가져가고 십분의 일만 주님의 일을 위해서 주인이신 하나님께 납부하라고 하면 얼씨구나 좋다고 춤을 추면서 적극적으로 내야 합니다. 뭐가 뭔지를 모르니까 십일조를 거부하고 헌금하는 것을 아까워하고 망설이는 것입니다. 한마디로 자신의 존재와 삶에 대해 주제 파악을 모르고 사는 자입니다. 국가에 세금을 내는 자들도 그렇습니다. 국가를 통해서 각종 혜택과 보호를 받으면서 어찌하든지 세금을 내지 않으려고 하거나 온갖 꼼수를 부려 탈세를 시도합니다. 이는 국가에 대한 애정이 없거나 은혜를 모르는 자입니다. 욕심만 가득한 자입니다. 이기적인 자입니다. 국가가 있고 국가가 모든 것을 보호하고 인도해 주시기 때문에 자신이 사업도 하고 일도 하고 돈도 번다는 기본 상식이 없습니다. 그런 자는 탈세에 몰두합니다. 세금을 내는 것을 매우 아까워합니다. 또한 세금은 자기 마음이 기뻐야 내는 것이 아닙니다. 기준이 자기 마음의 어떠함이 아니라 헌법과 법률이 뭐라고 하느냐에 달려 있습니다.

물론 모든 헌금은 기쁨과 자발적으로 내야 하는 것은 맞습니다. 하지만 마음이 기뻐야 내는 것은 아닙니다. 기쁘지 않더라도 모든 것이 하나님의 소유요 은혜로 산다는 사실을 가지고 있으면 기쁨 여부를 떠나서 기본과 필수로 십일조는 냅니다. 우리가 국가나 지자체에 세금과 부가 가치세를 납부할 때 기뻐야만 내고, 내고 싶은 마음이 있어야만 내는 것이 아닙니다. 그런 것과 상관없이 납세를 합니다. 그것이 납세 의무입니다. 십일조도 마찬가지입니다. 십일조도 천국 시민의 의무입니다. 교회가 존재하는 한 세상 종말 때까지 그리해야 합니다. 국가가 존재하는 한 세금을 내야 하는 것처럼 교회가 존재하는 한 십일조와 감사 헌금은 기쁨으로 내야 합니다. 그래야 국가가 운영되고 교회가 운영됩니다. 의무이지만 기쁨과 자발적으로 내면 더욱 좋습니다.

신앙생활에서 헌금과 십일조는 빠질 수 없는 요소입니다. 마음과 신앙이 있는 곳에 물질이 있습니다. 구약이나 신약이나 기본적으로 하나님께 나아갈 때는 빈손으로 가지 않습니다. 생활 형편이 넉넉한 자는 살진 동물로 드리고 형편이 여의찮은 자들은 곡물이나 산비둘기로 바쳤습니다. 물론 신구약 모두 자기 생활 형편대로 하나님께 드립니다. 헌금은 많고 적음이 핵심이 아니라 중심(마음)이 제일 중요합니다. 헌금(獻金)이란 돈을 바치는 것으로 기독교에서는 하나님께 드리는 것을 의미합니다. 이를 교회 회계나 재정부가 관리합니다. 스스로 살아 계신 하나님을 믿는 기독교인이라면 누구나 교회에 출석하여 헌금을 합니다. 헌금은 그냥 내는 것이 아닙니다. 헌금을 하는 이유도 분명합니다. 헌금을 하는 이유는 하나님의 은혜(구원과 죄 사함)에 감사해서, 모든 것(소유나 월급)이 하나님의 것이기에, 세상 종말 때까지 하나님의 구속사역(교회 존치에 따른 운영과 관리, 전도와 선교, 구제와 봉사 등)을 위해서입니다. 헌금은 주로 교회 안팎에서 신자들이 모여 하나님께 예배를 드릴 때 드립니다.

헌금에는 다양한 종류가 있습니다. 주일날 예배에 참석하여 드리는 주일 헌금, 다양한 일에 대한 감사 헌금, 불우한 이웃을 위한 구제 헌금, 교회 건축을 위한 건축 헌금, 구역 헌금, 생일 헌금, 출생 헌금, 지목 헌금, 절기 헌금, 십일조 헌금 등이 있습니다. 교단과 교회에 따라 헌금의 종류가 천차만별입니다. 사실 교회 입장과 교회 재정을 담당하는 사람은 헌금 종류가 많아 헌금 수입이 많아지면 좋아하겠지만 헌금 종류가 세분화되어 많은 것은 바람직하지 않습니다. 그만큼 신자들에게 부담이 되고 일부 사람들은 부정적으로도 봅니다. 성경에는 그렇게 구체적으로 세분화되어 있지 않습니다. 헌금은 크게 감사 헌금과 십일조 헌금으로도 충분합니다. 다양하게 나눌 성경적 이유나 근거가 없습니다. 왜냐하면 결국 모든 다양한 헌금은 하나의 헌금이고 헌금 총액에서 각종 지출을 하면 되기 때문입니다. 굳이 세분화하여 다양하게 나눌 것이 아닙니다. 헌금 종류가 많으면 신자들이 많은 재정적 부담을 느끼는 것도 있지만 그만큼 복잡한 수입 계정이 만들어지면서 온갖 부적절한 일들이 발생할 수 있습니다. 교회의 모든 행정과 회계는 단순할수록 좋습니다. 그래야 이해하기도 쉽고 투명할 수 있습니다.

헌금에 대한 관리 감독과 집행은 교회 공동체에서 위임을 받은 자들이 맡아 행합니다. 교회의 헌금 관리와 지출은 주로 재정부 장로와 안수 집사들이 합니다. 물론 공동의회와 제직회 결의를 통해서만 집행, 지출합니다. 소소한 금액이 아닌 경우 담임 목사나 재정부를 담당한 일부 사람이 집행, 지출하는 경우도 있는데 이는 잘못된 것입니다. 그렇게 하기 시작하면 이상하게 변질됩니다. 문제가 발생합니다. 공금이 담임 목사 사금고처럼 사용됩니다. 일부 교회에서는 성도들이 낸 헌금이 담임 목사와 재정을 맡은 일부 사람들에 의하여 사유화되고, 숨겨지고, 오용되고, 남용되고, 횡령되는 경우도 종종 있습니다. 담임 목사가 임의로 달라 하면 절차와 이유를 거치거나 묻지 않고 지급하는 일들도 있습니다. 재정을 맡은 장로나 집사들이 자기 마음대로 사용하기도 합니다. 이는 매우 부적절합니다. 이러한 것이 반복되면 목사들이 교회 재정에 깊이 관여하게 되고 불행한 결과들로 이어집니다. 그런 교회들이 적지 않습니다. 미자립교회로 교회 헌금을 관리할 수 있는 사람이 없을 때는 한시적으로 목사나 사모가 맡아야 하지만 조직교회에서는 장로와 집사가 맡아 투명하고 질서 있게 관리해야 합니다. 임의로 관리가 되면 곤란합니다.

목사는 수입 지출에 대한 예산안이 공동의회에 상정되기 전에 필요한 재정에 대하여 의견을 전하고 공동의회에서 결정한 대로만 행하여야 합니다. 그리고 예배를 드릴 때 헌금을 수령하는 경우는 헌금 바구니를 성도들에게 돌리지 않는 것이 지혜입니다. 처음 나온 사람이나, 헌금할 처지가 되지 못하는 사람이나 헌금할 준비가 되어 있지 않은 사람들에게 눈앞에 헌금 바구니를 돌리면 상당히 불편하고, 부담스럽고, 거부감이 듭니다. 실제로 처음에 교회당에 갔던 사람들이 그리 말합니다. 헌금통은 교회 출입구에 준비해 놓고 들어올 때 각자 자연스럽게 하도록 광고함이 마땅합니다. 그리고 담임 목사는 교회 재정에 관여하지 않는 것이 지혜이고 안전합니다. 담임 목사가 교회 재정에 깊숙이 관여하게 되면 문제가 발생합니다. 목사는 재정 지출에 대한 방향만 제시하고 그 이상은 침묵해야 합니다. 헌금에 대해 강요도 하지 말아야 합니다. 이단들과 불건전한 목사들은 헌금을 강요하고 관리합니다. 그러면서 헌금 내역과 재정을 투명하게 공개하지 않습니다. 이런 교회는 건강한 교회가 아닙니다. 목사의 주된 은사와 사역은 기도, 설교, 교육, 심방입니다. 교회 재정 관리와 집행은 목사의 고유 기능이 아닙니다. 목사는 재정에서 손을 떼야 합니다.

그리고 십일조 헌금에 대하여 여러 말들이 있는데 신·구약 성경 어디에도 십일조에 대하여 금한 말씀이 없습니다. 구약에서도 12지파 중 11지파가 십일조를 드렸고, 이 십일조와 헌물로 땅을 분배받지 못한 레위지파가 생활비로 쓰고, 성전 관리와 유지에 사용하였습니다. 신약에서도 헌금과 헌물에 대한 십일조를 드리라고 합니다. 구약이나 신약이나 하나님의 성전과 예배당 유지 관리와 성전과 예배당에서 다른 생업 없이 섬기는 자들의 생활과 선교와 구제와 봉사 등을 위해서 거룩한 십일조 헌금이 필요하기에 금하지 않습니다. 하나님께 드리는 십일조와 헌금은 세상 종말 때까지 유지됩니다. 세상 종말이 오면 더 이상 하지 않습니다. 이 세상에서

가 전부입니다. 오늘날 목회자들은 레위지파는 아니지만 다른 생업 없이 오직 교회사역에만 전념하기에 이들에 대한 생활비와 예배당 유지 관리와 사역 그리고 기타 비용이 들어가므로 헌금(십일조)은 유용하고 필요합니다. 구약의 성전은 아니지만 교회가 있어 운영비, 관리비가 필요합니다. 이는 세상 종말 때까지 유효합니다. 그래서 금하지 않습니다. 또한 십일조 헌금의 개념은 십일조 자체에 있지 않고 신자의 마음과 신앙의 표현입니다. 신자의 생명과 소유물의 모든 것이 하나님의 것이라는 사실을 십일조를 통해서 고백하고 인정하는 것입니다. 십일조 헌금을 하는 것은 하나님과 딜(거래)하는 것이 아닙니다. 십일조 헌금을 하게 되면 하나님께서 그에 걸맞게 물질의 복을 주시기 때문에 하는 것이 아닙니다.

모든 헌금은 반대급부를 염두에 두고 하나님과 거래하는 개념이 아닙니다. 일반 감사 헌금이든 십일조 헌금이든 모든 것이 하나님의 은혜와 도우심과 사랑으로 주어진 것임을 알고 그에 대한 마음을 담아 형편에 따라 자기 소유나 수입의 일부를 물질로 하나님께 드리는 하나의 신앙 고백이자 감사의 표입니다. 또한 모든 것이 하나님이 지으신 주님의 소유물로 그 대부분은 사람들에게 주셨고 일부만 헌금하도록 하셨습니다. 세상에 이런 건물주, 소유주는 없습니다. 모든 헌금은 물질적인 복을 받기 위해서 드리는 것이 아닙니다. 헌금의 가치는 많이 내든, 적게 내든, 십일조를 내든, 십의 이조를 내든 많고 적음에 있지 않고 헌금을 드리는 신자의 중심과 믿음 여부에 달려 있습니다. 하나님은 사람과 같지 아니하시기에 헌금을 많이 드린다고 더 좋아하시지 않고 적게 드린다고 못마땅하게 생각지 않으십니다. 헌금과 십일조에 대한 이런 원칙만 바로 안다면 불순하게 헌금을 하지 않게 되고, 헌금에 대하여 부담이 없을 것입니다. 감사 헌금이나 십일조는 신자 각자의 형편과 마음과 믿음대로 적게 혹은 많게 하나님께 드리면 아벨의 헌금(제사, 예배)처럼 하나님이 기뻐 받으십니다. 그 외에는 다 가인의 헌금이 되고 헛수고에 불과합니다. 헌금을 받으시는 하나님이 헌금과 십일조에 대하여 어떻게 생각하시는지에 대하여 바로 알고 드려야 헛되지 않습니다.

창세기 4장 3~5절입니다.

"세월이 지난 후에 가인은 땅의 소산으로 재물을 삼아 여호와께 드렸고 아벨은 자기도 양의 첫 새끼와 그 기름으로 드렸더니 여호와께서 아벨과 그 제물은 열납(받아들임)**하셨으나 가인과 그 제물은 열납하지 아니하신지라 가인이 심히 분하여 안색이 변하니"**

레위기 1장 1~3절입니다.

"여호와께서 회막에서 모세를 부르시고 그에게 일러 가라사대 이스라엘 자손에게 고하여 이르라 너희 중에 누구든지 여호와께 예물을 드리려거든 생축 중에서 소나 양으로 예물을 드릴찌니라 그 예물이 소의 번제이면 흠 없는 수컷으로 회막문에서 여호와 앞에 열납(받아들임)**하시도록 드릴찌니라"**

사무엘상 16장 7절입니다.

"여호와께서 사무엘에게 이르시되 그 용모와 신장을 보지 말라 내가 이미 그를 버렸노라 나의 보는 것은 사람과 같지 아니하니 사람은 외모를

보거니와 나 여호와는 중심(마음)을 보느니라"

말라기 3장 8절입니다.
"사람이 어찌 하나님의 것을 도적질하겠느냐 그러나 너희는 나의 것을 도적질하고도 말하기를 우리가 어떻게 주의 것을 도적질하였나이까 하도다 이는 곧 십일조와 헌물이라"

신명기 14장 22~23절입니다.
"너는 마땅히 매년에 토지 소산의 십일조를 드릴 것이며 네 하나님 여호와 앞 곧 여호와께서 그 이름을 두시려고 택하신 곳에서 네 곡식과 포도주와 기름의 십일조를 먹으며 또 네 우양의 처음 난 것을 먹고 네 하나님 여호와 경외하기를 항상 배울 것이니라"

신명기 14장 27~29절입니다.
"네 성읍에 거하는 레위인(성전 봉사자들)은 너의 중에 분깃이나 기업이 없는 자니 또한 저버리지 말찌니라 매삼년 끝에 그 해 소산의 십분 일을 다 내어 네 성읍에 저축하여 너희 중에 분깃이나 기업이 없는 레위인과 네 성중에 우거하는 객과 및 고아와 과부들로 와서 먹어 배부르게 하라…"

누가복음 21장 1~4절입니다.
"예수께서 눈을 들어 부자들이 연보궤(나무로 만든 헌금 그릇, 궤짝)에 헌금 넣는 것을 보시고 또 어떤 가난한 과부의 두 렙돈(가장 작은 단위 동전) 넣는 것을 보시고 가라사대 내가 참으로 너희에게 말하노니 이 가난한 과부가 모든 사람보다 많이 넣었도다 저들은 그 풍족한 중에서 헌금을 넣었거니와 이 과부는 그 구차한(가난한) 중에서 자기의 있는바 생활비 전부를 넣었느니라 하시니라"

마태복음 5장 23~24절입니다.
"그러므로 예물(물건)을 제단에 드리다가 거기서 네 형제에게 원망 들을 만한 일이 있는 줄 생각나거든 예물을 제단 앞에 두고 먼저 가서 형제와 화목하고 그 후에 와서 예물을 드리라"

고린도후서 9장 5절입니다.
"이러므로 내가(사도 바울) 이 형제들로 먼저 너희에게 가서 너희의 전에 약속한 연보(헌금)를 미리 준비케 하도록 권면하는 것이 필요한 줄 생각하였노니 이렇게 준비하여야 참 연보(헌금)답고 억지가 아니니라"

마태복음 23장 23절입니다.
"화 있을찐저 외식하는 서기관들과 바리새인들이여 너희가 *박하와 *회향과 *근채의 십일조를 드리되 율법의 더 중한바 의(공의)와 인(인애)과 신(신실함)은 버렸도다 그러나 이것도 행하고 저것도 버리지(소홀히) 말아야 할찌니라"

* 약용 식물들

신·구약 성경은 헌금(십일조)과 헌물(예물)을 금하지 않습니다. 예수님께서 공중으로 재림하시는 그날까지, 즉 세상 끝 날까지 하나님의 백성들은 이 땅의 하나님의 나라이자 하나님이 주인이신 교회에 헌금(십일조)과 헌물을 드리라고 합니다. 이것이 성경적입니다. 헌금과 헌물은 사람이 아닌 하나님께 드리는 것입니다. 헌금과 헌물은 없어지는 것이나 헛되지 않습니다. 아까운 것이 아닙니다. 천국 은행에 다 저축되는 것입니다. 하늘에 보화를 쌓는 것입니다. 이러한 헌금과 헌물은 하나님의 나라와 세상의 빛과 소금을 위해서 사용합니다. 하나님의 교회에서 전적으로 사역하는 목회자들, 사역자들을 위해서 사용합니다. 하나님의 나라인 지상 교회 운영과 관리 등에 사용됩니다.

마치 어느 나라 국민들이 직접세와 간접세와 부가 가치세 등을 낸 것으로 국가를 경영하는 것과 같습니다. 그런즉 하나님의 은혜와 사랑에 감사하는 마음으로 드리되 즐거운 마음으로 드려야 합니다. 교회는 성도들이 낸 헌금, 헌물에 대하여 정직하고 투명하게 관리하고 사용해야 합니다. 공동의회를 할 때마다 교회의 전체 자산과 헌금 내역과 재정, 지출 내역을 투명하게 공개해야 합니다. 혹 교회 재정을 성도들에게 투명하게 공개하지 않는 교회와 목사는 정직하지 않은 자이자 불의한 자입니다. 무엇인가가 숨기고 있는 것입니다. 교회의 돈은 목사나 어느 사람의 개인 소유물이 아닙니다. 교회 공동의 자산입니다. 그러므로 정직하게 관리와 지출을 하되 정기적으로 투명하게 공개되어야 합니다. 한 점 의혹이 없어야 합니다.

상당수 교회가 헌금자를 주보에 공개하고 있습니다. 이는 성경에 반하는 것입니다. 성경은 구제나 봉사나 헌금은 은밀하게 하라고 합니다. 사람들에게 공개하라고 하지 않습니다. 왜냐하면 사람이 아닌 하나님께 드리고 행하는 것이기 때문입니다. 교회들은 매주 발행하는 주보에 헌금자를 공개할 것이 아니라 '헌금 공개 청구제도'를 만들어 각 신자들이 개인 헌금 내역에 대하여 알고자 할 때는 지체 없이 개인 헌금 내역(일반 헌금, 십일조 등)을 발급해 주어야 합니다. 이런저런 핑계를 대면서 개인 헌금 내역을 공개하지 않는 교회는 자신이 없는 교회로 문제가 있다고 봐도 무리가 없을 것입니다. 교회는 타인의 신상 외에는 비밀이 있을 수 없습니다. 교회 운영은 투명해야 신뢰를 받고 부정이 발을 붙이지 못합니다. 그런 교회가 건강한 교회입니다. 다시 강조컨대 헌금과 십일조에 대한 원칙은 성경에 근거하여 신자로서 마땅히 행하여야 하는 것으로 하나님의 은혜와 사랑에 대한 감사함으로 내는 것입니다. 모든 것이 하나님의 소유로 알고 일부를 하나님께 드리는 것입니다. 즐거운 마음으로 하는 것입니다. 자기 마음, 신앙, 가정 형편에 맞게 내는 것입니다. 헌금과 십일조는 세속적인 복(건강, 물질 복)을 받기 위해서 내는 것이 아닙니다.

그리고 각종 헌금을 강제하고 지나치게 강조하는 목사와 교회는 정상이 아닙니다. 헌금은 신앙이 성숙할수록, 하나님의 은혜와 사랑에 대하여 깊이 알수록, 사욕과 탐심이 없을수록, 천국을 소망하며 살수록, 하나님과 이웃을 사랑할수록, 믿음이 강화될수록, 만물이 하나님의 소유물로 바로 알 때, 만물의 건물주가 하나님이라고 알 때 내지 말라고 해도 은밀하게 내게 됩니다. 모든 사람, 모든 그리스도인들은 모두 토지나 부동산의 건물주이자 소유자인 하나님께 전세나 월세 세입자들입니다. 그런데도 백에서 구십은 세입자가 갖고 십분의 일만 세(헌금, 십일조)로 내라고 합니다. 그것도 자율로 말입니다. 세상에 이런 건물주, 소유자는 없습니다. 월세와 전세, 대출을 받고 사는 사람들은 잘 이해할 것입니다. 국가에 각종 세금을 내는 자들도 잘 알 것입니다.

그런데도 헌금과 십일조를 아까워하고 불편해합니다. 만물을 창조하신 하나님, 만물의 건물주이신 하나님의 은혜로 공짜로 살면서, 공짜로 태어나서 모든 것을 무료로 사용하고 누리면서 헌금을 아까워하는 것은 기본 양심의 문제입니다. 그리스도인들은 양심과 염치가 있어야 합니다. 그럼에도 헌금과 십일조는 강요하거나 강제하지 말아야 합니다. 주보에 공개도 하지 말아야 합니다. 하나님의 은혜와 사랑을 생각하면서 자율적으로 내되 진실로 감사와 믿음으로 헌금해야 합니다. 헌금 종류도 대폭 축소해야 합니다. 헌금 종류가 너무 많습니다. 십일조와 감사 헌금과 건축 헌금으로 축소해야 합니다. 절기 헌금 등도 감사 헌금으로 통일시키면 됩니다. 누가 언제 만든 것인지는 모르지만 이대로는 옳지 않습니다. 아무리 생각해도 바람직하지 않습니다. 깊은 고민이 있어야 합니다. 이것이 기독교(개신교) 〈헌금과 십일조〉에 대한 원칙 세계관입니다.

제16장

〈교회 직분〉에 대한 원칙

적지 않은 신자들과 목사들이 직분에 대하여 오해하거나 착각하고 있는 것 같습니다. 교회 직분을 벼슬, 권세, 승진, 헌신과 희생에 대한 보상, 성공으로 알고 있습니다. 절대로 아닙니다. 교회 직분은 종, 머슴, 섬기는 일꾼에 불과합니다. 집사, 권사, 장로, 목사가 되면 마음이 거만해지고 목에 힘을 주며 명령을 하려고 합니다. 성도들에게 함부로 합니다. 독재와 억압을 하려고 합니다. 무조건 맹종하고 비판을 하지 못하게 합니다. 교회의 모든 일을 좌지우지하려고 합니다. 직분을 신앙의 성공과 출세로 봅니다. 이에 직분을 받기 위해서 순수하지 않게 애씁니다. 어느 교회 목사, 장로, 안수 집사, 권사라고 으스댑니다. 직분을 받으면 섬기려는 자세보다 섬김을 받으려고 합니다. 범사에 희생하려고 하지 않고 대접만 받으려고 합니다.

교회에서 여러 가지 일을 맡아 충성하고, 헌금하고, 예배에 잘 참석하는 것을 직분을 받기 위한 징검다리로 생각합니다. 어떤 사람은 장로와 권사가 되는 것이 목표인 자들도 있습니다. 그러다 보니 사람들의 눈에

잘 띄는 봉사를 합니다. 이런 경향들 때문에 직분자들 중에는 의외로 겸
손하지 않고, 순수하지 않고, 믿음이 좋지 않은 자들이 있습니다. 장로와
권사와 안수 집사를 임직하는 데 수천만 원에서 수백만 원을 헌금 형식으
로 내야 합니다. 직분을 받은 이후 도리어 신앙이 하락하고 더 교만해지
는 자들이 있습니다. 이 모든 것은 직분에 대한 그릇된 생각과 지식 때문
입니다. 교회의 직분은 세상의 직분이나 지위와는 그 속성과 행위에 있
어서 전혀 다릅니다. 교회의 직분에 대하여 그 실상을 제대로 알면 장로,
집사, 권사가 되기 위해서 노력하지 않을 것입니다. 직분에 대한 실상을
정확히 모르니 직분을 받기 위해서 욕심을 부립니다.

직분(職分, 맡을 직, 나눌 분)의 사전적 의미는 '직무상의 본분 혹은 자
기가 마땅히 해야 할 본분'을 뜻합니다. 교회에서 직분이란 간단하게 말
하면 시종일관 끝없이 섬기고 또 섬기는 종의 본분을 말합니다. 이런 사
실을 잘 모르다 보니, 교회 직분자들이 이렇게 살지 않다 보니 안수 집사,
권사, 장로, 목사 임명식과 안수식을 할 때 꽃다발을 주고, 한복을 입고,
축하 잔치를 하고, 사진 촬영을 하고, 선물을 주고, 금일봉이 오가는 촌
극이 벌어집니다. 직분이 부럽게 느껴집니다. 직분을 받은 사람들은 교
회에 상당한 헌금과 헌물도 합니다. 식사비와 선물비도 책임집니다. 완
전히 축제 분위기입니다. 세상 직장에서는 이렇게 합니다. 왜 그렇습니
까? 세상에서는 벼슬과 권세, 출세와 성공, 대접을 받는 지위이기 때문입
니다. 그러나 교회에서의 직분은 정반대입니다. 직분을 받지 못했을 때
보다 더 섬기고 희생하는 종의 자리로 내려가는 것입니다. 소위 높은 자
리로 올라간 승진이 아닙니다. 이제 더 책임이 큰 종이 된 것입니다. 종

이 되었는데 축제를 합니다. 참으로 황당합니다. 비상식적입니다. 현재 직분 임명과 관련하여 교회에서 이해할 수 없는 일들이 벌어지고 있습니다. 이렇게 하니 너도나도 직분을 받으려고 하는 것입니다. 말로는 종의 직분이라고 하지만 실제 교회 안에서 비춰지고 행하여지는 것을 보면 벼슬, 권세, 승진, 보상, 성공, 인정, 대접입니다. 교회 안의 귀족이 되는 것입니다. 성경 사상과 맞지 않는 모순된 일들이 벌어지고 있습니다. 안수 집사, 권사, 장로, 목사라는 종의 자리로 가는데 무엇이 그리 좋아서 축하를 하고 난리입니까?

과거 교회와 기독교인들이 핍박을 받는 시대에는 교회 직분이란 무겁고 엄숙하게 받아들여졌습니다. 아무나 하려고 하지 않았습니다. 왜냐하면 고난과 죽음이었기 때문이었습니다. 어두움의 세력인 세상과 세상 사람들, 독재자들, 신으로 숭배를 받던 왕과 황제들, 공산주의자들, 이교도들에게는 눈엣가시가 교회 직분자들이었습니다. 그래서 아무나 교회 직분자가 되려고 하지 않았습니다. 위험하기 그지없고 생사가 달렸기 때문이었습니다. 교회도 아무나 교회 일꾼으로 세우지 않았습니다. 진실로 믿음이 좋고 주를 위해서 순교할 각오가 되어 있는 신실한 사람을 집사, 장로, 목사로 세웠습니다. 지금도 세상은 교회와 교회 직분자들을 눈엣가시로 봅니다. 그런데 오늘날 교회는 어찌 된 영문인지 너무 쉽고 가볍게 직분을 주고 축제 그 자체입니다. 완전히 벼슬이자 승진입니다. 하지만 주변의 직분자들을 경험해 보면 너무나도 실망스럽습니다. 불신자들보다 더 못한 자들이 수두룩합니다. 그리고 서리 집사에서 안수 집사와 권사로 올라가고, 안수 집사에서 장로로 올라갑니다. 부목사에서 담임 목사로 올라갑니다. 더 높은 곳으로 올라가는 사다리 개념으로 인식합니다. 그 결과 교회도 세상 직장처럼 직분과 지위에 대한 개념이 비슷하게 가고 있습니다. 예수님의 12 제자 중에 세베대의 아들인 야고보와 요한의 어머니 살로메도 직분을 벼슬과 권세로 여겼습니다. 성경과 직분에 대하여 무지하면 그런 욕심을 부립니다.

마태복음 20장 20~21절입니다.

"그때에 세베대의 아들의 어미가 그 아들들을 데리고 예수께 와서 절하며 무엇을 구하니 예수께서 가라사대 무엇을 원하느뇨 가로되 이 나의 두 아들을 주의 나라에서 하나는 주의 우편에 하나는 주의 좌편에 앉게 명하소서"

이에 대하여 하나님이시고 왕이신 예수님께서 뭐라고 하셨습니까? 섬기는 자가 되고, 종이 되고, 희생자가 되라고 하셨습니다. 그리고 친히 제자들의 발을 씻기셨습니다. 마지막에는 십자가 위에서 대속제물이 되셨습니다.

마태복음 20장 26~28절입니다.

"너희 중에는 그렇지 아니하니 너희 중에 누구든지 크고자 하는 자는 너희를 섬기는 자가 되고 너희 중에 누구든지 으뜸이 되고자 하는 자는 너희 종이 되어야 하리라 인자가 온 것은 섬김을 받으려 함이 아니라 도리어 섬기려 하고 자기 목숨을 많은 사람의 대속물로 주려 함이니라"

요한복음 13장 5절입니다.

"이에 대야에 물을 담아 제자들의 발을 씻기시고 그 두르신 수건으로 씻기기를 시작하여"

교회 직분은 교회와 성도들을 섬기고, 그들의 종이 되고, 성도들의 발을 씻기고, 성도들을 위해 희생하는 자리입니다. 교회 직분은 오늘날처럼 준비가 덜 된 사람들에게 교회와 목사의 필요에 따라 가볍게 세우고, 임명을 명분 삼아 수천에서 수백만 원을 받고, 높은 벼슬로 승진이 된 것처럼 축제를 벌이는 것이 아닙니다. 직분 임명과 관련하여 수천에서 수백만 원을 요구하는 교회나 목사 그리고 이런 거금을 주고서라도 직분을 받는 신자는 모두 제정신이 아닙니다. 정상이 아닙니다. 부패하고 타락한 자들입니다. 직분과 교회를 더럽히고 부패하게 만드는 악한 자들입니다. 이런 타락한 행위는 단호하게 거부해야 합니다. 교회 직분에 대한 오해와 착각이 너무 심각합니다. 그런 분위기를 목사들이 제공하고 있습니다. 종(머슴)을 세우는데 분위기와 모든 과정이 이상합니다. 축제입니다. 이러하니 이러한 광경을 보는 성도들이 오해하고 착각하는 것입니다. 말로 백날 직분은 섬기는 것이라고 해도 분위기나 행동은 그렇지 않으니 성도들이 다르게 생각하는 것입니다. 하루속히 개선되어야 할 부분입니다. 차분하고, 순수하고, 엄숙하게 직분자를 세워야 합니다. 벼슬을 얻은 것처럼, 승진이 된 것처럼, 무슨 시험에 합격한 것처럼 만들지 말아야 합니다.

그리고 직분자는 교회나 목사의 필요에 의해서 세우는 것이 아니라 성경에 합한 자를 세워야 합니다. 성령과 지혜가 충만하여 교회, 가정, 직장에서 칭찬 듣는 사람이어야 합니다. 그리고 디모데전서 3장과 디도서 1장의 기준에 맞는 자들만 목사, 장로, 안수 집사, 권사, 서리 집사로 세워야 합니다. 또한 인사 위원회(목사, 장로, 집사, 청년, 학생 등으로 구성)를 만들어 피택된 자들을 예배당에서 공개적으로 시험(인사 청문회/직분 청문회)하여 본 후에 책망할 것이 없으면 직분을 주어야 합니다. 반대로 성경의 기준(행 6:3; 딤전 3장; 딛 1장)에 미달한 사람은 직분을 주지 말아야 합니다.

사도행전 6장 3절입니다.
"형제들아 너희 가운데 성령과 지혜가 충만하여 칭찬 듣는 사람 일곱을 택하라 우리가 이 일을 저희에게 맡기고"

디모데전서 3장 8~10절입니다.
"이와 같이 집사들도 단정하고 일구 이언을 하지 아니하고 술에 인박이지 아니하고 더러운 이(이익)를 탐하지 아니하고 깨끗한 양심에 믿음의 비밀을 가진 자라야 할찌니 이에 이 사람들을 먼저 시험하여(테스트)보고 그 후에 책망할 것이 없으면 집사의 직분을 하게 할 것이요"

이런 성경의 말씀과 가르침에도 불구하고 부실하게 시험하거나 아예 시험하지 않고 외적인 경건의 모양만 보고 평가하거나 투표를 하여 직분을 주는 교회들도 많습니다. 성경의 기준은 무시하고 자기들이 만든 기준에 따라 직분자를 세웁니다. 제대로 직분에 대한 인사 청문회를 하는 교회가 거의 없는 것 같습니다. 세상 정부도 고위공직자나 장관들을 임명하기 전에 생방송으로 모든 국민들이 보도록 국회 인사 청문회를 통해서 책망할 것이 있는지 없는지 테스트합니다. 미국의 인사 청문회는 매우 철저하게 검증, 시험을 합니다. 인사 후보자에 오른 사람에 대하여 정부의 모든 수사기관을 총동원하여 과거와 현재의 모든 것을 저인망식으로 탈탈 텁니다. 그렇게 시험에 통과된 사람을 임명합니다. 그 결과 임명된 자들이 문제가 발생하여 도중에 사퇴하는 일은 별로 없습니다. 미국 인사 청문회 과정에 비하면 우리나라 인사 청문회는 걸음마 단계입니다. 임명된 자들이 자주 사퇴합니다. 문제를 일으킵니다. 그만큼 허술하게 고위 공직자를 임명했기 때문입니다.

사실 교회는 하나님의 일꾼을 세우는 직분 인사에 대하여 세상보다 더욱 엄격하고 철저하게 해야 마땅합니다. 성경은 그렇게 하라고 합니다. 그런데 교회와 목사들이 그렇게 하지 않습니다. 불순종합니다. 인간적이고 필요적인 요구에 의한 기준으로 직분자들을 임명합니다. 그러니 직분자들을 보고 시험에 드는 자들이 많습니다. 직분자들이 지탄을 받고 삽니다. 교회와 하나님의 일꾼들은 모든 면에서 세상의 고위공직자들보다 더 거룩해야 합니다. 그러나 현실은 그렇지 않고 엉성합니다. 제대로 된 시험, 인사 검증을 하지 않고 있습니다. 인사 검증에 대한 노하우도, 내용도, 준비도 되어 있지 않습니다. 매뉴얼이 없습니다. 그러니 테스트답지 않은 테스트를 통해서 직분자들을 임명합니다.

그 결과 부실한 직분자들로 인하여 교회가 본이 되지 못하고 분란이 생깁니다. 어느 집사 때문에, 어느 찬양대원 때문에, 어느 교사 때문에,

어느 권사 때문에, 어느 장로 때문에, 어느 목사 때문에 교회가 엉망이 됩니다. 앞으로 이런 부분에 대하여 보안이 시급합니다. 그래야 교회의 거룩성을 유지할 수 있습니다. 인사는 만사라고 했습니다. 교회라는 공동체에 목사, 장로, 안수 집사, 권사 등을 부실하게 세우면 마치 집을 짓는데 기둥을 허술하게 세우는 것이 되어 교회는 세속화되고 서서히 무너지게 됩니다. 교회의 직분은 벼슬, 권세, 승진, 성공이 아닌 시종일관 교회와 성도들을 섬기는 종의 자리로 내려가는 것임을 알아야 합니다. 교회 직분은 성경 말씀대로 시험(인사 청문회)하여 보고 책망할 것이 없는 자들만 직분을 주어야 합니다. 혹 책망할 것이 있으면 직분 임명을 유보하거나 기다려야 합니다. 교회에 일꾼이 필요하다고 준비되지 않은 자들에게 직분을 주면 반드시 탈이 납니다. 교회의 주인은 목사가 아니라 하나님입니다. 그렇다면 하나님의 기준에 맞게 직분자들을 세워야 합니다. 말로는 하나님이 교회의 주인이라고 하면서 실제는 목사가 주인 노릇하면 안 됩니다. 교회는 목사의 기준대로 운영되어서는 안 됩니다. 이는 수영을 제대로 할 줄 모르는 사람을 수영경기에 출전시키는 것과 같습니다. 이것이 기독교(개신교) 〈교회 직분〉에 대한 원칙 세계관입니다.

제17장 〈목회자〉에 대한 원칙

목회자, 교역자에 대하여 오해하는 성도들이 적지 않습니다. 그 결과 목사를 왕처럼 떠받들고 맹종, 맹신합니다. 결론을 먼저 말씀드리면 목사는 왕도, 신적 존재도, 구약의 제사장도, 절대 무오한 자도, 완벽한 자도, 절대적으로 복종할 자도 아닙니다. 모든 성도들과 동일한 왕 같은 제사장입니다. 불완전하고 연약한 자들입니다. 그저 하나님의 품꾼, 머슴, 종에 불과합니다. 단지 하나님의 말씀만 맡았을 뿐입니다. 교회에서 맡은 역할과 은사(재능)가 일반 성도들과 다를 뿐 나머지는 동일합니다. 목사와 일반 성도들은 인격적으로, 직분적으로 계급 관계(상하 관계)나 우열(愚劣, 어리석고 못남) 관계가 아닙니다. 교회 안에서 효율과 기능과 역할상 질서적으로 대표자일 뿐입니다. 하나님의 말씀을 맡은 자로서 일반 장로보다 배로 존경할 자일뿐입니다.

신학을 하고 하나님의 말씀을 가르치고 선포하는 자로 전문성을 존중하는 것뿐입니다. 일반 성도들과 달리 오직 목회 사역에만 전적으로 매달리기에 교회는 정당하게 생활비(사례비)를 지급하는 것입니다. 그리고 본래 목사들과 부목사들과 강도사와 전도사들 간에도 계급과 우열은 없습니다. 모든 목회자들은 인격적으로 평등하고 단지 일의 효율과 기능상 질서적으로 수직적일 뿐입니다. 서로 일을 다르게 맡아 수행할 뿐입니다. 일부 중대형 교회 담임 목사들이 부교역자들을 종 다루듯 함부로 말하고 비인격적으로 대하는 것은 성경 사상이 아닙니다. 활동비는 다를 수 있지만 기본 급여를 직분에 따라 다르게 지급하는 것도 성경에 반하는 차별입니다. 담임 목사와 부교역자 관계는 함부로 해도 되는 종적 관계가 아닙니다. 서로 존중하고, 협력하고, 보완하는 관계입니다. 모든 목회자들은 동일한 하나님의 일꾼들입니다. 그런즉 성도들이나 담임 목사는 모든 부분에서 목회자들을 차별하지 말아야 합니다. 사례비와 존중하고 인정하는 부분 등에서 공정하게 대해야 합니다. 우열이나 능력에 따라 직급이 결정된 것이 아니고 부르신 것이 아니기 때문입니다.

이러한 사실을 바로 이해하지 못하고 오해하는 성도들과 담임 목사들은 담임 목사를 우대하고 부교역자들은 천하고 가볍게 대하는 경우가 있습니다. 평상시나 특별한 날에 불공정하게 차별 대우와 접대를 합니다. 무엇이든지 담임 목사에게 쏠립니다. 교회도 담임 목사에게는 좋은 집, 좋은 차, 많은 사례비를 제공하면서 부교역자들에게는 그렇지 않습니다. 이는 세상 기관이 하는 방식이고 하나님의 나라나 교회의 방식이 아닙니다. 성경에 비추어 보면 차별입니다. 기본적으로 우열이나 차별 없이 동등하게 대해야 합니다. 그리고 성도들은 목사님을 비판하고 이의제기와 충고를 하면 잘못된 것이거나 큰일 난다고 생각합니다. 부정적인 신자라고 매도합니다. 주의 종을 불편하게 하고 속상하게 하면 벌을 받는다고 생각합니다. 비판하지 말라고 합니다. 전혀 그렇지 않습니다. 목사는 신이 아닙니다. 목사도 부족함과 허물이 있는 자입니다. 목사도 잘못하면 교회와 성도들로부터 비판, 권면, 책망, 징계를 받아야 합니다. 목사들도 설교를 잘못할 수 있습니다. 이단 사상과 불건전 사상과 자유적인 사상을 전할 수 있습니다. 교회를 잘못 운영할 수 있습니다. 잘못 판단할 수 있습니다. 목사들도 재물에 대한 탐식과 이성에 대한 욕심이 있을 수 있고 실제로 그런 일들이 종종 발생합니다.

목사들도 운동 경기 심판이나 의사들처럼 종종 오판할 때가 있습니다. 목사들도 실정법을 어기거나 교회 헌법을 어길 수 있습니다. 그럴 때 교회와 성도들은 확실한 물증을 가지고 예의 바르게 비판, 책망, 충고, 징계, 권면할 수 있습니다. 이러한 자세는 당연하고 정상적인 것입니다. 어느 분야나 부문을 막론하고 상식입니다. 이를 싫어하거나, 이상하게 바라보거나, 거부하는 목사가 있다면 교만한 자요 성숙한 목사가 아닙니다. 목사들은 언제든지 교회와 성도들로부터 쓴소리를 들을 준비가 되어 있어야 합니다. 그런 목사가 겸손한 자입니다. 그래야 변질과 타락이 되지 않습니다. 사실 목사들은 누가 쉽게 견제하지 못합니다. 한국 교회 분위기가 그렇고 누가 총대를 메려고 하지 않습니다. 괜히 목사를 비판하고 쓴소리를 했다가는 관계가 불편하게 된다고 생각하기 때문입니다. 그래서 목사가 어느 면에서 잘못하고 마음에 들지 않아도 대부분의 성도들은 묵묵히 참고 기도만 합니다. 침묵합니다. 아니면 자신이 교회를 떠납니다.

그렇게 넘어가고 넘어가면 목사는 돌아올 수 없는 강을 건너게 되고 자신이 무엇이든지 잘하는 것으로 착각하게 됩니다. 오만방자하게 됩니다. 오늘날 일부 목사들이 탈선하는 이유 중의 하나는 첫째가 자신의 책임이지만 성도들의 책임도 큽니다. 목사들이 오만방자하게 행동하도록 높이고 높였기 때문입니다. 견제와 비판을 하지 않았기 때문입니다. 목사들을 신(神)처럼 여겼기 때문입니다. 세상에 비밀은 없습니다. 목사들의 부적절한 일은 주로 돈과 여자 문제와 성 문제에 관련된 거짓말과 불법입니다. 교회 재정부와 장로들이 잘 압니다. 성도들이 이런저런 소문을 듣고 잘 압니다. 이때 잘 대처해야 목사도 살고 교회도 살게 됩니다. 장로들은 단견으로 교회의 덕과 하나님의 영광을 가리지 않기 위해서 덮거나 유야무야 처리하려고 합니다. 담임 목사가 불의한 일을 함에도 불구하고 쉬쉬하고 덮고 넘어가면 감당할 수 없는 산불로 번집니다. 주로 하는 말이 있습니다. '교회에 덕이 안 되고, 전도의 문이 막힌다'고 합니다. 그러면서 침묵을 강요합니다. 이는 마귀의 속삭임입니다. 성경적이지 않습니다. 인본주의입니다. 성경은 온갖 천인공노 할 사건들을 다 기록하고 공개하고 있습니다. 그렇게 해서 기독교가 그런 사실 때문에 지구촌에서 사라졌습니까? 아닙니다. 죄의 속성 중의 하나는 계속성입니다. 특히 교회 돈과 여자 문제와 성 문제는 스스로 중단하지 못합니다. 누군가가 강제로 브레이크를 걸어야 멈추게 됩니다.

그런즉 교회는 초반에 단호히 대처해야 합니다. 불의한 목사를 결코 옹호, 비호, 협력, 묵인하지 말아야 합니다. 그것이 하나님의 속성(성품)인 공의(公義, 공정한 도의)입니다. 사실 관계를 확실히 아는 자가 은밀하게 목사를 찾아가서 성경적으로 권면하고 들으면 덮어 주고 그렇지 않으면 교회에 알려야 합니다. 이때 반드시 물증을 가지고 있어야 합니다. 대부분의 범죄자들은 본능적으로 부인합니다. 거짓말을 합니다. 확실한 물증이 없이 앞서가면 도리어 역공과 상처와 고소를 당합니다. 초기에는 시인을 했다가도 나중에 부인합니다. 그런즉 너무 순진하게 접근하지 말아야 합니다. 사람이란 누구나 자기가 코너에 몰리면 전혀 다른 사람으로 돌변합니다. 목사도 마찬가지입니다. 사람을 너무 신뢰하지 말아야 합니다. 그리고 목회자에게 권한이 집중되지 못하게 해야 합니다. 모든 권력, 절대권력은 부패합니다. 그런즉 목회자들은 기도하고, 말씀을 전하고 가르치고, 심방하는 데 전념하도록 하고 재정 사용과 기타 봉사 활동, 선교 활동, 구제 사업 등은 일반 성도들이 맡아서 집행하고 실천해야 합니다. 교회 정관에 그렇게 명기해야 합니다. 목사가 설교가 주업인데 교회 재정까지 손아귀에 넣으면 변질될 가능성이 큽니다. 특히 교회 헌금과 재정에 대하여 목사가 마음대로 손대지 못하도록 초반에 확실하게 해야 합니다.

그리고 혹 목회자가 교회 공금을 지출했다면 어디에 사용했든지 반드시 영수증을 제출하게 해야 합니다. 그렇지 않은 목사들이 있습니다. 정직하고 투명하게 사용했다면 영수증을 제출하지 못할 이유가 하나도 없습니다. 게다가 교회 재정은 공금이니 아무리 적은 돈이라도 공금에서 지출하면 반드시 영수증을 첨부하고 제출해야 합니다. 이를 요구하는 사람에게 화를 내지 말아야 합니다. 화를 내는 목사나 장로가 있다면 부정한 짓을 했을 가능성이 있습니다. 비리 예방 차원, 목사 보호 차원에서라도 반드시 영수증을 제출하게 해야 합니다. 영수증을 제출하지 않으면 '공금을 유용하거나 횡령한 것으로 간주한다'고 못 박아야 합니다. 그리고 목회자들은 성도들을 상담하거나 심방할 때 여성이나 남성과 단둘이서 하지 않게 해야 합니다. 교회 안팎에서 이성 간에 단둘이서 만나는 것을 금해야 합니다. 오늘날 교회 안팎에서 성범죄, 불륜이 종종 발생하고 있습니다. 목사와 교회와 성도들을 보호하는 차원입니다. 심방과 상담 시에는 반드시 둘 이상으로 행하여야 안전합니다. 유혹에 빠지지 않습니다. 이상한 소문도 나지 않습니다. 목회자들이나 성도들이 목회자에 대하여 이 정도만 알고 실천해도 모두가 행복하고 안전하게 됩니다. 서로 존중받게 됩니다. 다음은 이와 관련된 성경 말씀입니다.

디모데전서 5장 17절입니다.

"잘 다스리는 장로들을 배나 존경할 자로 알되 말씀과 가르침에 수고하는 이들을 더할 것이니라"

고린도전서 12장 18~21절입니다.

"그러나 이제 하나님이 그 원하시는 대로 지체를 각각 몸에 두셨으니 만일 다 한 지체뿐이면 몸은 어디뇨 이제 지체는 많으나 몸은 하나라 눈이 손더러 내가 너를 쓸데없다 하거나 또한 머리가 발더러 내가 너를 쓸데없다 하거나 하지 못하리라"

고린도전서 12장 27~28절입니다.

"너희는 그리스도의 몸이요 지체의 각 부분이라 하나님이 교회 중에

몇을 세우셨으니 첫째는 사도요 둘째는 선지자요 셋째는 교사(목사)요 그 다음은 능력이요 그 다음은 병 고치는 은사와 서로 돕는 것과 다스리는 것과 각종 방언을 하는 것이라"

갈라디아서 6장 6절입니다.

"가르침을 받는 자(성도들)는 말씀을 가르치는 자(목회자들)와 모든 좋은 것을 함께하라"

우리 몸에 붙어 있는 손, 발, 다리, 눈 등 각 지체는 잘나고 못나고의 우열이 없고, 위아래 계급이 없고, 서로 동등하게 귀한 지체입니다. 차별하면 잘못된 것입니다. 단지 기능과 역할만 다를 뿐입니다. 목사를 비롯한 교회 안의 모든 직분은 은사의 차이일 뿐입니다. 잘 다스리는 장로는 교회 행정을 맡은 장로고, 말씀과 가르침에 수고하는 이들은 신학을 공부한 목회자들입니다. 학교에서 교직을 이수한 자들인 교사들이 강단에 서서 학생들을 가르치므로 학생과 학부모들이 행정 주사보다 더 존경하는 것처럼 진리를 전하고 가르치는 목회자들을 행정을 맡은 장로들보다 배나 존경하라고 합니다. 이 세상에서도 전문가를 인정하고 존중하는 것처럼 기본적으로 하나님께서도 교회에서 하나님의 부르심을 받고 신학을 한 목회자들을 두 배로 인정하고 존중하라고 합니다. 물론 목회자라고 해서 무조건 존중하라는 것은 아닙니다. 도덕적으로 정직하고, 전문 분야인 진리를 바르게 설교하고, 가르칠 때 존중하라는 것입니다. 우리가 바른 경찰과 검사, 판사를 존중하고 그릇된 경찰, 검사, 판사는 존중하지 않듯이 정직하고 하나님의 말씀을 바르게 전하고 가르치는 목회자들은 배나 존중해야 합니다.

그리고 교회 성도들이 무슨 일이 있을 때 담임 목사만 찾는데, 부교역자들도 찾기 바랍니다. 앞에서도 언급했지만 동일한 하나님의 종이고 하나님은 동일하게 역사합니다. 담임 목사가 찾아와서 기도해 주고 설교해 주어야 속성으로 무엇이 이루어지는 것이 아닙니다. 응답이 빠른 것이 아닙니다. 직분과 능력은 상관이 없습니다. 믿음과 마음이 좌우합니다. 그리고 목회자들에게 잘해야 복 받고 잘못하면 저주를 받는 것은 없습니다. 종종 성경 사상이 아닌 것을 집회와 부흥회 중에 가르치는 목사들이 있는데 이는 그릇된 주장입니다. 신자나 불신자를 막론하고 주의 이름으로 사랑하고 잘 섬기면 뿌린 대로 거두게 됩니다. 반드시 담임 목사에게 잘해야 복을 받는 것은 없습니다. 목사들은 기본적으로 예수님처럼 성도들을 섬기고 존중을 받는 자들이지, 대접을 받고 섬김을 받는 자들이 아닙니다. 피차 잘 섬겨야 합니다. 도리어 목사들이 예수님처럼 성도들을 섬겨야 합니다. 목회자가 예수님의 모습에서 떠나면 대접만 받으려고 합니다. 성도들도 목회자들을 지나치게 접대하려고 하지 말아야 합니다. 접대와 섬김만 받다 보면 자기도 모르게 습관이 됩니다. 변질되고 교만해집니다. 성도들은 목회자들에 대하여 과잉 섬김은 금해야 합니다. 그런 열심과 마음으로 교회 밖 이웃들에게 주님의 이름으로 잘 섬기고 대접하게 해야 합니다. 이것이 기독교(개신교) 〈목회자〉에 대한 원칙 세계관입니다.

제18장 〈목회자들과 선교사 진로 판단〉에 대한 원칙

아직 가 보지 않고 경험하지 않은 미래 진로에 대한 고민은 누구나 다 합니다. 보이지 않는 미래 진로에 대한 결정을 하는 것은 모든 사람들이 어려움을 겪고 있는 사안입니다. 특히 많은 신자들, 즉 목사, 선교사, 부교역자들이 목회 지역이나 선교 지역 사역 진로를 놓고 적지 않은 고민, 갈등, 혼란을 겪습니다. 무엇이 진정 하나님 뜻이고 바른 선택과 결정인지 정확히 모르거나 확신을 갖기가 쉽지 않기 때문입니다. 모든 신자들은 사역 진로 결정을 할 때 나름 하나님의 음성을 듣는 방법을 사용합니다. 어떤 사람은 성경을 읽다가 어떤 말씀이 마음에 와닿거나 감동과 걸림이 되면 QT(콰이어타임) 형식으로 '이것이 나에게 준 말씀이다'라고 성경의 인물과 사건을 자신과 동일시하면서 단정합니다. QT의 약점이자 위험 요소는 자신과 전혀 다른 전체 문맥과 배경을 무시한다는 점입니다. 어떤 사람은 직접 게시(하나님 음성)로 단정합니다. 어떤 사람은 꿈이나 환상으로 단정합니다. 어떤 사람은 상황으로 단정합니다. 어떤 사람은 사람을 통해서 단정합니다. 어떤 사람은 교회, 노회, 총회의 공적 결정으로 단정합니다.

목회자들이 사역 진로를 정할 때 잘못하면 아전인수(我田引水) 식으로 해석, 이해, 확신, 적용해 버립니다. 그러면 의사들이 환자를 진단할 때 오진하는 것처럼 실수, 실패, 오판하게 됩니다. 그래서 매우 신중하게 잘해야 합니다. 가장 확실한 방법은 자기 주관적인 기준보다 객관적인 방법인 성경에 나와 있는 보편적인 방법, 원리, 기준대로 하고 오해의 소지가 있는 방법은 제외하는 것입니다. 지극히 주관적일 수 있고, 특별한 방법은 제외합니다. 예를 들어 QT식, 특별 계시(하나님 음성), 이적, 환상, 꿈 등입니다. 그렇다고 완전히 배제하지는 않아야 합니다. 단지 일반적이지 않은 방법이라는 것입니다. 이런 성경의 방법, 기준, 원리를 찾는 것도 만만치 않습니다. 왜냐하면 성경에 대한 지식과 수준이 다 천차만별이기 때문입니다. 개인 신학과 신앙 색깔에 따라 다 다릅니다. 그래서 신자들에 따라 하나님의 뜻을 찾는 방법들이 다양한 것입니다. 그럼에도 불구하고 목사, 선교사, 신자들의 모든 진로 결정 기본 근거는 하나님께서 말씀하실 때입니다. 즉 구름(하나님 임재 상징), 즉 하나님께서 움직일 때, 어떻게 하라고 명령(사인)하실 때입니다. 반대로 하나님께서(구름) 머무르시거나 침묵하실 때에는 신자들도 유진(留陣, 머무름, 움직이지 않음)해야 합니다. 이것이 성경에 근거한 진로 판단에 대한 기본자세입니다. 물론 하나님의 음성, 명령에 대한 판단을 잘하고 사인을 잘 해석해야 합니다. 엉뚱하게 하거나 오판하면 실수합니다. 고생합니다. 실패합니다. 지금부터는 몇 가지로 나눠서 살펴보겠습니다.

민수기 9장 17~23절입니다.

 "17) *구름(the cloud)이 성막에서 떠오르는 때에는 이스라엘 자손이 곧 진행(進行, 앞으로 나아감)하였고 구름이 머무는 곳에 이스라엘 자손이 진(陣, 진영)을 쳤으니 18) 이스라엘 자손이 여호와의 명(命, 명령)을 좇아 진행하였고 여호와의 명을 좇아 진을 쳤으며 구름이 성막 위에 머무는 동안에는 그들이 유진(留陣, 머무름)하였고 19) 구름이 장막 위에 머무는 날이 오랠 때에는 이스라엘 자손이 여호와의 명을 지켜 진행치 아니하였으며 20) 혹시 구름이 장막 위에 머무는 날이 적을 때에도 그들이 다만 여호와의 명을 좇아 유진(머무름)하고 여호와의 명을 좇아 진행하였으며 21) 혹시 구름이 저녁부터 아침까지 있다가 아침에 그 구름이 떠오를 때에는 그들이 진행하였고 구름이 밤낮 있다가 떠오르면 곧 진행하였으며 22) 이틀이든지 한 달이든지 일 년이든지 구름이 성막 위에 머물러 있을 동안에는 이스라엘 자손이 유진(머무름)하고 진행치 아니하다가 떠오르면 진행하였으니 23) 곧 그들이 여호와의 명을 좇아 진(진영)을 치며 여호와의 명을 좇아 진행하고 또 모세로 전하신 여호와의 명을 따라 여호와의 직임(職任, 임무)을 지켰더라"

* 구름은 하나님의 임재(강림) 상징

민수기 11장 25절입니다.

 "여호와께서 구름(the cloud) 가운데 강림(降臨, came down, 내려옴)하사 모세에게 말씀하시고 그에게 임한 신을 칠십 장로에게도 임하게 하시니 신이 임하신 때에 그들이 예언을 하다가 다시는 아니하였더라"

첫째, 지교회(local church)를 섬기고 있는 목회자의 사역 진로를 판단하는 방법, 원리, 기준에 대한 원칙

지교회를 섬기는 자들은 일부 신자들의 말을 듣는 것이 아니라 교회의 공적 모임인 당회나, 제직회나, 공동의회에서 결정하는 것을 하나님의 주권으로 인정하고 따르는 것입니다. 왜냐하면 하나님께서는 두세 사람이 주의 이름으로 모인 곳에 함께 하시겠다고 하셨기 때문입니다. 이는 모여서 기도하는 것도 있겠지만 성도들의 모임에서의 어떤 결정에 대한 말씀이기도 합니다. 결과가 좋든, 나쁘든, 교회가 문제가 있든, 없든 하나님의 주권으로 인정하는 것입니다. 목사의 사역 진로 가부에 있어서 제직회나 공동의회가 결정하는 것은 주로 위임 투표, 재신임 투표, 청빙 투표입니다. 교회의 이런 공적 모임의 결정을 하나님의 뜻으로 받아들이면 됩니다. 왜냐하면 교회의 주인은 하나님이시고 하나님은 자신의 깊은 뜻과 주권에 따라 이해할 수 있는 결정도 하게 하시고, 이해할 수 없는 결정도 하게 하시기 때문입니다. 하나님의 종들과 목회자들이 교회의 주인이신 하나님의 깊은 뜻을 다 헤아리지 못합니다. 가게 주인과 직원의 생각이 다르듯 교회 직원인 목회자들과 교회 주인이자 사장이신 하나님의 생각은 천지 차이입니다. 교회의 공적 모임이 목회자들이 환호할 수 있는 결정도 할 수 있고, 납득할 수 없는 결정도 할 수 있습니다.

이런 결정에 하나님이 기쁘시든, 원치 않으시든 허락하십니다. 가장 대표적인 예가 사울을 이스라엘 초대 왕으로 세우는 일에 허락하신 것과 같습니다. 하나님은 원치 않으셨지만, 이스라엘 공동체가 간청하니 허락하셨습니다. 교회 공동체가 잘못 결정하면 그들 스스로가 대가를 받습니다. 그러나 하나님은 전혀 손해 당하지 않습니다. 혹 교회의 공적 결정이 잘못되었다면 목회자들을 다른 방식으로 적절하게 인도하십니다. 교회와 신자들의 주인이신 하나님은 그러한 분이십니다. 그러니 지교회 목회자들은 사역 진로에 대하여 걱정이나 갈등하지 말고 교회 공동체에 모든 결정을 위임하고 그 결과에 따르기만 하면 됩니다. 어떤 결정이 나오든 하나님의 주권으로 인정하고 잔류하든, 떠나든 하면 됩니다. 그 이후의 사역지는 걱정하지 않아도 됩니다.

하나님께서는 하나님의 종들을 방치하거나 놀고먹게 하시지 않습니다. 반드시 일자리를 주시고 의식주를 해결해 주십니다. 세상 주인들도 직원을 뽑아 놓고 놀고먹게 하지 않습니다. 반드시 어떤 일이든 시킵니다. 하나님은 더 말할 것이 없습니다. 그러나 각기 믿음의 정도에 따라 다르겠지만 초조해하거나 조급하거나 걱정은 말아야 합니다. 주인 마음이기 때문입니다. 일거리는 주인이 주어야 하는 것입니다. 진정 하나님으로부터 소명을 받은 목회자들은 지교회가 어떻게 처리하든 반드시 새로운 일자리를 주시고 의식주를 책임져 주십니다. 이를 믿지 못하는 목회자가 있다면 당장 목회 사역을 접어야 합니다. 전 세계 모든 참 교회의 주인은 동일한 하나님이십니다. 하나님께서는 모순되게 일하시지 않습니다. 모든 교회가 다 유익하게 하시고 결과적으로 모든 목회자들이 바른 보직을 받고 사역하게 하십니다.

따라서 교회의 종, 직원, 일꾼들인 목회자들이 주인이신 하나님보다 앞서가거나 더 염려하는 일은 없어야 합니다. 주인에 속한 종, 일꾼들이 새로운 사역지를 위해서 염려하는 것은 종의 신분과 어울리지 않습니다. 종들은 가만히 있다가 주인이 가라는 대로 가면 그만입니다. 사역지가 없으면 가만히 쉬고 있다가 적절한 때가 되면 주인이 명령하고 지시하는데 그때 움직이면 됩니다. 신병들도 국가에서 신병훈련소에 입소시키고 기본 훈련을 다 시킨 후 때가 되면 자대로 배치합니다. 지금은 재능에 따라 배치합니다. 목회자들도 마찬가지입니다. 그러므로 지교회 목회자들은 이런 부분에 있어서 전전긍긍하지 말고 하나님의 객관적인 일하심(교회의 공적 결정)을 지켜보며 그 결과에 따라 그대로 순종하면 됩니다. 교회와 목회자들의 주인이신 하나님 보다 앞서가는 것은 불신앙과 불순종입니다. 하나님을 신뢰하지 않는 것입니다. 하나님의 종이 교회의 주인이신 하나님께서 다른 교회 사역지로 지시와 명령도 하지 않았는데 종 스스로가 오판하여 하나님의 교회에 가 있으면 화를 내십니다. 불쾌하게 여기십니다. 책망을 하십니다. 지교회 담임 목사나 부교역자들은 이런 실수와 오판이 없어야 합니다.

둘째, 아직 사역지가 없어 사역지를 찾고 있는 목사, 강도사, 선교사, 전도사가 사역 진로를 판단하는 방법, 원리, 기준에 대한 원칙

이때 목사, 강도사, 선교사, 전도사가 취해야 할 기본적인 자세는 외적인 조건, 장소적인 조건, 자녀 교육에 대한 조건, 사례비에 대한 조건 등에 대하여 마음을 비우는 것입니다. 하나님의 종인 목사, 강도사, 선교사, 전도사는 자신의 사역지를 자신이 정하는 것이 아닙니다. 하나님의 일꾼들에 대한 사역지는 주인이신 하나님이 하나님의 방법, 원리, 기준에 따라 정하십니다. 종들이 어떻게 준비해 왔고, 기도해 왔고, 생각해 왔고, 노력해 왔든 어디든지 하나님께서 상황, 사람, 면접, 설교, 길, 소개 등으로 열어 주시고 허락하시면 순종하는 것입니다. 이것이 원칙이 되어야 합니다. 의식주에 대한 걱정, 자식 교육에 대한 걱정 등을 일절 하지 않는 것입니다. 왜냐하면 하나님께서는 하나님의 종들이 어디서 사역을 하든지 동일하게 책임지시고 보호하시기 때문입니다. 종은 그런 걱정을 하는 자들이 아닙니다. 쉬운 일례로 초등학교는 도시에도 있고 산간벽지에도 있습니다. 초등학교 교사 배치는 정부 소속 교육청에서 합니다. 교사로 발령이 난 사람은 어디에서 근무하든 도시 학교에서 근무하는 교사들과 동일하게 월급과 기타 수당이 나옵니다. 하나님께서도 그리하십니다. 그런데 이런 사실을 불신하기에 걱정하는 것입니다.

또한 진정한 사명이 없기에, 전적으로 하나님을 신뢰하지 않기에 자신이 사역지의 유리하고 불리함의 여부에 따라 합리적으로 계산하다가 간택하는 것입니다. 이는 하나님의 종들의 올바른 자세가 아닙니다. 종은 주인이 지시하고 명령하는 곳이라면 무조건 가서 무엇을 시키든 하는 신분입니다. 종들이 선택하지 않습니다. 종들이 선택한다면 이미 종이 아닙니다. 종은 오직 순종뿐입니다. 종, 일꾼임에도 사역지를 자기 마음대로 조건에 따라 간택하는 것은 종이 아니라 주인입니다. 회사 직원이든, 군인이든, 교사든, 하나님의 종들이든 주인이 시키는 대로 하면 모든 문제는 해결됩니다. 세상 주인들도 직원들을 그리 해결해 줍니다. 하물며 하나님은 말할 것도 없습니다. 그런데 이러한 것을 불신하니 염려가 되고 양지(陽地)만 찾는 것입니다. 진정으로 배우자를 사랑하면 무조건적이듯 진정으로 하나님의 부르심(calling)을 받은 목회자들은 조건과 상황과 유·불리를 따지지 않고 순종하고 충성합니다. 이러한 부분에 있어서 모두 승리하길 바랍니다.

셋째, 선교지에서의 선교사들이 추방, 철수, 귀국, 새로운 선교지 등에 대한 사역 진로를 판단하는 방법, 원리, 기준에 대한 원칙

지교회에 대한 부르심이나, 선교지 사역에의 부르심이나 하나님께서 자기 기쁘신 뜻과 주권에 따라 행하십니다. 이에 어느 선교사는 어느 지역에 오랫동안 머물기도 하고, 어느 선교사는 그렇지 않게 사역하기도 합니다. 또 어느 나라는 핍박이 없지만 어느 나라는 핍박이 심하여 선교 사역이 힘들거나, 추방의 위협이나, 추방당하기도 합니다. 선교사들이 갈등하고 고민하는 부분은 그 나라의 종교 정책으로 인하여 핍박을 하는 경우입니다. 교회도 폐쇄하고, 십자가도 세우지 못하게 하고, 예배도 드리지 못하게 하고, 선교사들을 마구 추방하는 나라입니다. 이런 경우 그 나라에 계속 있어야 하는지, 떠나야 하는지에 대한 갈등, 고민, 두려움, 걱정이 상당합니다. 그런 경우 이렇게 하나님의 뜻을 판단하면 됩니다. 매우 지혜롭고 조심스럽게 선교 사역을 하되 발각이 되어 추방당하면 하나님께서 정하신 자신의 사역 기간이 거기까지라고 생각하고 마음을 접는 것입니다. 이것이 자신을 선교지로 파송한 하나님의 주권이라고 보면 됩니다. 그전까지는 담대하게 전처럼 선교 사역을 하는 것입니다. 이런 원칙을 정하고 사역하면 핍박 여부와 상관없이 고민, 갈등, 두려움, 걱정 없이 사역을 할 수 있습니다.

죽고 사는 것이 하나님의 주권에 달려 있는 것처럼, 자신의 선교지에서의 잔류든, 추방이든, 귀국이든, 다른 선교지로의 이동이든, 쉬는 것이든, 사역을 그만두든 하나님의 주권에 달려 있음을 믿고, 인정하고, 순종하면 됩니다. 하나님의 종의 신분인 선교사 자신이 자신의 미래와 운명을 결정하고, 의식주에 대하여 책임지려고 하니 갈등과 걱정이 찾아오는 것입니다. 어느 나라에서 추방당했다고 해도 걱정할 것이 없습니다. 하나님께서 아직 선교사로서 사명이 다 끝나지 않았다면 새로운 선교지로 배치하실 것입니다. 어떤 식으로든지 길이 열립니다. 사역의 길을 열어 주실 것입니다. 세상 주인들처럼 종, 직원을 선발해 놓고 방치하지 않습니다. 반드시 일을 시키시고 먹을 것과 입을 것과 누울 곳을 줍니다.

혹 잠시 쉬고 있다고 해서 미래에 대한 불투명성 때문에 안절부절못할 이유가 없습니다. 우리가 믿는 하나님은 자신의 자녀들과 종들을 방임시키지 않습니다. 일을 하든, 하지 않든 의식주를 해결해 주시고 때에 따라 필요한 일거리를 주십니다. 혹 일거리를 주시면 해외든, 국내든 어디든 가라 하시면, 열어 주시면 이것저것 따지지 말고 가서 사역하면 됩니다. 일거리를 주시지 않으면 사명을 다했다고 생각하고 일반인들처럼 다른 일을 찾아 살아가면서 신앙생활을 하면 됩니다. 이런 사실을 믿지 못하거나 받아들일 수 없다면 사역을 접어야 합니다. 목회자나 선교사나 하나님에 대한 믿음, 전적 신뢰가 없다면 이는 마치 자동차에 기름이 바닥난 것과 같습니다. 자동차 운행, 선교나 목회 사역을 중단해야 합니다. 그래야 자신도 괴롭지 않고, 가족과 주변 사람들을 힘들게 하지 않습니다. 이것이 기독교(개신교) 〈목회자들과 선교사 진로 판단〉에 대한 원칙 세계관입니다.

제19장 〈종교인 병역 거부〉에 대한 원칙

　　현재 우리 사회는 대체 복무 용어와 방식을 놓고 찬반으로 나뉘어 치열하게 격론이 벌어지고 있습니다. '양심이니', '종교적 신념이니', '몇 년 동안을 어디에서 복무해야 하느니' 하면서 서로가 자기주장들이 옳다고 양분되어 다투고 있습니다. 안타까운 모습이 아닐 수 없습니다. 필자는 본질에 비추어 볼 때 두 용어 자체와 대체 복무 기간이나 방식도 맞지 않다고 생각합니다. 결론을 먼저 말하면 병역 거부의 건은 대한민국 국민으로써 마땅히 준수해야 하는 헌법에 명시된 병역의 의무를 정면으로 거부하는 반헌법적 위법한 행동일 뿐입니다. 양심의 문제나 신앙의 문제가 될 수 없습니다. 그런 단계에 와 있지도 않습니다. 왜냐하면 성경에 반하기 때문입니다. 이는 마치 시험 자체를 거부하는 학생이 학교 입학 자체까지 거부하는 것과 다르지 않습니다. 시험을 통하여 점수로 학생들을 평가하는 것 자체가 싫으면 일단 학교에는 입학을 하고 시험을 볼 때 자기 양심과 종교에 맞게 거부하거나 백지 상태로 제출하면 되는 것입니다. 이런 차원에서 병역복무 자체는 살상이나, 살인이나, 비도덕적이거나, 비윤리적인 것이 아니기에 병역 자체를 거부하는 것은 일반 상식과 성경과 정서에도 맞지 않고 거부할 명분이 전혀 없습니다. 혹 훈련 중이나 전쟁 중에 폭력과 살상 등 자기 양심과 신앙에 반하는 부당한 지시나 명령, 비도덕적, 반인륜적인 행위를 명령받았을 때는 자기 주권, 양심, 신앙에 따라 판단해서 따르거나 거부하면 됩니다. 그때 가서 그리해도 늦지 않습니다. 소신껏 할 수 있습니다.

이런 상황에서 자기 양심과 종교를 꺼내야 설득력이 있지 군사 훈련 자체, 군 입소 자체를 거부하는 것은 전혀 맞지 않습니다. 그런 종교 집단의 교리가 문제 있습니다. 종교의 자유를 금하지도 않는데 병역을 거부하는 것은 용납하지 말아야 합니다. 따라서 병역 거부의 건은 양심과 종교의 문제가 아닌 위법한 행동으로 법적으로 처리해야 마땅합니다. 공동체에 속한 사람이라면 무엇을 하거나 하지 않든지 그에 합당한 객관적인 명분이 있어야 하고 상식을 설득할 수 있는 이유가 충분해야 합니다. 그런데 현재 일부 종교를 추구하는 자들이 주장하는 병역 거부 행위는 상식에도, 헌법에도, 그들이 추종하는 신앙에도 맞지 않습니다. 많이 양보해서 자기가 속한 종교에서 집총을 거부하는 교리가 있다면 대한민국 국민으로써 헌법에 따라 일단 군에 입소해서 총기를 거부하고 그에 따른 불이익을 당당하게 받으면 됩니다. 군 입대 자체, 병역 거부 자체는 전혀 설득력이 없습니다. 이런 논리에 따라 국가나 국민들이 개인 인권과 양심과 종교를 운운하면서 편법으로 다른 대체 복무를 열어 주는 것은 향후 많은 후유증이나 문제가 발생하게 될 것입니다. 다른 종교인들에 대한 역차별입니다. 그렇지 않아도 신체와 정신이 멀쩡한 남자들이 어찌하든지 병역을 기피하려고 온갖 편법을 다 동원하는 판인데 대체 복무 허용은 아예 대문을 열어 준 것이나 다름없습니다.

　　오늘날 우리 사회는 국가의 존립과 질서를 바로잡고 있는 헌법을 거부하거나 무시하고 소수자 인권을 운운하면서 초헌법적인 무리한 요구와 국가 기강을 무너뜨리려는 행태들에 대하여 너무 관대하게 접근하는 경향이 있습니다. 이런 식으로 물러서고 들어주기 시작하면 또 다른 새로운 것들을 들고 나와서 더 많은 요구를 하게 될 것입니다. 이래서는 나라가 바로 서기 어렵습니다. 작은 요구들을 우습게 여기면 나중에는 감당할 수 없는 일들이 벌어지게 됩니다. 거대한 댐이 무너지게 됩니다. 어느 누가 군대에 입소하려고 하겠습니까? 사회적 분위기가 바보들만 군대에 입소하게 된다고 할 것입니다. 그런 분위기가 흐르면 위태롭게 됩니다. 이제 대체 복무의 용어나 방식 등이 어느 정도 확정이 되어 되돌릴 수는 없지만 다시 한번 생각할 필요성은 충분히 있다고 판단되어 소견을 적어 보았습니다. 대체 복무 방법을 가지고 양분되어 다툴 것이 아니라 본질에 충실해야 합니다. 이것이 기독교(개신교) 〈종교인 병역 거부〉에 대한 원칙 세계관입니다.

제20장

〈교회 세습〉에 대한 원칙

최근 교회 세습 문제가 대세나 이슈가 되었습니다. 앞으로 더욱 거세질 것입니다. 산불처럼 번지고 있습니다. 적지 않은 교회들이 당당하게 교회 세습을 하고 있습니다. 교회 안에서도 세습을 반대하는 자들이 많지만 교회 밖 불신자들도 교회 세습을 이해하지 못하고 책망하는 자들이 많습니다. 왜냐하면 무엇으로 보든지 타당하다고 여기지 않기 때문입니다. 세습하면 북한 김일성 부자들, 과거 왕조들, 독재자들, 재벌 2세들이 떠오르기 때문입니다. 불신자들이 세습을 반대하고 책망하는 것은 합리적인 지적입니다. 필자도 원칙적으로 상식과 성경 사상에 비추어서 반대합니다. 우리나라 교회들 중에 현재 자기 아들에게 교회 후임자로 세습한 목사들이 3백 명이 넘는다고 합니다. 최근 교회 세습으로 인하여 교회 안팎에서 심한 갈등을 겪고 있는 교회가 있습니다. 통합 측 서울 명일동에 있는 대형 M 교회(K원로 목사)입니다.

교단 내에서도 심한 내홍을 겪고 있습니다. 통합 측이 자중지란에 빠졌습니다. 헌법에는 세습을 금지하고 있는데 총회나 노회에서 법과 상식에 반하는 일부 목사와 장로들이 제대로 따르지 않고 있기 때문입니다. 안하무인입니다. 무질서와 초법적인 교만한 자세를 취하고 있습니다. 총 대들과 노회원들이 반칙(불법)을 하고 있는 것입니다. 이 교회는 아들 세 습 이후로 4천 명 이상이 교회를 떠났다고 합니다. 그 외에도 예배에 불 참하는 자들이 4천여 명이나 된다고 합니다. 솔직히 말하면 세습은 공정 하지 않습니다. 성경의 지지도 받지 못합니다. 성경의 근거도 없습니다. 일부 엉터리 목사들 중에는 구약의 제사장을 언급하며 정당화하는데 이 는 어림도 없는 주장입니다. 사심이 없다고 할 수도 없습니다. 순수하지 않습니다. 자기 아들만 고집하는 것은 아집이고 교만 그 자체입니다. 덕 이 되지 못합니다. 사욕입니다. 교회를 자기 사업체로 생각하는 목사입 니다.

보통 세습을 강력히 추진하는 목사들의 변은 공정한 절차에 따라 하고 다수의 성도들이 지지하기 때문에 문제가 없다고 합니다. 또한 결과론적 으로 세습한 교회 중에는 더욱 좋게 변한 교회가 있다고 말합니다. 전혀 모르는 목사를 청빙하는 것보다 이미 경험한 목사 아들을 청빙하는 것이 더 안전하다고 주장합니다. 이런 주장들은 세습을 옹호하는 본질도 아니 고 설득력도 떨어집니다. 세습을 합리화하는 주장들입니다. 왜냐하면 세 습을 추진하는 교회 성도들의 의식과 신앙이 아주 성숙하지 않은 이상 자 기 자식을 포함한 청빙자들에 대한 심사 과정과 절차가 이미 기울어진 운 동장이기 때문입니다. 한마디로 담임 목사의 프리미엄이 작용합니다. 담 임 목사의 아들을 후임 목사로 세우는데 어느 누가 감히 나서서 안 된다 고 하겠습니까? 공정한 청빙 심사나 게임이 될 수 없습니다. 이는 상식입니다. 물론 세습을 하려는 목사가 훌륭할 수 있습니다. 그래도 공정할 수가 없습니다. 담임 목사에 대한 평가가 좋은 교회는 자연적으로 자식 목사에 대한 평가도 후할 수밖에 없습니다. 탁구 경기로 말하면 다른 목사들과 경쟁에서 몇 점은 따고 들어갑니다. 그러니 공정한 게임이 아니라고 하는 것입니다.

그리고 담임 목사가 절대적으로 공의롭지 않은 이상 순수할 수가 없습니다. 아들을 후임자로 앉히려는 사심이 있다는 것입니다. 다른 목사들은 들러리에 불과합니다. 일반 직장에서도 이런 예가 너무 많습니다. 최근 금융기관에 채용된 사원들의 상당수가 그랬다는 사실이 밝혀졌습니다. 안으로 이미 내정해 놓고 절차의 정당성을 확보하기 위해서 쇼를 합니다. 겉으로만 공정한 것처럼 보일 뿐입니다. 그리고 우리나라는 과거 이스라엘처럼 신정국가로써 왕정 체제가 아닙니다. 자식에게 왕직을 물려주는 그런 나라나 시대가 아닙니다. 제사장직을 자식들에게 물려주는 제사장 체제 국가도 아닙니다. 교회는 북한처럼, 재벌들처럼 자식에게 세습하는 곳이 아닙니다. 공산주의 국가나 자영업이나 가능한 일입니다. 성경 어디에도 세습을 정당화할 수 있는 계명이 없습니다. 도리어 성경은 공의, 정의를 강물처럼 흐르게 하라고 합니다.

아모스 5장 24절입니다.
"오직 공법(공의)을 물같이 정의(의)를 하수(강물)같이 흘릴찌로다"

세습은 공의도 정의도 아닙니다. 아무리 그럴듯한 말을 해도 불공정한 게임입니다. 성경은 공정하게 재판하라고 하면서 공정한 삶을 요구합니다. 예외적으로 세습을 허용할 수 있는 곳이 있습니다. 어촌, 농촌, 산촌 등 목회자들이 가려고 하지 않는 미자립교회입니다. 이런 경우는 얼마든지 세습을 해도 불순하게 보는 사람은 없을 것입니다. 이런 교회의 경우는 세습이 문제가 되지 않고 도리어 박수를 받습니다. 그 외의 교회들은 아들에게 교회를 물려주는 세습은 아무리 정당한 절차와 과정을 거친다고 하더라도 순수하거나 공정하거나 박수받기란 쉽지 않습니다. 그러니 세습을 생각지 않아야 합니다. 어느 정도 의식과 믿음이 있는 성도들은 담임 목사가 세습을 시도하면 시험을 당하거나 상처를 받습니다. 실족하게 됩니다. 서울 M 교회처럼 분열과 갈등에 사로잡힐 수 있습니다. 수천 명의 성도들이 교회를 떠날 수도 있습니다. 교회 주인이 하나님이고 목사는 종에 불과한데 왜 종 때문에 교회가 고통을 당해야 합니까? 아주 해괴한 현상입니다. 이는 말이 되지 않는 일입니다. 교회는 목사나 목사 아들을 위해서 존재하는 것이 아닙니다. 한 영혼이 천하보다 귀한데 자기 아들을 후임 목사로 세습하는 일로 하나님의 백성들의 마음을 다치게 하거나 실족하게 해서는 무조건 옳지 않습니다. 이는 성경 정신이 아닙니다. 세습을 포기해야 합니다.

교회는 목사의 개인 사업체나 소유물이 아닙니다. 목사는 종이자 품꾼입니다. 목사가 희생하는 곳입니다. 목사가 사익을 추구하는 곳이 아닙니다. 자기 아들 목사 직장이 아닙니다. 목사나 목사 아들 문제로 교회가 혼란에 빠지면 목사가 결단해야 합니다. 왜냐하면 교회와 성도들을 위해서 목사가 있기 때문입니다. 목사와 목사 아들을 위해서 교회와 성도들이 존재하는 것이 아닙니다. 이런 기본적인 의식과 신앙이 있는 목사는 교회 안팎에서 말이 많은 세습을 결코 시도하지 않습니다. 세습 자체를 꿈도 꾸지 않습니다. 다양한 편법을 동원하지 않습니다. 구차한 이런 저런 변명과 말을 하지 않습니다. 현재 어느 교단을 막론하고 담임 목사 자녀들과 사위들 가운데 목사들이 많습니다. 이들 중 상당수는 향후 세습을 시도할 가능성이 큽니다. 왜냐하면 시대적으로 개척이 만만치 않고 아버지 목사가 열심히 해서 자리를 잘 잡은 교회를 인간적으로 아들을 제치고 다른 목사에게 주기가 아깝기 때문일 것입니다. 이것이 솔직한 아버지의 마음, 인간의 마음일 것입니다. 다른 이런저런 말은 합리화에 불과합니다. 성숙한 목사라면 세습 과정에서 일어날 여러 가지 덕이 되지 않는 것을 생각해서 아예 세습을 생각지 않을 것입니다. 성도들의 마음을 헤아리고 교회의 안녕과 평화를 생각하는 목사는 세습 과정에서 벌어질 다양한 불미스러운 일들을 상상하며 마음을 접을 것입니다.

그렇지 않고 오직 자기 아들 목사 취직만 생각하는 사욕이 가득한 목사, 미성숙한 목사, 교회와 성도들이 목사를 위해서 존재한다고 믿는 목사는 일부 성도들이 실족하건 말건, 교회가 어떤 분란이 일어나건 말건 온갖 술수를 다 동원하여 기어코 자식을 세습시킬 것입니다. 실제로 그런 교회들이 있습니다. 세습이 부결되자 세 번씩 투표해서 기어코 아들을 세운 교회도 있습니다. 정상적으로 안 되니 금요일 철야 예배 때 시도하여 가결 시킨 목사도 있습니다. 아니면 교단을 탈퇴해서라도 세습을 강행합니다. 정신이 나간 목사입니다. 교회를 개인 사유물로 생각하는 목사가 아니고서는 절대로 그렇게 할 수 없습니다. 간이 배 밖으로 나간 목사입니다. 하나님의 심판을 두려워하지 않는 목사입니다. 교회는 하나님의 것이고 하나님이 주인입니다. 담임 목사는 품꾼, 머슴, 사원에 불과합니다. 사원이 이렇게 하는 것은 있을 수 없는 일입니다. 그런데 목사들 중에는 자기가 교회 주인이고 사장이고 개인 소유물로 착각하여 자기 마음대로 하는 목사들이 있습니다. 변질되고, 부패하고, 탐욕적이고 교만한 목사입니다. 반드시 무서운 심판을 받게 될 것입니다. 교회는 독재를 해야 한다고 하면서 왕처럼 군림합니다. 변질 타락한 목사입니다. 세속에 물든 목사입니다. 하나님의 기준에 따라 사는 자가 아니라 자기 기준과 고집과 그릇된 신앙과 확신에 따라 사는 저급한 목사입니다. 신학을 잘못 배운 목사입니다. 성경은 어린 소자 한 사람을 실족케 하는 것에 대하여 무섭게 책망하고 심판을 경고합니다.

마가복음 9장 42절입니다.

"또 누구든지 나를 믿는 이 소자 중 하나를 실족케 하면 차라리 연자 맷돌을 그 목에 달리우고 바다에 던지움이 나으니라"

목사는 무슨 일을 하든지 하나님의 자녀를 실족케 하는 일은 금해야 합니다. 세습을 시도하면 다수는 눈치만 보고 하자는 대로 하겠지만 깨어 있는 다수 신자들이 있기 때문에 반드시 실족케 되는 일이 발생합니다. 목사는 자기 이익을 챙기려고 신자들을 실족케 하는 자가 아닙니다. 성도들을 위해서 자기 목숨을 버리는 자입니다. 이런 목사가 참 목사입니다. 신자를 실족케 하는 세습이라면 절대로 금해야 합니다. 이것이 성경 사상입니다. 목사가 성경 사상을 따르지 않고 자기 마음대로 행하면 목사가 아니라 삯군입니다. 양의 탈을 쓴 늑대입니다. 성경은 손과 발이 형제를 실족케 하면 잘라 버리라고 합니다. 두 팔과 발로 지옥 불에 들어가는 것보다 영생을 얻는 것이 낫다고 합니다. 무리한 세습 시도에서 많은 성도들이 실족하게 됩니다. 설사 만장일치로 지지한다고 하더라도 하지 않는 것이 정직한 양심입니다. 사실 북한 공산주의 전당대회가 아닌이상 만장일치라는 것은 없습니다. 반드시 자기 아들을 세습해야, 자기 아들이 후임자로 와야 교회가 바로 섭니까? 그런 생각은 이미 치우친 생각입니다. 하나님의 주권을 무시하는 교만한 생각입니다.

교회는 목사가 세워 가는 것처럼 보이지만 사실은 하나님이 세워 갑니다. 교회 성장과 부흥은 어느 교회를 막론하고 목사 개인의 능력이 아닙니다. 교회를 자라게 하시는 분은 하나님이십니다. 목사들이나 성도들은 착각하지 말아야 합니다. 그런즉 목사들은 자기 아들에 집착하지 말아야 합니다. 믿을 수 없는 후임자가 오면 교회가 어려워질 수 있는 주장과 염려도 버려야 합니다. 그런 주장과 염려도 순수하다고 할 수 없습니다. 그런 마음과 염려가 들면 하나님께 기도하면 됩니다. 그렇다면 세습을 하기 전에 자기 교회는 세습을 해서 바로 선 것입니까? 그렇지 않은 교회는 다 병든 교회입니까? 논리를 짜맞추기식으로 하면 옳지 않습니다. 잘 아는 목사가 와서 안정된 것입니까? 어찌 하든지 세습을 하기 위해서 아전인수의 주장, 표본도 되지 않는 몇몇 교회 사례를 가지고 설득하려고 하지 말아야 합니다. 세습은 무슨 말을 해도 공정하지도 않고 정의롭지도 않습니다. 일반 상식에도 반하고 성경 사상도 아닙니다. 그저 세습을 시키려는 목사의 검은 욕심과 아버지 목사가 시키는 대로 하려는 못나고 무능하고 영혼이 없는 아들 목사의 사심만 있을 뿐입니다. 변칙 세습, 징검다리 세습도 하지 말아야 합니다. 각종 꼼수 세습도 하지 말아야 합니다.
이것이 기독교(개신교) 〈교회 세습〉에 대한 원칙 세계관입니다.

제21장　〈교회 직분자 검증〉에 대한 원칙

　건축자가 집을 지을 때 가장 중요하게 여기는 부분이 건축 재료입니다. 특히 목재 건축인 경우 기둥에 대해서 신경을 많이 씁니다. 왜냐하면 지붕 전체 무게를 받치는 기둥이 튼튼하지 않으면 태풍, 폭설, 하중 등 시간이 지남에 따라 무너질 가능성이 크기 때문입니다. 교회 직분자들은 건물에 있어서 기둥과 같은 중요한 존재들입니다. 직분자들이 부실하거나 취약하면 교회는 위태롭게 됩니다. 그래서 교회는 직분자들을 잘 세워야 합니다. 그러나 안타깝게도 직분자들이 그리 튼튼하지 않은 것이 한국 교회 현실입니다. 그 결과 교회들이 건강하지 않고 시끄럽습니다. 거룩한 모습을 찾기가 쉽지 않습니다. 교회 안팎에서 부적절한 언행으로 하나님의 영광을 가리고 본이 되지 못하고 있습니다. 이러한 원인은 교회가 성경에 언급한 대로 직분자들을 검증, 테스트하여 임명하지 않기 때문입니다. 너무나도 부실하고 허술한 기준에 따라 임명합니다. 그러다 보니 부실한 직분자들을 양산하고 있습니다. 한국 교회는 통일된 직분자 임명 혹은 검증 매뉴얼조차 없습니다. 각 교회가 부실하기 짝이 없는 직분자 임명 기준에 따라 속성으로 투표해서 임명합니다. 현재와 같은 직분자 임명 기준과 방법으로는 희망이 없습니다. 이제라도 성경에 제시된 기준에 따라 직분자들을 임명해야 합니다.

성경은 직분자를 어떤 과정과 기준에 따라 세우라고 합니까?

디모데전서 3장 10절입니다.
"이에 이 사람들을 먼저(must first) 시험(be tested)하여 보고 그 후에 책망할 것이 없으면 집사의 직분을 하게 할 것이요"

성경은 교회 직분자들인 목사, 강도사, 전도사, 장로, 안수 집사, 권사, 서리 집사, 교사, 찬양대 등은 임명하기 전에 반드시 먼저 테스트를 하라고 합니다. 시험을 한 후 책망할 것이 없으면 직분자로 세워 섬기게 하라고 합니다. 성경은 무엇을 시험, 테스트하라고 합니까? 먼저 감독(목사/장로)이 갖추어야 할 자격에 대해서 언급합니다. 디모데전서 3장 1~7절입니다.

첫 번째 자격은 '책망할 것이 없는 자'이어야 합니다.

"감독(목사/장로)은 책망할 것이 없으며"(딤전 3:2) 인격적으로나 신앙적으로 어느 누구에게도 비방, 비난을 들을 것이 없는 상태를 의미합니다. 한마디로 도덕성과 전문성에서 비난받을 일이 없는 자라는 말입니다.

두 번째 자격은 '한 아내의 남편인 자'이어야 합니다.

"한 아내의 남편이 되며"(딤전 3:2) 정식으로 결혼한 자이어야 한다는 말입니다. 자기 아내에게만 충실해야 하기 때문입니다. 그래야 이성에 대한 성적 유혹과 부적절한 소문과 일에 연루되지 않습니다.

세 번째 자격은 '절제하는 자'이어야 합니다.

"절제하며"(딤전 3:2) 성경이 금하는 술, 담배, 마약, 쾌락, 운동, 게임, 돈 등 의식주와 정신과 판단, 신앙에 있어서 깨어 있어야 함을 말합니다.

네 번째 자격은 '근신하는 자'이어야 합니다.

"근신하며"(딤전 3:2) 범사에 분별력 있게 행동하는 것을 말합니다.

다섯 번째 자격은 '아담한 자'이어야 합니다.

"아담하며"(딤전 3:2) 이 말은 사람의 행위에 있어서 도가 지나치지 않고 점잖으며 정중하게 행동하는 것을 말합니다.

여섯 번째 자격은 '나그네를 대접하는 자'이어야 합니다.

"나그네를 대접하며"(딤전 3:2) 불신자나 신자를 불문하고 자기 집에 찾아오는 자를 사랑과 온정으로 필요한 것을 잘 제공하고 섬기는 것을 말합니다.

일곱 번째 자격은 '가르치기를 잘하는 자'이어야 합니다.

"가르치기를 잘하며"(딤전 3:2) 하나님의 말씀(지식)을 잘 해석하여 전달해 주는 능력을 가진 것을 말합니다.

여덟 번째 자격은 '술을 즐기지 않는 자'이어야 합니다.

"술을 즐기지 아니하며"(딤전 3:3) 이것은 술 취할 뿐만 아니라 술을 무절제하게 마시는 모든 행위를 금지하는 말씀입니다. 한마디로 술을 마시는 사람이 되어서는 안 된다는 것입니다.

아홉 번째 자격은 '구타하지 않는 자'이어야 합니다.

"구타하지 아니하며"(딤전 3:3) 언어폭력과 신체폭력 행위 금지를 말합니다.

열 번째 자격은 '관용하는 자'이어야 합니다.

"오직 관용하며"(딤전 3:3) 관용(寬容 너그러울 관, 담을 용)은 '참을성 있는', '관대한' 등의 의미로, 남의 잘못을 너그럽게 받아들이거나 용서함을 뜻합니다. 과용, 관대한 사람은 해를 당하더라도 침착하게 절제하는 마음으로 견딜 줄 알고 용서해 주며 모욕을 삼킬 줄 아는 것을 말합니다.

열한 번째 자격은 '다투지 아니하는 자'이어야 합니다.

"다투지 아니하며"(딤전 3:3) 쓸데없는 논쟁, 분쟁이나 입씨름을 피하는 것을 말합니다.

열두 번째 자격은 '돈을 사랑하지 않는 자'이어야 합니다.

"돈을 사랑치 아니하며"(딤전 3:3) 돈과 돈의 영향력에서 초연하고, 돈에 대한 욕심에 지배를 당하지 않는 것을 말합니다.

열세 번째 자격은 '자기 집을 잘 다스리는 자'이어야 합니다.

"자기 집을 잘 다스려 자녀들로 모든 단정함으로 복종케 하는 자라야 할지며"(딤전 3:4) 자녀를 복종시키며 가정 질서를 잘 세워 나가야 함을 말합니다.

열네 번째 자격은 '새로 입교한 자'가 아니어야 합니다.

"새로 입교한 자도 말지니"(딤전 3:6) 최근에 회심하고 개종하여 교회가 받아들인 자를 가리킵니다. 그리스도를 영접한 지 얼마 되지 않은 자는 금해야 함을 말합니다.

열다섯 번째 자격은 '교회 밖 사람들로부터 선한 증거를 얻은 자'이어야 합니다.

"외인에게서도 선한 증거를 얻은 자라야 할지니"(딤전 3:7) 불신자들에게서 정직과 청렴과 정절을 높이 평가받고 칭송받는 자를 말합니다. 불신자들에게 평판이 좋아야 합니다.

이제는 집사(안수 집사)가 갖추어야 할 자격에 대해서 언급합니다. 디모데전서 3장 8~12절입니다.

첫 번째 자격은 '단정한 자'이어야 합니다.

"단정하고"(딤전 3:8) 행동이 정숙하고 기품과 규모가 있어 사람들로부터 존경받는 자를 말합니다.

두 번째 자격은 '일구이언하지 않는 자'이어야 합니다.

"일구이언을 하지 아니하고"(딤전 3:8) 한번 했던 말을 번복해서 말한다거나 아니면 대상에 따라서 말이 달라지는 이중적인 언행을 하지 않는 것을 말합니다. 일관된 말을 하는 자이어야 합니다.

세 번째 자격은 '술에 인박이지 않은 자'이어야 합니다.

"술에 인박이지 아니하고"(딤전 3:8) 많은 술에 집착하지 않은 것을 말합니다. 아예 술을 마시지 않는 자이어야 합니다. 술은 1급 발암물질입니다. 잠언 23장 31절은 포도주는 쳐다보지도 말라고 합니다.

네 번째 자격은 '더러운 이득을 탐하지 않는 자'이어야 합니다. **"더러운 이(利)를 탐하지 아니하고"**(딤전 3:8) 비열한 수단, 정직하지 않게, 정당하지 않게 이익을 취하는 것을 뜻합니다. 부동산과 주식 투기와 불로소득도 이에 포함됩니다.

다섯 번째 자격은 '깨끗한 양심을 가진 자'이어야 합니다.

"깨끗한 양심"(딤전 3:9) 선한 양심, 정직한 양심을 뜻합니다. 흠이나 자책할 것이 없는 양심을 말합니다. 정직하지 않은 양심은 더러운 양심입니다.

여섯 번째 자격은 '믿음의 비밀을 가진 자'이어야 합니다.

"믿음의 비밀을 가진 자"(딤전 3:9) 믿음의 비밀이란 성령 하나님에 의해서 예수 그리스도를 믿음으로 구원을 얻게 되는 비밀을 말합니다. 믿음의 비밀을 가진 자는 예수 그리스도의 가르침을 순종할 뿐만 아니라 하나님을 경외하는 마음과 그리스도인으로서의 바른 지식을 소유한 자를 가리킵니다.

그리고 성경은 여자 집사 혹은 집사의 아내들에 대한 자격을 추가합니

다(딤전 3:11~12).

　첫 번째 자격은 '참소하지 않는 자'이어야 합니다.

　"참소하지 말며"(딤전 3:11) 참소(讒訴, 헐뜯을 참, 하소연할 소)란 남을 헐뜯어서 없는 죄를 있는 듯이 꾸며 거짓으로 고발, 고해바치는 것을 뜻합니다. 참소는 마귀의 특징입니다. 사실이 아닌 것을 가지고 남을 험담하고 비방하는 것을 금하는 말입니다.

　두 번째 자격은 '절제하는 자'이어야 합니다.

　"절제하며"(딤전 3:11) 이 말은 욕망, 욕정, 감정, 탐욕에 얽매이지 않으며 술이나 다른 육적인 쾌락을 삼가고 영적으로 깨어 있는 것을 말합니다. 감독(목사/장로)에게 요구되었던 자격이기도 합니다.

　세 번째 자격은 '모든 일에 충성된 자'이어야 합니다.

　"모든 일에 충성된 자라야 할지니라"(딤전 3:11) 모든 면에서 믿을 만하고 맡은 일에 충성스러워야 한다는 말입니다.

　네 번째 자격은 '한 아내의 남편인 자'이어야 합니다.

　"집사들은 한 아내의 남편이 되어"(딤전 3:12) 감독(목사/장로)과 마찬가지로 송사 받을 만한 결혼 상의 과실이 일정 없어야 한다는 것을 시사합니다. 그러기 위해서는 자기 아내에게만 충성, 성실해야 합니다.

다섯 번째 자격은 '자기 가정을 잘 다스리는 자'이어야 합니다.

"자녀와 자기 집을 잘 다스리는 자일지니"(딤전 3:12) 감독(목사/장로)과 마찬가지로 먼저 가정을 잘 다스린 후에야 교회에서 봉사를 할 수 있다는 말입니다. 자녀와 가정을 잘 다스리지 못하는 사람은 직분자가 될 수 없습니다.

그리고 사도행전에 보면 초대교회에서 세운 집사의 자격이 나옵니다(행 6:3). **"성령과 지혜가 충만하여 칭찬 듣는 사람"** 성령 하나님은 복음전파와 교회 확장의 중요한 동인입니다. 성령이 충만한 사람은 자신의 재능을 온전히 바쳐 하나님의 일을 올바로 이루어 나갈 수 있습니다. 지혜의 충만함은 성령 충만에 부수적으로 따라오는 것으로 행정 및 사무 처리에 필요한 지혜이자 생활에 필요한 실천적 지혜까지 포함합니다. 칭찬 듣는 사람이란 평판이 좋은 사람, 증명된 사람을 가리킵니다.

성경은 교회 안에서 직분자로 피택된 자들에 대하여 이러한 자격, 조건에 부합하는지 반드시 먼저 시험(테스트), 검증해 보고 책망할 것이 없으면 직분을 수여하라고 말합니다(딤전 3:10). 하지만 성경의 기준에 따라 시험하는 교회는 별로 없는 것으로 알고 있습니다. 기준과 시험 매뉴얼도 거의 없습니다. 일부 기준이 있기는 하지만 성경이 제시한 기준이 아닙니다. 여러분이 다니는 교회의 기준을 잘 살펴보기 바랍니다. 대충 은혜로 하고 누가 누군지도 잘 모르는 상태에서 투표를 통해서 선출하고 임명하는 상황입니다. 중대형 교회는 신자들끼리도 누가 누구인지 잘 모릅니다. 자기들 구역 식구들, 자기 부서 사람들 외에는 잘 모릅니다. 그 결과 함량 미달자들이 대거 직분에 임명되고 있습니다. 묻지마 투표가 됩니다. 잘 알지도 모르면서 그냥 투표합니다. 목사들의 책임이 큽니다. 성경이 명백하게 직분 임명 기준을 제시하고 있어도 그대로 하지 않습니다. 교회들이 성경에서 제시한 기준에 따라 직분자들을 시험하여 임명하면 직분자들을 통한 여러 가지 불미스러운 일들은 대폭 사라질 것입니다. 교회는 더욱 건강하고 튼튼해질 것입니다. 직분자들이 존경과 칭찬을 받을 것입니다. 그러나 현재는 그렇지 않아 보입니다. 세상 정부도 저인망식으로 국가 고위공직자를 검증하고 세우는데 이보다 더 엄격해야 할 교회는 엉성하기 짝이 없습니다. 참으로 안타깝습니다. 속히 개선되어야 합니다. 그래야 교회가 더욱 교회답게 될 수 있습니다. 목사와 장로들부터 철저하게 시험, 검증해야 합니다. 이것이 기독교(개신교) 〈교회 직분자 검증〉에 대한 원칙 세계관입니다.

참고로, 한국의 고위공직자나 대통령 후보자들에 대한 검증도 부실하기 짝이 없게 합니다. 도덕성과 전문성을 검증이 너무 부실합니다. 사전에 도덕성 검증 제도가 없다 보니 인사 청문회를 통해서 도덕성과 전문성 검증을 한꺼번에 합니다. 그러다 보니 정치적인 공세로 전문성 검증은 거의 없고 도덕성 검증만 하다가 끝납니다. 각종 서류 검증도 제대로 하지 못합니다. 정치적인 공방으로 흐르기 일쑤입니다. 여러 가지 위반 사실이 있어도 진행합니다. 미국은 어림도 없습니다. 미국의 인사 청문회 경우 3~4개월간 신상 검증과 이웃 평판까지 물어 통과한 후보만 지명하여 의회에서 정책 질의와 검증을 합니다. 검증기관은 백악관 인사국, FBI의 신원 조회, 국세청 세무조사, 공직자 윤리위원회가 있습니다. 검증 내용은 총 233개의 항목을 2주간에 걸쳐서 조사합니다. 개인과 가족에 대한 배경 사항 61개 항, 직업 및 교육적 배경에 관한 61개 항, 세금 납부에 관한 사항 32개 항, 교통 범칙금 등 경범죄 위반 사항 34개 항, 전과 및 소송 진행에 관한 사항 35개 항입니다.

검증 절차는 6단계로 나누어져 있습니다. 1단계(후보 물색)는 인사 비서실에서 합니다. 상·하원 의원, 백악관 직원, 각종 협회 등으로부터 추천받은 사람 중심으로 후보자를 물색합니다. 1단계를 통과하면 2단계로 넘어갑니다. 2단계(VIP 보고, 내부 승인)는 비서실장이 맡아 처리하는데 관계부처 기관장 및 백악관 관계자와 협의를 통해 후보자를 선정하여 대통령에게 보고합니다. 이에 대통령이 지명 예정자를 결정합니다. 인사 비서실은 이를 법률고문실에 통보합니다. 2단계가 통과되면 3단계로 넘어갑니다. 3단계(인사 검증)는 법률 보좌관실이 합니다. 지명 예정자에게 검증에 필요한 서식을 작성하게 하고 제출할 것을 요구합니다(백악관 신원 진술서, 국가안보직위 진술서, 재산 상황 진술서). FBI는 신원 조사를 합니다(신용 상태 조사 동의서, 의료 기록 제공, 납세 기록조사 허가서 등). 그리고 FBI는 전 분야 신원 조사와 정부 윤리처 및 부처 윤리 담당관의 이해 충돌·재정 상황을 조사합니다. 3단계에 통과되면 4단계로 넘어갑니다. 4단계(공식 지명)는 대통령이 지명합니다. 후보자가 하자가 없을 경우 대통령이 공식적으로 후보자를 지명합니다. 4단계를 통과하면 5단계로 갑니다. 5단계(인사 청문회)는 인사 보좌관실에서 준비하여 인사 청문회 등 상원 인준 절차를 진행합니다(상원 인사 청문 규칙). 인사 보좌관실에서 의원 및 의원 보좌관과 긴밀히 협의합니다. 5단계를 통과하면 6단계로 갑니다. 6단계(인준·임명)는 상원과 대통령이 모여 실시하는데 상원 인준 및 대통령이 임명합니다.

이렇게 철저하게 검증한 결과 미국은 우리나라처럼 임명한 자에 대한 문제가 거의 발생하지 않습니다. 우리나라 고위직들은 임명 후에도 여러 하자가 많이 발생합니다. 임명 전후로 말도 많고 탈도 많습니다. 부실하게 검증을 통해 임명되었기 때문입니다. 한국은 '사전 인사 검증 제도'가 없습니다. 미국은 있습니다. 미국은 백악관이 사전 인증 검증 제도를 통해 개인 적격 여부를 판단 후에 지명합니다. 후보자를 지명 후 해당 상임위에서 임명 후보자 사전 질의 답변을 통해 서로 심사를 진행합니다. 인사 청문 제도 방식에 있어서 한국은 인사청문특위와 상임 위원회에서 인사 청문회를 진행합니다. 미국은 해당 상임위에서 인사 청문회를 진행합니다. 상임위를 통과한 후보자 임명과 관련하여 본회에서 결정합니다(구두 동의 방식으로 진행). 향후 장재훈 목사가 저술한 『**교회 직분자 검증 세계관**』책이 출간될 것입니다. 비교적 자세하게 직분자 인사 검증에 대하여 기술하였습니다. 참고하시기 바랍니다.

제22장

〈교회 재정〉에 대한 원칙

재정(財政)이란 '개인·가정·단체 등의 경제 상태'를 뜻합니다. 교회는 비영리 종교단체입니다. 따라서 다른 영리 수입원은 없고 오직 성도들이 낸 각종 헌금을 모은 것이 교회 재정입니다. 이러한 교회 재정은 교회 규모에 따라 많은 차이가 있습니다. 규모가 작은 교회는 재정이 마이너스에서부터 몇백, 몇천, 몇억 원이 됩니다. 그러나 규모가 큰 교회는 1년 재정이 수십억에서 수백억에 이릅니다. 이로 인하여 여러 부적절한 일들도 발생하기도 합니다. 교회 재정이 얼마나 되는지 성도들이 잘 모릅니다. 담임 목사가 재정과 회계를 담당한 장로나 집사와 함께 재정 상황을 독점하고 투명하게 공개하지 않기 때문입니다. 어느 기관이나 단체든지 재정 보유와 사용 등에 대하여 투명하지 않으면 반드시 비리가 발생합니다. 부정한 뭔가가 있습니다. 특히 교회가 공적인 헌금인 재정을 투명하게 공개하지 않는다는 것은 99.9%는 부정한 뭔가가 있다는 것을 암시합니다. 교회 재정은 담임 목사나 그 누구의 것도 아닙니다. 일부 사람들인 회계와 재정부장과 목사만 독점하는 것이 아닙니다. 기본적으로 하나님의 것인데 그것을 일부 장로나 집사에게 관리토록 한 것입니다. 사람이란 탐심과 욕심 때문에 자기 돈이 아닌 돈도 사유화시키는 일이 있습니다. 건물생심에서 견디기가 쉽지 않습니다. 성경은 재물, 돈, 탐심, 사욕에 대하여 이렇게 말합니다.

마태복음 6장 24절입니다.
"한 사람이 두 주인을 섬기지 못할 것이니 혹 이를 미워하며 저를 사랑하거나 혹 이를 중히 여기며 저를 경히 여김이라 너희가 하나님과 재물을 겸하여 섬기지 못하느니라"

디모데전서 6장 10절입니다.
"돈을 사랑함이 일만 악의 뿌리가 되나니 이것을 사모하는 자들이 미혹을 받아 믿음에서 떠나 많은 근심으로써 자기를 찔렀도다"

골로새서 3장 5절입니다.
"그러므로 땅에 있는 지체를 죽이라 곧 음란과 부정과 사욕과 악한 정욕과 탐심이니 탐심은 우상숭배니라"

돈 자체는 악한 것이 아닙니다. 돈이 하는 좋은 일이 많습니다. 그러나 돈을 부정하게 취하거나 사용하면 화가 임합니다. 돈은 적당한 거리를 유지하면서 바라보고, 관리하고, 사용해야 안전합니다. 교회 재정은 성도들의 돈이자 공적인 돈입니다. 이를 잘 생각하면 비리가 발생하지 않습니다. 탐심을 갖지 않습니다. 공동의회나 제직회에서 한 점 의혹이 없도록 투명하게 공개합니다. 그러나 담임 목사, 회계와 재정을 맡은 장로나 집사가 사심을 품게 되거나 공모하면 투명하게 공개하지 않고 숨깁니다. 그 돈을 사적으로나 부정하게 사용합니다. 주로 담임 목사에 의하여 그리 사용되는 경우가 많습니다. 서울의 M 교회는 소위 비자금이 8백억 원이나 있다는 것이 나중에 드러났습니다. 충격적인 일이 아닐 수 없습니다. 기업이 아닌 교회에서 일어난 일입니다. 토지와 건물 부동산도 전국에 엄청나게 분포해 있다는 사실도 드러났습니다. 언론 취재를 통해서 드러나기 전까지 성도들은 몰랐습니다. 그런 사실을 담임 목사가 전문 담당자(부교역자)를 은밀하게 두고 감춘 것입니다. 이는 무슨 변명을 해도 있을 수 없는 부정한 일입니다. 교회 공금은 담임 목사의 것이 아니기 때문입니다.

그런데 이런 일이 발생했는데도 불구하고 교회는 잠잠합니다. 교회의 신앙과 정의의 수준을 알 수 있습니다. 관련자들은 아무런 책임을 지지 않습니다. 그 이유는 교회의 특수성 때문입니다. 더 나아가 교회가 건강하지 않다는 증거입니다. 성도들이 하나님을 믿고 추종하는 것이 아니라 담임 목사를 추종하고 의식하기 때문입니다. 만일 일반 기관이나 정부 기관에서 이런 일이 발생했다면 법적인 처벌을 받았을 것입니다. 연일 언론에서 대서특필했을 것입니다. 또 지방 어떤 중형 교회 담임 목사는 헌금 위원들이 헌금을 정리하는 곳에 나타나서 무조건 집어 가는 것을 반복하다가 쫓겨났습니다. 또 지방의 천여 명이 모이는 교회는 담임 목사가 교회 공금을 지출하고 영수증을 제출하지 않아 재정을 맡은 집사가 재차 영수증 요구를 하자 잘라 버렸다고 합니다. 서울의 J 교회 담임 목사는 선교비로 30억을 사용했다고 하면서 영수증을 제출하지 않아 법정에서 수년의 유죄를 선고받아 감옥 생활을 한 후 교회를 떠났습니다. 실상이 이렇습니다. 드러나지 않아서 그렇지, 일부 교회들이 투명하지 않게 교회 재정을 보유, 관리, 사용, 남용, 유용하고 있습니다.

그런즉 모든 교회는 재정 비리와 불법을 예방하는 차원에서 정관이나 공동의회에서 원칙을 정해야 합니다. 모든 교회 동산과 부동산은 매년 당회, 제직회, 공동의회에서 투명하게 페이퍼로 공개하는 것을 원칙으로 해야 합니다. 목사 개인 명의로 등록하지 못하게 해야 합니다. 만일 그렇지 않은 경우 이유를 불문하고 불법과 비리로 간주하여 그 누구든지 제명하고 법적 책임을 묻는 것으로 해야 합니다. 그래야 감히 부정한 생각과 행동을 하지 못합니다. 매달 제직회를 하면 매달 공개하고, 일 년에 두 번 제직회를 하면 두 번 공개하고, 1년에 한 번 제직회와 공동의회를 하면 1년에 한 번 공개하는 것으로 해야 합니다. 공개도 대충 말과 모니터 화면으로만 하는 것이 아니라 꼼꼼하게 문서로 배포하여 공개하는 것을 원칙으로 해야 합니다. 그렇게 하는 이유는 투명하게 하여 부정을 원천 차단하기 위해서입니다. 이런저런 이유를 대면서 문서로 하지 못하겠다고 하거나, 문서로 공개하고는 다시 거둬가거나 하지 못하게 해야 합니다. 교회는 그럴 이유와 필요가 전혀 없습니다. 누구나 투명하고 당당하면 감출 이유나 무엇을 두려워할 이유가 전혀 없습니다. 자꾸 사족이 많고 설명이 길게 할 때는 뭔가가 있다고 보아도 됩니다. 성도들은 당연히 알 권리가 있고 문서를 가져갈 권리가 있습니다.

만약 어떤 교회가 교회 재정과 회계, 헌금 수입과 사용 내역 등에 대하여 투명하게 하는 것을 반대하거나 지연하면 분명히 문제가 있는 교회로 봐도 과언이 아닙니다. 교회는 투명하게 하지 못할 이유가 하나도 없습니다. 굳이 핑계를 댄다면 이단들이 이런 정보를 소유하여 교회를 공격할 수 있다고 할 것인데 이도 말이 되지 않습니다. 그 정도로 자신이 없는 재정 공개와 교회는 문제가 있는 것입니다. 성도들만 가지고 있으면 됩니다. 또한 담임 목사는 교회 재정과 헌금에 대한 간섭을 일절 하지 못하게 해야 합니다. 교회 재정과 헌금에 있어서 문제를 일으킨 자들은 대부분이 담임 목사입니다. 선교비니, 구제비니, 접대비니, 출장비니, 다른 목사들 거마비니 운운하면서 담임 목사가 수시로, 임의로 교회 돈을 가져가고, 영수증 제출도 하지 않는 경우가 있습니다. 담임 목사가 이런저런 곳에 썼다고 하면 누가 따지겠으며, 영수증을 제출하지 않아도 어찌하지 못하는 것이 일반 기관과 다른 교회 특수 구조입니다. 그래서 비리가 발생하고 부정이 발생할 소지가 있습니다. 그런 것에 비추어서 담임 목사는 설교 준비와 교육, 심방과 기도에만 전념토록 하고 당회와 제직회와 공동의회에서 교회 재정 사용과 내역을 정하여 지출토록 해야 합니다. 교회 재정을 사용할 때는 액수가 크든 작든 반드시 영수증을 제출하도록 해야 합니다.

동시에 현금 거래가 아닌 계좌이체를 하도록 정해야 합니다. 현금 거래를 하더라도 반드시 수신기관과 수신자의 사인을 받도록 해야 합니다. 이유를 불문하고 어떤 식으로든지 확인서를 받아 교회에 제출하도록 해야 합니다. 교회 재정 장부는 한 사람이 독점하지 않게 해야 합니다. 여러 사람이 크로스로 역할을 맡아 보관, 관리토록 해야 합니다. 그래야 어느 한 사람이 쉽게 유혹과 시험에 들지 않습니다. 통장, 도장, 장부를 각각 다른 자에게 맡기고 매달 크로스로 확인해야 합니다. 사람은 돈 앞에 그리 강하지 않습니다. 언제든지 변할 수 있습니다. 오늘과 내일이 다른 게 사람입니다. 그리고 해마다 교회 재정에 대한 감사를 철저하게 해야 합니다. 교회 감사도 전문성이 있는 여러 명으로 해야 합니다. 담임 목사는 재정 지출 계획을 수립할 때 방향만 제시하고 그 외에는 재정에서 손을 떼야 안전합니다. 수시로 교회 재정을 맡은 장로나 집사에게 찾아가거나 연락해서 얼마가 필요하다고 하면서 임의로 공금을 지출하는 일을 하지 말아야 합니다.

교회 재정의 모든 지출은 사전에 알리고 재정과 회계를 맡은 자들이 질서대로 하도록 철저하게 위임하고 분담해야 합니다. 과거나 현재나 교회에서 발생하는 분쟁과 비리의 상당수는 교회 재정 문제입니다. 항상 돈이 문제입니다. 이런 부분에 대해서 확실하게 해야 담임 목사나 교회나 시험에 들지 않고 보호할 수 있습니다. 소 잃고 외양간을 고치는 사람과 교회는 어리석은 자들입니다. 예방이 가장 지혜로운 길입니다. 냉정하게 원칙대로 해야 합니다. 이렇게 원칙을 정해 놓고 해야 비리가 발생하지 않거나 문제가 발생했을 때 책임 소재를 분명하게 물을 수 있습니다. 비리란 예방도 해야 하지만 발생했을 경우 처리가 복잡하게 됩니다. 원칙을 정해 놓으면 모든 것이 수월하게 처리됩니다. 이것이 기독교(개신교) 〈교회 재정〉에 대한 원칙 세계관입니다.

제23장

〈전도〉에 대한 원칙

　　전도(傳道)란 기독교의 교리, 복음(예수 그리스도)을 세상과 사람들에게 알려서 기독교 신앙을 가지게 하는 것을 말합니다. 한마디로 인류의 유일한 구세주인 예수 그리스도를 전하고 믿게 하여 죄 사함을 받고 구원을 받게 하는 것을 말합니다. 복음 전파, 선교라고도 말합니다. 그런즉 기독교인들에게 있어서 전도란 일생 동안 남녀노소를 불문하고 선택사항이 아닌 필수입니다. 기독교인이 하나님을 예배하고 거룩하게 사는 것 다음으로 가장 중요한 일은 전도하는 것입니다. 왜냐하면 천하보다 귀한 생명을 천국으로 인도하는 일이며, 불신자들이 복음을 믿지 않으면 멸망과 심판을 받기 때문입니다. 복음 전파는 지상 교회와 기독교인들에게만 맡겨진 일입니다. 그래서 복음 전파는 오직 기독교인들만 합니다. 따라서 기독교인들이 전도하지 않으면 전도할 자들이 없습니다. 많은 사람이 복음을 듣지 못합니다. 이는 마치 119 소방대원들이 없으면 산불과 건물에 화재 발생 시 화재 진압을 할 자들이 없는 것과 같습니다. 그래서 119 소방대원들의 존재와 역할이 중요합니다. 하나님 말씀인 성경은 교회와 기독교인들에게 전도를 명령합니다. 때를 얻든지 못 얻든지 복음을 전파하라고 합니다. 예수님께서도 제자들에게 전도, 복음 전파를 부탁하셨습니다. 구세주인 예수님께서 친히 복음을 전파하시는 본을 보여 주셨습니다.

마태복음 4장 23절입니다.

"예수께서 온 갈릴리에 두루 다니사 저희 회당에서 가르치시며 천국 복음을 전파하시며 백성 중에 모든 병과 모든 약한 것을 고치시니"

마태복음 28장 19절입니다.

"그러므로 너희는 가서 모든 족속으로 제자를 삼아 아버지(성부 하나님)와 아들(성자 하나님)과 성령(성령 하나님)의 이름으로 세례를 주고"

마가복음 16장 15절입니다.

"또 가라사대 너희는 온 천하에 다니며 만민에게 복음을 전파하라"

마태복음 25장 26절입니다.

"저희(불신자들)는 영벌에(지옥), 의인들(신자들)은 영생에(천국) 들어가리라"

사도행전 16장 31절입니다.

"가로되 주 예수를 믿으라 그리하면 너와 네 집이 구원을 얻으리라 하고"

고린도전서 1장 17~18절입니다.

"그리스도께서 나를(사도 바울) 보내심은 세례를 주게 하심이 아니요

오직 복음을 전케 하려 하심이니 말의 지혜로 하지 아니함은 그리스도의 십자가가 헛되지 않게 하려 함이라 십자가의 도(道, 사상)가 멸망하는 자들에게는 미련한 것이요 구원을 얻는 우리에게는 하나님의 능력이라"

고린도전서 1장 21절입니다.
"하나님의 지혜에 있어서는 이 세상이 자기 지혜로 하나님을 알지 못하는 고로 하나님께서 전도의 미련한 것(십자가의 도)으로 믿는 자들을 구원하시기를 기뻐하셨도다"

전도, 복음, 예수 그리스도 전파는 하나님의 명령이고 천하보다 귀한 생명을 구원에 이르게 하는 안내입니다. 또한 교회와 기독교인들만 전도할 수 있습니다. 그런즉 모든 교회와 기독교인들은 기회가 되는 대로 전도를 해야 합니다. 전도에 있어서 명심해야 할 것이 있습니다. 무례하게 하지 않게 하는 것입니다. 복음은 다이아몬드보다 더 아름답고 고급한 것입니다. 따라서 복음을 천박하고 무가치하게 전하면 옳지 않습니다. 상대방을 배려하면서 예의 바르고, 고급하고, 당당하게 전해야 합니다. 마치 판매사원들처럼 물건을 팔기 위해서 하듯이 막무가내로 하지 말아야 합니다. 무례하게 전하거나 강제하지 말아야 합니다. 강압적으로 전도하거나 예배에 참석하도록 하지 말아야 합니다. 이런 부분은 전도에 대한 열심히 있는 자들이 조심해야 합니다. 절박하고 간절하게 전도하되 품위 있고 지혜롭게 전도해야 합니다. 공공장소에서 사람들을 짜증나게 하는 방식은 지양해야 합니다. 바쁜 사람을 붙잡고 매달리지 말아야 합니다. 겁박식이나 강제적으로 전하지 말아야 합니다. 상황과 때를 보면서 단지 복음을 전하고 알리기만 하면 됩니다. 언제 어디서나 인간관계를 하다 보면 틈이 생깁니다. 누구에게나 자연스러운 시간이 생기게 됩니다.

오늘날 사람들은 매우 바쁩니다. 시간이 여유로운 사람을 제외하고는 장시간 복음을 들으려고 하지 않습니다. 그러니 틈이 생겼을 때 간단명료하게 복음을 전해야 합니다. 아니면 복음에 합당한 책 등을 준비했다가 전해 주는 것입니다. 시간이 날 때, 여유가 있을 때 읽어 보라고 권하면 됩니다. 아니면 주일날이든 수요일이든지 시간이 있을 때 교회에서 만나자고 초청장을 건네주는 것입니다. 동시에 모든 기독교인은 물질적으로 돕는 전도에 대한 기초 작업을 하는 것이 중요합니다. 어려운 사람들의 필요를 채워 주는 것입니다. 그러면서 전도를 하면 다른 때에 비하여 수월합니다. 사람이란 누군가로부터 도움을 받으면 고맙고 미안해서 어떤 부탁이나 전도나 초청을 쉽게 뿌리치지 못합니다. 마음이 열립니다.

그리고 전도자들은 고급한 모습과 생활을 보여 주어야 합니다. 예수님을 믿는다고 하면서 언행이 고급하지 못하면 도리어 전도에 방해가 되고 무시를 당하게 됩니다. 불의하게 살면서 예수님을 믿자고 하면 무시당합니다. 핀잔만 당합니다. 전도에 대한 원칙은 모든 기독교인은 무시로 전도를 해야 하고 무례하게 전하지 않는 것입니다. 전도를 하되 말과 문서와 물질적 도움을 주는 것 등 다양한 방법으로 전도합니다. 어떤 한 방식이나 방법으로만 전도하는 것이 아닙니다. 대상과 상황에 따라 다양하게 접근하고 전해야 합니다. 전도를 할 때 영혼을 사랑하고 하나님을 의지하며 해야 합니다. 기독교인이라고 하면서 전도를 하지 않는 신자는 하나님의 명령을 불순종하는 자입니다. 진실로 하나님과 이웃을 사랑하는 자라고 할 수 없습니다.

그리고 전도는 답답해 보이고, 황당해 보이고, 미련해 보이는 예수 그리스도의 십자가를 전하는 것입니다. 인간이 만든 그럴듯한 프로그램이나 어떤 도구나 방법을 동원하여 전도해야 사람들이 예수님을 믿는 것이 아닙니다. 이런 도구들로 전도하는 것은 인위적인 신자만 만들 뿐입니다. 교회 안에는 인조 신자들이 많습니다. 교회 안에는 갖가지 인간적인 방법, 도구, 방식, 프로그램 등을 총동원하여 전도한 자들이 수두룩합니다. 종교인들만 생산하고 존재할 뿐입니다. 이런저런 인간적인 생각과 약속과 방식으로 교회에 온 자들을 오해하고 착각하여 예수님을 믿는 자들이라고 확신합니다. 몇 명을 전도했다고 보고합니다. 자랑합니다. 기뻐합니다. 이런 자들은 거듭난 자들이 아닙니다. 진실로 택함을 받고 거듭난 자들은 단순히 십자가의 도(사상)를 전할 때 믿는 자들입니다. 오늘날 인위적인 전도 도구들이 너무 난무합니다. 그것을 지혜라고, 효과적으로 전도를 하는 것이라고 말합니다. 그래서 기발한 전도 도구들이나 봉사나 도움과 구제 등을 통해서 사람들을 설득합니다. 대표적인 것들이 '글 없는 책', '사영리', '3분 브릿지 전도 방법', '필요에 의한 전도' 등입니다. 물론 이러한 방법과 도구로도 구원의 역사가 있지만 그것을 전부로 생각하는 것은 위험합니다. 노력은 가상하나 인간적인 생각들입니다. 이런 방식들은 헬라인들이 사용했던 지혜들입니다. 구원은 설득으로 되는 것이 아닙니다. 자꾸 어떤 도구나 인간의 세 치 혀로 설득하려고 합니다.

그럴듯한 학습과 지식과 설득과 노력 등으로 예수님을 영접하게 하려고 합니다. 소위 학습 구원입니다. 구원은 그런 방식으로 되는 것이 아닙니다. 그렇게 하면 십자가의 도가 헛되게 됩니다. 잘나고, 잘 훈련된 인간이 구원을 좌지우지하게 됩니다. 구원과 거듭남은 성령세례, 하나님의 신비한 능력으로만 믿어지고 거듭나는 것입니다. 어떤 도구나 초청으로 고백하고, 눈물을 흘리고, 손을 든다고 거듭난 자가 아닙니다. 고백과 눈물은 항상 진실이 아닙니다.

그래서 교회에 초청되어 온 자들은 많아도 구원받는 자들은 많지 않은 것입니다. 교회 안에 거듭나지 않은 종교인들이 많습니다. 거듭남은 눈으로 보이는 것이 아닙니다. 공개적이지 않습니다. 잘 모릅니다. 예수님을 영접했다고, 신앙 고백을 했다고, 물세례를 받았다고 다 구원을 받거나 거듭난 표가 아닙니다. 바람이 임의로 불되 어디서 와서 어디로 가는지 알지 못하는 것처럼 거듭남도 그렇게 됩니다. 전도는 성령 하나님의 감동과 인도로 하되 십자가의 도(사상)를 전하는 것입니다. 어떤 전도 프로그램이나 기발한 도구 사용이나 입술의 기술이 아닌 십자가의 도가 하나님의 능력입니다. 하나님께로부터 난 자들이어야 구원을 받습니다. 하나님의 자녀들은 하나님의 음성을 듣습니다. 하나님의 자녀가 아닌 자들은 그 어떤 수단과 방법과 도구와 미사여구를 따 동원해도 복음을 거부합니다. 하나님의 초청과 부르심의 음성을 듣지 못합니다. 하나님의 양이 아니기 때문입니다. 양은 목자의 음성을 듣습니다. 오늘날 인간적인 전도에 대한 열심들이 대단합니다. 인위적인 전도자들이 많습니다. 그런즉 전도 프로그램이나 부흥 프로그램이나 전도 도구 등에 미혹되지 말아야 합니다. 진정으로 사람들을 변화시키는 것은 십자가의 도를 전할 때 성령 하나님의 역사로 됩니다. 이것을 물세례가 아닌 성령세례라고 말합니다. 시대가 변해도 진리는 변하지 않습니다. 다 적용됩니다. 성경 말씀대로, 사도들이 한대로만 전도하면 됩니다. 이것이 기독교(개신교) 〈전도〉에 대한 원칙 세계관입니다.

제24장

〈찬양과 찬송, 찬송자〉에 대한 원칙

기독교에서 찬양(讚揚, 기릴 찬, 오를 양)과 찬송(讚頌, 기릴 찬, 기릴 송)은 모두 하나님의 존재와 은혜와 구원 등을 생각하고 하나님께 찬송하며 부르는 노래입니다. 찬양과 찬송을 부름에 있어서 가장 중요한 것 중의 하나는 중심(마음)과 믿음입니다. 그리고 인간의 만족과 기쁨이 아닌 하나님의 기쁨만을 위한 것입니다. 그리고 정결(성성)함입니다. 찬양과 찬송을 부르는 자는 하나의 제물과 같습니다. 찬송의 제물입니다. 제사에 드려지는 제물(동물, 찬송과 찬송자)에 있어서 가장 중요한 것은 흠이 없는 것입니다. 정결함입니다. 깨끗함입니다. 믿음과 중심입니다. 찬양과 찬송은 가사나 내용에 있어서 거룩해야 합니다. 하나님께 찬양과 찬송을 드리는 자는 먼저 숨은 죄에 대한 마음과 손을 씻는 회개부터 하고 정결한 마음으로 찬양과 찬송을 불러야 합니다. 하나님은 거룩하신 분이기 때문입니다. 나쁜 짓을 한 후 회개하지 않거나 나쁜 마음을 품은 채 찬양과 찬송을 하는 것은 더러운 제물이 됩니다. 이는 가인의 제사가 됩니다. 하나님이 받지 않으십니다. 자기만족을 위한 찬송입니다.

레위기 22장 17~20절입니다.

"여호와께서 모세에게 일러 가라사대 아론과 그 아들들과 이스라엘 온 족속에게 고하여 이르라 이스라엘 자손이나 그중에 우거하는 자가 서원 제나 낙헌제로 번제를 여호와께 예물로 드리려거든 열납(기쁘게 받아들임)되도록 소나 양이나 염소의 흠 없는 수컷으로 드릴찌니 무릇 흠 있는 것을 너희는 드리지 말 것은 그것이 열납되지 못할 것임이니라"

레위기 21장 21절입니다.

"제사장 아론의 자손 중에 흠이 있는 자는 나아와 여호와의 화제를 드리지 못할찌니 그는 흠이 있은즉 나아와 하나님의 식물을 드리지 못하느니라"

또 하나 중요한 것은 찬양과 찬송을 부르는 자들은 성도들에게 드리는 것이 아니라 살아 계신 하나님, 초월적인 영이신 하나님께 드리는 것입니다. 성도들의 만족과 기쁨이 아닌 하나님을 기쁘게 해 드리는 것입니다. 그럼에도 불구하고 사람을 의식하고 성도들을 향해 하는 교회, 신자들, 찬양대원들이 있습니다. 그에 대한 반증으로 아주 비싼 악기들과 마이크와 스피커를 설치합니다. 화려한 옷을 입고합니다. 하나님만 의식한다면 굳이 비싼 것으로, 화려한 것으로 할 이유가 없습니다. 또 하나의 반증은 찬양대 연습을 너무 지나치게 한다는 것입니다. 물론 하나님께 드리는 것이니까 정성을 다해야 합니다. 잘 준비해야 합니다. 화음이 잘 맞아야 합니다. 그러기 위해서 많은 시간을 연습에 투자합니다. 하지만 오랜 시간 연습한다고 정성이 있는 것은 아닙니다. 하나님이 기뻐하는 것이 아닙니다. 주로 연습을 많이 하는 것은 성도들 앞에서 실수하지 않기 위해서입니다. 하나님은 중심을 보십니다. 실수 여부를 보시고 탓하시는 분이 아닙니다. 성도들을 의식하고 연습하고 찬양하는 경우가 있습니다. 하나님만 의식해야 합니다. 여기서 한 가지 기억해야 할 것이 있습니다.

사무엘상 16장 7절입니다.

"여호와께서 사무엘에게 이르시되 그 용모와 신장을 보지 말라 내가 이미 그를 버렸노라 나의 보는 것은 사람과 같지 아니하리니 사람은 외모를 보거니와 나 여호와는 중심(中心)을 보느니라"

하나님은 찬양대원의 화려한 음성과 화음과 기술, 많은 연습과 노력보다 중심을 보신다는 점입니다. 물론 둘 다를 잘하면 좋지만, 사람이란 둘 다를 잘할 수 없습니다. 하나님은 찬송과 찬양을 하는 신자 하나하나가, 찬양대원 하나하나가 어떤 마음으로 찬송과 찬양을 하느냐를 보십니다. 이것이 비싼 악기와 그럴듯한 화음, 통일되고 화려한 찬양대 옷보다 더 중요합니다. 성도들이 듣기에 아무리 완벽한 찬양과 찬송일지라도 하나님을 향한 진정한 마음은 없고 사람이 듣기에 좋은 기술과 화음만 구사한다면 하나님은 듣지 않으십니다. 실패한 찬양입니다. 열납되지 않습니다. 그런즉 교회에서 찬양대(성가대는 적절한 표현이 아님)원들은 기본적으로 노래를 잘 부르는 은사가 있는 자들을 선발하여 불러야 하지만, 하나님을 향한 사랑과 은혜와 감사가 없는 자는 제아무리 재능이 뛰어나더라도 찬양대에 세우지 말아야 합니다. 진실로 거듭난 사람 중 하나님만 바라보고 찬양과 찬송을 할 수 있는 자들을 선발하여 부르게 해야 합니다. 예배 중에 독창하는 자도 마찬가지입니다. 단지 유명한 음대 교수나 어떤 대회에 나가서 입상한 자이거나 성악과 음악을 전공한 음대 출신자가 특송을 부르게 해서는 아니 됩니다. 그런 자들은 사람들 앞에서 발표회나 콘서트를 할 때 세우고 예배 중에 하나님께 찬송과 찬양을 하는 자는 유명하지 않고 좀 부족하고, 무명하고, 서툴지라도 구원의 감격과 중심으로 하나님을 진심으로 찬양, 찬송할 수 있는 자를 세워 특송하게 해야 합니다. 찬양대원으로 세워야 합니다. 그런데 큰 교회 중에는 그렇지 않은 자를 찬양대나 특송자로 세우는 경우가 있습니다. 이는 잘못된 것입니다.

미션 스쿨에서도 마찬가지입니다. '선교합창단' 등이 있는데 합창단원수가 부족하다고 술과 담배를 하는 자, 진실로 예수님을 믿지도 않는 자, 품행이 좋지 않은 자들을 합창단에 세워 찬양을 하게 합니다. 이는 잘못된 것입니다. 하나님을 업신여기는 행위입니다. 인본주의 자세입니다. 지극히 사람의 기쁨을 위한 조치입니다. 자유주의 신앙입니다. 하나님을 모욕하고 무시하는 행위입니다. 하나님과 찬양과 찬송에 대한 기본 지식과 믿음이 없는 자입니다. 진리에 대한 무지한 신자입니다. 찬송과 찬양이 무엇인지도 모르는 자입니다. 찬송과 찬양을 사람들에게 부르는 것으로 알고 있는 교회나 사람입니다. 찬양대나 선교합창단은 반드시 진실로 거듭난 자들, 진실로 하나님을 사랑하는 자들로 구성하여 운영해야 합니다. 성도들도 예배 중에 찬양, 찬송을 부를 때에 오직 하나님만을 생각하며 중심으로 불러야 합니다. 이때 입술로만 부르거나, 생각 없이 그냥 부르거나, 기술적으로만 부르거나, 사람들을 의식하며 부르는 것은 잘못된 것입니다. 사람이 아닌 하나님께 드리는 찬양과 찬송은 가사와 내용이 정결해야 하고, 부르는 자의 마음과 육체가 정결해야 합니다. 오직 하나님의 은혜와 구원과 능력만을 생각하며 중심(마음)으로 불러야 합니다. 노래만 잘 부른다고 찬양대나 특송에 세우지 말아야 합니다. 이것이 기독교(개신교) 〈찬양과 찬송, 찬송자〉에 대한 원칙 세계관입니다.

제25장 〈건전한 교회〉에 대한 원칙

건전(健全)이란 '생각이나 행동 따위가 건실하고 올바름'을 뜻합니다. **'건전한 교회'**란 교회가 하는 모든 행위가 올바른 교회를 가리킵니다. 교회가 올바르다고 할 때 올바름의 기준은 무엇입니까? 성경입니다. 정통 교리에 맞은 교회입니다. 성경적인 원리와 기준에 맞게, 성경 사상에 맞게 운영되는 교회입니다. 하나에서 열까지 하나님의 계명대로 돌아가는 교회입니다. 이런 교회는 건전한 교회입니다. 건전한 물건, 건전한 지도자, 건전한 사람, 건전한 성도가 별로 없듯이 건전한 교회도 그리 많지 않습니다. 이단은 아닌데 어딘가 모르게 불건전한 교회들이 많습니다. 혼합주의 교회들입니다. 담임 목사의 기준과 신앙과 철학과 목회 방침에 따라 운영되는 교회는 건전한 교회가 아니라 인본적인 교회입니다. 하나에서 열까지 다 불건전한 것이 아닙니다. 어떤 것은 건전하게 하고 어떤 것은 건전하지 않게 합니다. 교회마다 그 비율의 차이만 있을 뿐입니다. 어느 교회는 건전이 20%이고 불건전이 80%입니다. 어느 교회는 건전이 50%이고 불건전이 50%입니다. 어느 교회는 건전이 80%이고 불건전이 20%입니다. 여러 영역에서 이런 부분이 나타납니다. 예를 들어 어떤 전도 프로그램을 도입하여 시행 중이라고 합시다. 그런데 여러 교단과 이단 기관에서 이단성이 있고 불건전하다고 판단하거나 규정했습니다. 그러면 취급하지 말아야 하는데 그대로 도입하여 사용합니다. 이런 교회는 건전한 교회가 아닙니다. 또 담임 목사의 설교입니다. 설교를 하기는 하는데 성경 본문을 읽어 놓고 엉뚱한 설교만 하는 목사들이 있습니다. 설교 때마다 좋은 말만 골라서 하는 백화점식 설교입니다. 온갖 좋은 말을 다 합니다. 이런 교회는 건전한 교회가 아닙니다.

마태복음 7장 24절이다.
"그러므로 누구든지 나의 이 말을 듣고 행하는 자는 그 집을 반석 위에 지은 지혜로운 사람 같으리니"

요한복음 14장 15절입니다.
"너희가 나를 사랑하면 나의 계명을 지키리라"

또 교회 운영 자체를 투명하게 공개하지 않는 교회는 건전한 교회가 아닙니다. 교회 부동산과 동산, 목회자에게 들어가는 사례비가 종합적으로 얼마인지 제직회나 공동의회에서 문서로 세세하게 제공하지 않는 교회는 건전한 교회가 아닙니다. 또 교회 종사자들의 사례비(급여, 목회자 생활비)를 일반 회사나 직장처럼 지위, 성과, 근무시간, 호봉 등으로 주는 교회입니다. 성경은 교회 일꾼들에 대하여 개인 능력과 헌신에 따라 차별하여 주라고 하지 않습니다. 은혜와 생계와 긍휼(불쌍히 여김)에 따라 주라고 합니다. 가족 수에 따라 기본급이 제공되어야 합니다. 그런 교회가 건전한 교회입니다. 또 담임 목사가 독재자처럼 교회를 운영하는 교회입니다. 그런 교회는 건전한 교회가 아닙니다. 담임 목사 개인이 교회를 왕조처럼 사유화한 교회입니다. 목사는 교회의 머슴(종, 섬기는 자, 품꾼)이지 독재자나 왕이 아닙니다. 또 교회가 거짓말을 잘하고, 분쟁이 잦고, 온갖 스캔들이 난무한 교회는 건전한 교회가 아닙니다. 또 교회 성도들이 성경 말씀대로 순종하지 않는 교회는 건전한 교회가 아닙니다. 또 교회 직분자를 남발하거나 피택자들(장로, 집사, 권사)에게 임직과 관련하여 수백에서 수천만 원을 요구하는 교회도 건전하지 않습니다. 목사가 부교역자들과 장로들과 성도들에게 함부로 하고 반말과 폭언을 하는 교회도 건전하지 않습니다. 이는 세상 클럽과 같은 교회일 뿐입니다. 세습하는 교회도 건전하다고 할 수 없습니다. 이것이 기독교(개신교) 〈건전한 교회〉에 대한 원칙 세계관입니다.

제26장

〈목회자 생활〉에 대한 원칙

　사람들은 자기 신분, 능력, 지위, 사명, 재력, 형편, 욕망, 가치관, 세계관, 개인 수준 등에 따라 생활 스타일이 다 다릅니다. 예를 들어 사람들의 생명을 다루는 의사 중에는 사욕 없이 의사 활동을 하는 자들이 있습니다. 그러나 돈과 명예를 얻기 위하여 의사가 된 자들도 있습니다. 교사들 중에는 학생들을 잘 가르쳐 보겠다는 사명으로 교직 생활을 하는 자들이 있습니다. 그러나 어떤 교사들은 단순 직업으로 여기는 자들도 있습니다. 정치인 중에는 국민과 국가의 발전과 안녕을 위해서 정치에 입문을 한 자들이 있습니다. 그러나 어떤 정치인들은 권력욕과 자기 야망을 성취하기 위해서 정치에 입문한 자들도 있습니다. 성직에 종사하는 자들도 다양합니다. 하나님의 부르심을 받고 사욕 없이 순수하게 선교와 목회 사역을 위해서 성직에 종사하는 자들이 있습니다. 그러나 어떤 성직자들은 개인의 명예와 야망과 출세와 돈 때문에 성직 생활을 하는 자들도 있습니다. 기독교(개신교) 목회자들은 돈과 명예와 출세, 사욕을 위해서 사는 자들이 아닙니다. 시종일관 하나님의 말씀을 전하고 가르치기 위하여 존재하고 사는 자들입니다. 먹을 것과 입을 것과 누울 곳이 있으면 지족(知足, 만족할 줄 앎)하고 사는 자들입니다. 범사에 감사하고 기뻐하며 사는 자들입니다. 복음을 전하는 사역을 하다가 어떠한 불이익과 핍박과 고난이 있고 죽는 한이 있더라도 두려워하거나 염려하지 않고 사는 자들입니다. 후회하지 않는 자들입니다. 이러한 목회자들은 목회자 생활이 단순하고 순수합니다.

디모데전서 6장 8절입니다.
"우리가 먹을 것과 입을 것이 있은즉 족한 줄로 알 것이니라"

일단 세속적인 욕심이나 부유하고 풍족하게 사는 것이 삶의 목적이나 목표가 아니기에 청렴(淸廉, 성품과 행실이 고결하고 탐욕이 없음)하고 사욕이 없이 살기에 생활 자체가 심플합니다. 좋고 비싼 차를 선호하지 않습니다. 교회에서 비싼 차를 사주겠다고 제안을 해도 거부합니다. 개인이 차를 사주겠다고 해도 정중히 사양합니다. 약한 성도들을 배려하여 일반 서민들이 소유한 정도의 무난한 차를 생각합니다. 좋고 비싼 집에서 살려고 하지 않습니다. 일반 서민들의 거주 형태 수준에서 생각합니다. 교회에서 많은 사례비를 바라지 않습니다. 부부간 혹은 자녀와 함께 생활할 정도만 받습니다. 교회에서 지나치게 많은 사례비를 주어도 거부합니다. 사치하며 살지 않습니다. 검소하게 삽니다. 먹는 것이나 입는 것이나 씀씀이에서 그리합니다.

일반 성도들 혹은 일반인들의 평균 정도의 라이프 스타일을 추구합니다. 높은데 마음을 두지 않고 부족하고 연약한 성도들의 형편과 마음을 헤아리고 배려하여 낮은데 마음을 두고 삽니다. 그리고 성도들과 이웃에게 나누며 삽니다. 결코 이기적으로 살지 않습니다. 진실로 천국을 믿고 사모하는 자답게 나그네처럼 삽니다. 거주할 목적이나 사용할 목적이 아닌 부동산을 소유하지 않습니다. 부동산과 주식 투기성 투자는 더더욱 하지 않습니다. 필요 이상의 동산을 많이 소유하지 않습니다. 오직 천국에 소망을 두고 삽니다. 어떠한 형편에서도 불평과 불만을 갖지 않습니다. 노후생활과 은퇴 후의 생활에 대해서 염려하지 않습니다. 자녀 교육을 위해서 무리하게 사교육비를 투자하지 않습니다. 자녀 교육과 사례비와 장래성 때문에 산간과 벽지와 지방과 시골교회 등을 회피하지 않습니다. 주님께서 인도하시는 대로 순종하며 삽니다. 이것이 기독교(개신교) 〈목회자 생활〉에 대한 원칙 세계관입니다.

제27장 〈성도끼리 분쟁〉에 대한 원칙

오늘날 성도들끼리 세상 법정에 고소하는 일들이 많아지고 있습니다. 목사나 일반 신자들이 그리하고 있습니다. 안타까운 일입니다. 성경은 이런 행위를 금합니다. 사람이 모인 곳에는 어디에나 갈등과 분쟁이 발생합니다. 모든 사람은 서로가 미성숙하기에 일생을 살면서 분쟁은 피하지 못합니다. 그런즉 개인이나 교회는 분쟁 해결 능력을 가져야 합니다. 가장 아름답게 분쟁을 해결할 수 있는 방법과 길과 해법을 갖고 있어야 합니다. 성도들이 모인 교회 안에도 성도들끼리 분쟁이 발생합니다. 목사와 신자, 목사와 목사, 신자와 신자가 여러 이유로 분쟁이 생깁니다. 분쟁 시에 가장 우선적으로 처리해야 하는 것이 있습니다. 그것은 쌍방의 의견을 한쪽으로 치우침 없이 공정하게 잘 청취하고, 확인하고, 검증하는 것입니다. 한마디로 시시비비를 공정하게 가리는 것입니다. 이때 가장 중요한 것은 공평무사해야 합니다. 어느 쪽으로도 기울지 않아야 합니다. 그래야 어느 쪽이든지 처리 결과에 감히 이의를 제기하지 않습니다. 억울하다고 하소연하지 않습니다. 항복합니다. 결과를 존중합니다.

교회 안에서 신자들끼리의 분쟁이 발생하면 교회 안에서 정의롭게 처리하기로 정해야 합니다. 그런 다음 분쟁 조정 혹은 분쟁 해결 위원회를 속히 구성하여야 합니다. 쌍방이나 교회가 믿을 만한 사람으로 추천하여 구성해야 합니다. 혹 신뢰할만한 사람이 아니라고 판단되면 기피 신청을 하도록 열어 놓아야 합니다. 세상에서도 그리합니다. 위원회가 구성되면 분쟁 당사자들에게 이런 사실을 통보하고 자신의 주장과 억울한 점에 대한 진술서를 사인하여 제출하도록 합니다. 증거물들도 함께 제출하도록 합니다. 그런 다음 위원회는 얼마 동안 분쟁 당사자들이 제출한 진술서와 증거들을 신중히 검토한 이후 쌍방을 불러 사실관계를 확인합니다. 혹 서로 충돌되는 부분이 있으면 물증, 증거를 더 보강해서 제출하도록 합니다. 이에 객관적인 근거가 약한 증거는 참고하지 않습니다. 쌍방에게서 각기 의견과 주장을 충분히 들은 이후 위원회가 검토할 시간을 가진 이후 다시 위원회 날짜를 잡고 쌍방에게 출석 통지를 한 다음 조사 결과를 발표하고 확정합니다. 이때 어느 쪽도 억울해하지 않도록, 이의제기하지 않도록 충분히 설명하고, 근거를 제시하면서 합니다.

열왕기상 3장 28절입니다.

"온 이스라엘이 왕(솔로몬)의 심리(審理, 사실관계 및 법률관계를 명확히 하려고 법원이 증거나 방법 따위를 심사하는 행위)하여 판결함을 듣고 왕을 두려워하였으니 이는 하나님의 지혜가 저의 속에 있어 판결함을 봄이더라"

고린도전서 6장 6절입니다.

"형제(신자)가 형제(신자)로 더불어 송사(고소)할 뿐더러 믿지 아니하는 자들 앞에서 하느냐"

요한일서 4장 20~21절입니다.

"누구든지 하나님을 사랑하노라 하고 그 형제를 미워하면 이는 거짓말 하는 자니 보는바 그 형제를 사랑치 아니하는 자가 보지 못하는바 하나님을 사랑할 수가 없느니라 우리가 이 계명을 주께 받았나니 하나님을 사랑하는 자는 또한 그 형제를 사랑할찌니라"

요한복음 14장 15절입니다.

"너희가 나를 사랑하면 나의 계명을 지키리라"

솔로몬의 지혜로운 재판은 유명합니다. 이 재판의 핵심은 공의롭고 정확한 재판입니다. 공정한 재판입니다. 모든 심리와 재판은 공정해야 합니다. 정확해야 합니다. 그래야 가해자와 피해자가 바뀌지 않습니다. 억울한 자가 발생하지 않습니다. 그것이 솔로몬의 재판입니다. 모든 교회가 그렇게 해야 합니다. 그리고 신자들끼리의 분쟁은 교회 안에서 해결해야 합니다. 세상 법정까지 가지고 가지 말아야 합니다. 이것이 교회와 신자들이 가져야 할 기본 원칙입니다. 왜 이렇게 해야 합니까? 성경이 그리하라고 명령하기 때문입니다. 세상 법정으로 가서 불신자들 앞에서 재판을 받는 것은 덕과 본이 되지 못하기 때문입니다. 하나님께 영광이 되지 못합니다. 신자의 모든 행위와 믿음의 판단 기준이 성경이라고 믿는다면 송사 사건도 성경 말씀대로 해야 합니다. 입으로는 주여! 주여! 하면서 행위로는 하나님의 말씀을 거부하고 자기 의지대로 한다면 이는 신자의 모습이 아닙니다. 정체성이 전혀 다른 사람입니다. 왜냐하면 믿음과 행위는 함께 가기 때문입니다. 믿음 따로 행동 따로는 없습니다.

사과나무에서 사과가 열리는 것이지 감이 열리지 않습니다. 그렇게 하는 자가 있다면 이는 이단이거나 사이비 신자입니다. 가짜 신자입니다. 양의 탈을 쓴 늑대 신자입니다. 성도끼리의 분쟁에 대한 원칙은 반드시 교회 안에서 해결하고, 공정하고, 정확하게 심리, 판단, 재판을 해야 합니다. 혹 교회(노회, 총회)에서 재판이 공정하지 않게 나와도 주님의 십자가와 인류 최후의 심판 때 공의로운 심판을 소망하며 참아야 합니다. 나의 자존심과 억울함보다 하나님의 영광을 가리는 것이 더 큰 문제이기 때문입니다. 그리스도인은 먹든지 마시든지 무엇을 하든지 다 하나님의 영광을 위하여 사는 자들입니다. 세상의 빛과 소금입니다. 아무리 억울해도 주님께서 참으라고 하면 참는 것입니다. 성경이 아니라고 하면 순종하는 것입니다. 그런 신자가 진짜 그리스도인입니다. 하나님을 사랑하는 자입니다. 성경은 신자들끼리의 분쟁을 세상 법정으로 가지고 가지 말라고 합니다. 그리스도인으로서 매우 부끄러운 일입니다. 이것이 기독교(개신교)의 〈성도끼리 분쟁〉에 대한 원칙 세계관입니다.

제28장 〈재혼〉에 대한 원칙

오늘날 재혼이 기하급수적으로 늘어나고 있습니다. 그만큼 이혼이 많기 때문입니다. 재혼 자체는 나쁜 것이 아니고 할 수 있는 것이지만 무질서한 재혼, 반칙 재혼이 문제입니다. 무엇이든지 질서가 있는 법입니다. 재혼(再婚)이란 '두 번째 결혼함'을 뜻합니다. 주로 첫 번째 결혼에 실패한 자나 배우자와 사별한 자가 다시 다른 이성과 결혼하는 것을 말합니다. 현재 이혼처럼 재혼도 일반화되었습니다. 과거에 비해 재혼자들도 이혼에 비례하여 급격히 늘어나고 있습니다. 성경에 비추어 보면 재혼이 가한 경우도 있고 재혼이 불가한 경우도 있습니다. 무엇이든지 합법적인 것이 있고 불법적인 것이 있습니다. 재혼도 성경이 지지하는 경우가 있고, 지지하지 않는 경우가 있습니다. 하나님께서 정하신 재혼의 질서가 있습니다. 재혼을 할 수 없는 대상은 성격 차이로 이혼한 자, 경제 문제로 이혼한 자, 부부생활이 행복하지 않아서 이혼한 자, 폭력 때문에 이혼한 자, 배우자가 불성실해서 이혼한 자, 배우자가 병들어서 이혼한 자, 시부모 때문에 이혼한 자, 불신 때문에 이혼한 자, 섹스 궁합 문제로 이혼한 자 등입니다. 재혼할 수 있는 상대는 미혼자, 배우자와 사별한 자, 배우자가 간음을 하여 이혼한 자, 배우자가 기독교를 포기하라고 절대 강요해서 이혼한 자, 배우자에게 유기된 자(버림을 받은 자), 前 배우자뿐입니다. 물론 가능하면 같은 기독교인이어야 합니다. 성경은 그 외 사람과 재혼하는 것은 간음 행위, 간통 행위로 간주합니다.

마태복음 19장 9절입니다.

"내가(예수님) 너희에게 말하노니 누구든지 음행(간음과 간통)한 연고 외에 아내를 내어 버리고 다른 데 장가드는 자는 간음함이니라"

고린도전서 7장 11절입니다.

"(만일 갈릴찌라도 그냥 지내든지 다시 그 남편과 화합하든지 하라) 남편도 아내를 버리지 말라"

고린도전서 7장 39절입니다.

"아내가 그 남편이 살 동안에 매여 있다가 남편이 죽으면 자유하여 자기 뜻대로 시집갈 것이나 주(하나님, 진리) 안에서만 할 것이니라"

고린도후서 6장 14절입니다.

"너희는 믿지 않는 자와 멍에를 같이 하지 말라 의와 불법이 어찌 함께 하며 빛과 어두움이 어찌 사귀며(동반자)"

요한복음 14장 21절 상반절입니다.

"나의 계명을 가지고 지키는 자라야 나를(예수님=하나님) 사랑하는 자

니…”

하나님은 질서의 하나님이시라고 하였습니다. 하나님은 무질서의 하나님이 아니십니다. 세상과 나라와 사회도 질서가 있듯이, 질서대로 모든 것이 돌아가듯이 재혼도 하나님께서 정하신 질서와 기준이 있습니다. 무조건 자기 뜻대로 하는 것이 아닙니다. 기독교인이라 함은 무엇이든지 내 뜻대로, 자기 처지와 형편대로 결정하거나 추진하지 않고 하나님의 뜻, 성경이 제시한 기준대로 사는 자입니다. 자칭 그리스도인이라고 한다면 괴로우나 즐거우나 시종일관 하나님의 뜻과 질서와 기준대로 순종해야 합니다. 오늘날 20대 초반, 30대 초반, 40대 초반, 50대와 60대 그리고 황혼에 이혼하고 재혼하는 자들이 늘어나고 있습니다. 특히 젊어서 혼자가 된 자들은 고민이 이만저만이 아닙니다. 살날이 많이 남았고, 경제적인 면과 섹스에 대한 욕망과 외로움에 대한 문제로 인하여 혼자 인생을 살기가 어렵습니다. 그래서 기독교인이 아닌 자들이나 기독교인이라도 자기 뜻대로 재혼하는 자들이 많아지고 있습니다.

그러나 믿음의 사람들은 아무리 고통스럽고, 외롭고, 가족과 지인들과 주변에서 부추겨도 성경이 제시한 대로만 합니다. 마치 선수들이 경기 규칙대로만 뛰고 달리는 것처럼 말입니다. 누가 어떤 말을 해도 신자라면 오직 성경 말씀이 우선입니다. 그러나 성경이 제시한 기준과 질서대로 순종하며 사는 자들은 그리 많지 않습니다. 불편하고 힘들기 때문입니다. 그 정도로 하나님을 사랑하는 자들이 많지 않습니다. 구약시대나 신약시대의 신자들 중 주여 주여 하는 자들은 많아도 오직 하나님의 말씀대로 사는 자들은 많지 않습니다. 각자 자기 믿음의 분량대로 선택, 결정하고 삽니다. 하지만 결과는 천지 차이로 나타날 것입니다. 하나님의 말씀대로 순종하고 살면 불편하고 고통은 있을지 모르지만 결국 행복하고 성공(승리)합니다. 하나님께서 복을 주십니다. 그러나 자기 뜻대로 행한 자들은 잠시는 행복할지 모르지만, 잠시는 고민이 해결될지 모르지만 결국 불행하게 되고 실패합니다. 하나님께서 복을 주시지 않습니다. 하나님 말씀대로 불순종해서 잘 되거나, 행복하거나, 성공한 자들이 하나도 없습니다.

신구약 성경이 많은 사례와 사건을 통해서 잘 보여 주면서 경고하고 있습니다. 순종하면 살고 불순종하면 죽습니다. 그리고 재혼은 그리 단순하지 않습니다. 한쪽이나 양가의 자녀들이 복잡하게 연결되어 있기 때문입니다. 실제로 조급한 재혼, 섣부른 재혼으로 인하여 자녀들이 큰 상처를 받거나 지인들이 시험에 드는 경우들도 있습니다. 피차 자녀들이 있는 경우 학업과 결혼과 생활과 생활 등에서 많은 갈등이 발생합니다. 계부에 의한 성범죄도 발생합니다. 목사들의 재혼은 더욱 신중하고 서두르지 말아야 합니다. 서두른 재혼은 자녀들과 성도들이 큰 상처를 받고 시험에 듭니다. 사별의 시간이 어느 정도 지난 후 자녀들이 재혼을 거론하고 지지할 때 검토해야 합니다. 한국의 정서가 있기 때문입니다. 그전에는 움직이면 안 됩니다. 당사자들만 좋아서는 옳지 않습니다. 성숙한 자라면 가족을 깊이 생각해야 합니다. 재혼은 신자나 불신자 모두에게 간단한 것이 아닙니다. 이것이 기독교(개신교) 〈재혼〉에 대한 원칙 세계관입니다.

제29장

〈이혼〉에 대한 원칙

현재 전 세계는 이혼이 대세가 되었습니다. 별의별 것을 가지고 다 이혼을 합니다. 우리나라도 예외는 아닙니다. 기혼자들의 세 쌍 중에 한 쌍이 이혼하는 실정입니다. 이혼(離婚)이란 '부부가 혼인 관계를 끊고 서로 떨어져 사는 것'을 뜻합니다. 결혼 서약을 위반한 것입니다. 매년 이혼율이 10만여 명 가까이 됩니다. 한국의 이혼 순위는 경제협력기구(OECD)에서 9위입니다. 20~30대 이혼 사유로는 첫째가 성격 차이고, 둘째가 경제고, 셋째가 외도와 부정입니다. 40~50대의 이혼 사유는 첫째가 외도와 부정이고, 둘째가 경제고, 셋째가 성격 차이입니다. 그러니까 20~50대의 공통된 이혼 사유는 성격 차이+경제 문제+외도와 부정이라고 할 수 있습니다. 이 세 가지 이혼 사유의 공통점은 해가 바뀌어도 앞뒤 순위만 바뀔 뿐 변함이 없습니다. 부부의 성격 차이는 당연합니다. 상식입니다. 성격 차이가 없을 거라고 믿는 사람 자체가 잘못된 것입니다. 전혀 다른 남남이 만났는데 성격이 같을 수 없습니다. 달라야 정상입니다. 문제는 서로 다른 성격을 이해하지 못하고 존중해 주지 못하는 데서 트러블이 생기는 것입니다. 다양한 꽃들이 서로 존중하고 살듯이 부부간의 성격 차이도 다르므로 피차 존중해야 합니다. 이것이 잘 되지 않기 때문에 갈등하고 다투다가 더 이상 힘들어서 살지 못하겠다고 하면서 이혼합니다. 부부 서로가 솔직하게 자기 성격을 이야기하고 반칙을 하지 않는 범위 내에서 서로 존중하고 배려하기로 하면 큰 문제가 없습니다. 부부 서로가 자기 성격대로 하려고 하니, 서로가 자기 성격에 맞추어 달라고 요구하니 문제가 발생합니다.

이는 마치 초식동물인 토끼가 고양이나 사슴이랑 어울리며 살면서 고양이나 사슴에게 자기 스타일에 맞게 살라고 요구하는 것과 같습니다. 먹는 것, 걷는 것, 자는 것, 노는 것, 쉬는 것, 뛰는 것 등등을 말입니다. 이는 하나님의 창조 질서에도 맞지 않는 억지이자 무리한 요구입니다. 하나님께서는 짐승이든 사람이든 다 각기 다른 성격으로 창조하셨습니다. 다양하게 창조하셨습니다. 무엇이든지 악이 아닌 이상 다름은 죄도, 틀린 것도, 나쁜 것도 아닙니다. 부부는 매 순간 불법과 반칙이 아닌 이상 서로 존중하되 대화를 통해서 타협하며 살아야 합니다. 피차 다름을 인정하고 서로 존중하면서 타협하고 살면 아무런 문제가 없습니다. 그리하면 성격 차이가 도리어 장점이 되어 시너지(상승) 효과를 얻게 됩니다. 부부가 서로 자기 성격에 맞게 해 달라고 강요하지 말아야 합니다. 배우자의 다른 성격과 스타일을 틀렸다고 하거나 고치려고 하지 말아야 합니다. 역지사지로 생각하면 서로의 문제입니다. 어느 한쪽 배우자의 문제가 아닙니다. 자기 성격에 맞지 않는 것, 자기가 싫어하는 어떤 것을 하지 말라고 요구하니 갈등이 생깁니다. 자기 성격과 마음에 맞지 않아도 그것이 불법과 거짓이 아닌 이상, 진리와 헌법과 법률에 반하지 않는 이상 존중해 주어야 합니다. 다른 성격 스타일을 인정하고 존중해 주어야 합니다. 자기 혼자 살았을 때는 그렇게 해도 문제가 없지만, 결혼은 두 사람이 하나처럼 움직이는 삶입니다. 운동 경기로 비유하자면 배드민턴 복식 선수입니다. 자기 스타일대로만 하거나 파트너에게 자기 스타일에 맞게 시합을 하자고 하면 필패입니다. 한 팀이 될 수 없습니다. 서로 대화와 소통을 하면서 경기를 해야 승산이 있고 행복합니다. 자기에게 맞추어 달라고 하는 것은 이기심에 불과합니다. 뭔가 단단히 착각하고 있는 것입니다. 무엇이든지 자기 스타일에 맞게 해 달라고 할 것 같으면 결혼을 유보해야 합니다. 혼자 살면 아무런 문제가 없기 때문입니다.

경제 문제로 이혼하는 것은 부부 사이의 신뢰와 의리와 사랑의 문제입니다. 진정으로 사랑하고 신뢰한다면 경제 문제로 이혼하지 못합니다. 진정으로 사랑하는 부부라면 힘들어도 함께 견디고, 죽어도 함께 죽습니다. 먹어도 함께 먹고 굶어도 함께 굶습니다. 경제 고통을 이유 삼아 나 살자고 부부를 배신하지 않습니다. 결혼식 때의 무조건적인 평생 서약을 업신여기지 않습니다. 경제 문제로 부부가 이혼하는 것은 진실로 사랑하는 사이가 아니었음을 드러내는 것입니다. 그리고 외도와 부정은 배우자에 대한 배신 행위입니다. 계약 파기입니다. 부부란 결혼 전후로 배우자 하나만으로 만족하고 살겠노라고 서약한 사이입니다. 그런데 자기 배우자로 만족하지 못하고 다른 이성과 섹스를 즐기는 것은 배우자에 대한 존중, 배려, 지족이 아니라 탐심이고 배신입니다. 지극히 이기적인 행위입니다. 자기 멋대로 살 것 같으면 결혼하면 안 됩니다. 배우자와 자녀들이 받을 아픔과 고통과 상처와 배신감을 생각해야 합니다. 진실로 배우자와 자녀를 사랑하고 배려하고 존중한다면 이유를 불문하고 다른 이성과 결코 불륜, 외도, 부정을 할 수 없습니다. 성경은 기본적으로 이혼을 금합니다.

마태복음 19장 6절입니다.
"이러한즉 이제 둘이 아니요 한 몸이니 그러므로 하나님이 짝지어 주신 것을 사람이 나누지 못할찌니라 하시니"

말라기 2장 16절입니다.
"이스라엘의 하나님 여호와가 이르노니 나는 이혼하는 것과 학대로 옷을 가리우는 자를 미워하노라 만군의 여호와의 말이니라 그러므로 너의 심령을 삼가 지켜 궤사(詭詐, 간사스러운 거짓)를 행치 말찌니라"

마태복음 5장 32절입니다.
"나는(예수님=하나님) 너희에게 이르노니 누구든지 음행한 연고 없이 아내를 버리면 이는 저로 간음하게 함이요 또 누구든지 버린 여자에게 장가드는 자는 간음함이니라"

고린도전서 7장 15절입니다.
"혹 믿지 아니하는 자가 갈리거든 갈리게 하라 형제나 자매나 이런 일에 구속(속박)받을 것이 없느니라 그러나 하나님은 화평 중에서 너희를 부르셨느니라"

고린도전서 7장 10~11절입니다.

"혼인한 자들에게 내가 명하노니 (명하는 자는 내가 아니요 주시라) 여자는 남편에게 갈리지 말고 (만일 갈릴찌라도 그냥 지내든지 다시 그 남편과 화합하든지 하라) 남편도 아내를 버리지 말라"

성경은 기본적으로 이혼을 허락하지 않습니다. 하나님은 이혼을 미워하십니다. 그럼에도 불구하고 인간이 악하므로 이혼을 허락합니다. 하나는 배우자가 간음과 간통을 했을 때고, 또 하나는 예수님을 믿지 않는 배우자가 신앙 문제로 갈리자고 할 때입니다. 그 외 성격 차이, 경제 문제, 폭력, 기타 문제로는 이혼을 금합니다. 물론 불신자들은 이러한 기준을 무시합니다. 이러한 이혼 금지 조건은 불신자들에게도 해당하는 말씀이지만 기본적으로 기독교인에게 해당하는 말씀입니다. 불신자들은 성경이 뭐라고 하든지 자기들 좋을 대로 합니다. 이에 기독교인들이 불신자들과 세상 경향과 흐름과 문화를 추종하면 안 됩니다. 기독교인들의 신앙과 행위의 모든 기준과 척도는 자기 기준, 감정, 사정, 처지, 상황, 안타까움이 아니라 오직 성경입니다. 자기의 고통과 형편이 어떠하든지 하나님 말씀을 따라야 합니다. 그것이 그리스도인입니다. 만일 자칭 기독교인이라고 하면서 성경을 무시하고 세상 방식이나 자기 소견에 좋을 대로 행하는 자가 있다면 진실로 거듭난 자가 아닐 수도 있습니다. 불순종하는 자입니다. 과실수는 열매로 알고 기독교인은 행위로 알 수 있습니다.

입으로만 주여! 주여! 하고 행위로 부인하는 자들은 종교인이지 기독교인이 아닙니다. 참 기독교인이라면 이혼은 애초에 생각지 말고 살아야 합니다. 혹 이혼할만한 이유와 근거가 충분하더라도 배우자가 용서를 구하면 용서하고 살아야 합니다. 우리가 하나님으로부터 그런 사랑과 용서를 받고 살기 때문입니다. 우리가 하나님으로부터 사랑을 받을만한 착한 행위를 해서 하나님의 자녀가 되고, 구원을 얻고, 죄 용서함을 받고, 사랑을 받는 것이 아닙니다. 하나님의 무조건적인 사랑 때문입니다. 부부가 결혼식 때에 서약한 대로 무조건적으로 사랑하면 이혼은 없습니다. 부부가 조건적으로 사랑하고 살아갈 때 위기가 찾아오고 이혼으로 갑니다. 성경은 본래 이혼을 금합니다. 평생 배우자만 사랑하고, 배우자 하나만 만족하고 살아야 합니다. 이것이 기독교(개신교) 〈이혼〉에 대한 원칙 세계관입니다.

제30장 **〈헌금자 공개〉에 대한 원칙**

　　해마다 연말이 되면 여기저기에서 불우이웃돕기 행사를 합니다. 행사를 가만히 지켜보면 공개적으로 이웃을 돕는 사람이 있는가 하면, 은밀하게 비공개로 이웃돕기 성금이나 쌀 등을 기부하는 자들이 있습니다. 여러분들은 누가 더 진정성 있게 이웃을 사랑하는 자고 순수하다고 느껴집니까? 은밀하게 행하는 자입니다. 성경은 선행과 헌금과 기도와 금식과 이웃돕기와 봉사 등에 대하여 오른손이 하는 일을 왼손이 모르게 하라고 합니다. 한마디로 은밀하게 하라고 합니다. 비공개로 하라고 합니다. 사람에게 보이려고, 인정받으려고, 박수받으려고, 칭찬받으려고 하지 말고 오직 하나님만을 바라보고 하라는 말씀입니다. 그래야 자기 자랑과 높임, 외식이 되지 않게 되고, 천국에서 상을 받기 때문입니다. 그런데 언제부터인가 교회에서 하나님께 드리는 헌금 등에 대하여 누가 헌금을 했는지 모든 성도들이 볼 수 있도록 주보에 공개하고 있습니다. 상당수 교회들이 그리하고 있습니다. 나름 이유가 있을 것입니다. 긍정적인 이유와 부정적인 이유가 있습니다. 긍정적인 이유는 헌금자를 그리 공개해야 헌금한 것이 드러나 나쁜 짓을 못 하게 한다고 합니다. 별로 설득력이 없습니다. 부정적인 이유는 헌금자를 공개하지 않으면 헌금이 줄어들기 때문이라고 합니다. 이는 지극히 인본주의 생각입니다. 하지만 성경은 이유를 불문하고 헌금자 이름 공개는 금합니다. 주보에 헌금자 이름을 공개하는 것은 성경에 반합니다. 설교로는 선행과 헌금 등을 은밀하게 하라고 하면서 실제로는 그 반대로 행합니다. 모순된 모습이 아닐 수 없습니다. 당장 주보와 벽보에 헌금자 공개를 금해야 합니다. 그렇게 공개하고 싶으면 이니셜(성명에서 성)로만 공개해야 합니다.

마태복음 6장 1절입니다.
"사람에게 보이려고 그들 앞에서 너희 의를 행치 않도록 주의하라 그렇지 아니하면 하늘에 계신 너희 아버지께 상(賞)을 얻지 못하느니라"

성경은 사람에게 보이려고 그들 앞에서 의를 행하고 자기 이름을 공개하는 것에 대하여 구제든, 기도든, 금식이든, 헌금이든, 봉사든 금합니다. 모든 선행은 은밀하게 하라고 합니다. 이 모든 것은 사람들에게 보여 주기나 인정받기 위함이 아니라 하나님께 하는 것이기 때문입니다. 사람에게 보이려고, 사람에게 영광을 얻으려는 모든 행위는 자기상을 이미 받았다고 합니다. 하늘에서 상이 없다고 합니다. 외식하는 행위라고 질타합니다. 이런 부분에서 가장 심한 비판을 받은 자들이 유대 종교 지도자들이었습니다. 바리새인들과 서기관들입니다. 성부 하나님과 성자 하나님께서 아주 싫어하는 자세입니다. 그런데 명백하게 성경이 금한 것을 교회들이 당당하게 행하고 있어 너무나도 안타깝습니다. 지극히 세속적이고 인본주의 모습입니다. 목사들이 문제입니다. 장로들이 그리 원해도 성경에 반한다고 금해야 맞습니다.

하지만 이를 누구도 지적하지 않습니다. 참으로 놀라운 일입니다. 그렇게 복음서를 읽고 설교하고 가르치면서 이 부분은 피해 갑니다. 알면서도 피해 가는지 아니면 잘 몰라서 피해 가는지 모르겠습니다. 신앙생활도 선택적으로 하는 것 같습니다. 주보에 헌금에 대하여 내고 싶으면 액수만 내면 됩니다. 이니셜로만 하면 됩니다. 재정부와 회계를 맡은 자는 장부에 기록만 잘하면 됩니다. 누구든지 자기 헌금에 대하여 열람을 원하면 언제든지 개인에게만 공개하면 됩니다. 헌금은 기본적으로 하나님께 드리는 것이고 교회 관리자를 믿고 드리는 것입니다. 혹 부정한 일도 있지만 그런 경우는 별로 없습니다. 설사 그런 일이 일어난다고 해도 성경이 금한 것을 어기고 주보에 헌금자를 공개하는 것은 더 나쁜 행위를 하는 것입니다. 성경이 하지 말라고 하면 이런저런 핑계와 명분을 내세우지 말고 무조건 금하는 것이 순종이고 믿음입니다.

순수하게 공개하는 교회도 있고 헌금자가 줄어들까 봐서 공개하는 불순한 교회도 있을 것입니다. 둘 다 이유를 불문하고 헌금자를 주보 등에 공개하지 말아야 합니다. 순수하면 무엇이든지 할 수 있는 것이 아닙니다. 순수하면 무엇이든지 용서받을 수 있는 것이 아닙니다. 헌금자를 공개하니 외식하는 자가 더 늘어날 수도 있습니다. 체면이나 다른 사람을 의식해서 마음에도 없는 헌금을 쪼개서 하는 자들이 있을 것입니다. 하지만 헌금자를 공개하지 않으면 외식하는 헌금자는 대폭 감소할 것입니다. 진실로 믿음의 사람들은 이름을 공개하나 공개하지 않으나 언제나 동일합니다. 믿음의 사람들은 도리어 이름이 공개될 때 불편하고 고통을 당합니다. 헌금자 이름이 주보에 매주 공개되면 형편이 어려워 헌금을 내지 못하는 신자들과 믿음이 연약한 자들은 심적 부담과 압박을 당합니다. 그래서 일부 사람들이 말하기를 '교회도 돈이 있어야 다닐 수 있다'라고 말합니다. 주보에 매주 헌금자를 공개하는 것은 형편이 어려워 헌금을 자주, 많이, 골고루 내지 못하는 성도들에게는 상처가 됩니다. 헌금 종류도 어찌 그리 많은지 모릅니다. 성경에 없는 헌금 종류들이 너무 많습니다.

　헌금 종류도 두세 개로 통합 정리해야 합니다. 성경을 보면 헌금 종류가 그리 많지 않습니다. 누가 그리 만들었는지 모르겠습니다. 생각 좀 하고 살아야 합니다. 신앙생활에서 가장 중요한 것은 헌금이 아닙니다. 하나님의 계명대로 순종하거나 순종하려고 애쓰는 것입니다. 목사와 장로의 관심이 헌금이 되어서는 옳지 않습니다. 교회를 경영하기 위해서는 어쩔 수 없이 헌금에 관심이 간다고요? 담임 목사나 장로들이 교회 재정을 염려할 것이 아닙니다. 교회의 주인은 담임 목사나 장로가 아니라 하나님이십니다. 종이 왜 염려합니까? 염려는 주인이 하는 것입니다. 목사와 장로들이 착각하지 말아야 합니다. 헌금이 나오는 대로 교회 살림을 하면 됩니다. 어느 교회든 이 지구상에 존재할 이유가 있다면 하나님께서 운영이 되도록 재정을 채워 주실 것입니다. 주인이 걱정할 일을 종들이 걱정하는 것은 신분에 어울리지 않습니다. 종들은 주인이 시키는 대로만 하면 됩니다. 헌금이 채워지는 만큼만 지출하고, 사역하고, 움직이면 됩니다. 바라기는 이 책을 읽는 독자들만큼이라도 성경대로 실천하고 순종하려고 애쓰는 자들이 되기를 바랍니다. 당장 주보에 헌금자를 공개하는 것은 금해야 합니다. 성경에 반하는 것은 당장 금해야 합니다. 고민하고, 의논하고, 기도할 것이 전혀 없습니다. 이것은 의지와 믿음의 문제입니다. 여러 고민을 할 것이 없습니다. 어느 장로 눈치를 볼 것이 없습니다. 이것이 기독교(개신교) 주보 등에 〈헌금자 공개〉에 대한 원칙 세계관입니다.

제31장

〈담임 목사 청빙〉에 대한 원칙

종종 교회마다 담임 목사가 나가고 들어오고 합니다. 그래서 교회들은 목사 청빙을 종종 합니다. 청빙(請聘, 초청할 청, 부를 빙)이란 '부탁하여 부른다'는 뜻입니다. 어떤 자리에 적합한 인물을 직접 찾아가서 오시도록 부탁하여 모신다는 뜻입니다. 하나님의 부르심(calling)을 교회가 대행하는 것입니다. 청빙은 담임 목사나 부목사가 공석일 때 교회를 대표하고 하나님의 말씀을 설파하고 가르칠 자를 세우는 작업입니다. 채용과는 다른 개념입니다. 그래서 청빙은 매우 중요하고 신중하고 철저하게 검증해서 세워야 합니다. 어느 교회나 담임 목사를 청빙하지 않는 교회는 없습니다. 모든 교회와 성도들이 다 경험하는 일입니다. '만사는 인사다'라는 말이 있습니다. 무엇이든지, 어느 곳이든지 아무리 시대가 바뀌어도 결국 사람이 좌지우지합니다.

법과 제도, 첨단 기계 등이 아무리 잘 만들어져 있어도 결국 그것을 운용하는 사람의 어떠함에 따라 성패가 좌우됩니다. 회사나 국가나 어떤 사람을 리더로 세우느냐에 따라 성패와 생사가 갈립니다. 교회도 그렇습니다. 담임 목사나 부목사나 어떤 신학과 신앙과 사명과 인품을 가진 자인가에 따라서 그 교회의 현재와 미래는 천지 차이가 납니다. 어느 교회나 담임 목사를 중심으로 돌아가기 때문입니다. 배의 선장과 같은 자가 교회의 담임 목사입니다. 배나 교회나 운명은 선장이나 담임 목사에 의하여 지대한 영향을 받습니다. 그런즉 선장과 담임 목사는 아주 잘 세워야 합니다. 청빙을 잘해야 합니다. 다시 말해서 검증을 잘해서 세워야 합니다. 하나님은 사람의 중심을 잘 아시지만, 사람들은 사람의 마음을 잘 모릅니다. 그래서 하나님께서는 사람을 테스트나 검증을 하지 않고서도 잘 아시지만, 사람은 여러 가지 검증과 확인을 통해서만 알 수 있습니다.

그런즉 검증과 확인을 잘해야 합니다. 어설프게 검증하거나 기준을 잘못 잡으면 실수하게 됩니다. 목사 청빙과 관련하여 제일 중요한 것은 성경에 제시한 목사의 자격과 기준에 맞는 자를 검증하여 세우는 일입니다. 교회의 주인은 하나님이십니다. 목사나 장로나 집사나 신자들이 아닙니다. 성도들은 모두 하나님의 종에 불과합니다. 따라서 교회의 주인이신 하나님의 뜻대로 목사를 세워야 합니다. 하나님의 뜻은 성경에 잘 기술되어 있습니다. 그대로 하면 됩니다. 그런데 실상은 그렇지 않은 것이 현실입니다. 반드시 성경대로 하지 않습니다. 성경이 제시한 기준이 아닌 세속적인 기준에 따라 세우는 교회들이 많습니다. 그 결과 청빙에 실패하고 고통을 겪는 교회들이 많습니다. 성경의 기준대로 하면 탈이 없습니다.

무엇이든지 하나님의 말씀대로 불순종하면 실패하고 후유증이 큽니다. 신구약 성경이 잘 보여 줍니다. 교회는 주인이 하나님이시기에 무엇을 하든지 시종일관 하나님께서 원하시고 제시한 방식, 기준, 계명에 따라 실행하면 안전하고 성공합니다. 후유증이 없거나 덜 합니다. 실패하지 않습니다. 그런즉 성경에 반하는 방식으로 청빙을 하면서 기도하면 실패합니다. 그러기 위해서는 하나님의 시각으로 담임 목사를 청빙하는 것입니다. 그것은 청빙자의 중심을 보는 것입니다. 청빙을 받아 검증하는 과정에서 사람을 외모나 조건으로만 치우치지 않는 것입니다. 스펙, 경력, 학벌 중심으로 보지 않는 것입니다. 누가 추천했다고 반드시 믿는 것이 아닙니다. 훌륭한 사람에게 추천받았어도 반드시 테스트를 해야 합니다. 이런 과정 없이 청빙을 했다가 후회하는 교회들이 한둘이 아닙니다. 사람은 사람 속을 깊이 모릅니다. 그래서 믿을 만한 목사가 추천했어도 속고 실수합니다. 그런즉 중심(마음)을 보는 테스트를 해야 합니다.

사무엘상 16장 7절입니다.

"여호와께서 사무엘에게 이르시되 그 용모와 신장(조건, 스펙)을 보지 말라 내가 이미 그를 버렸노라 나의 보는 것은 사람과 같지 아니하니 사람은 외모(外貌, 겉모양)를 보거니와 여호와는 중심(中心, the heart)을 보느니라"

디모데전서 3장 10절입니다.

"이에 이 사람들을 먼저 시험(테스트)하여 보고 그 후에 책망할 것이 없으면 집사의 직분을 하게 할 것이요"

사람의 외모, 조건, 경력, 스펙, 학벌 등도 중요하지만 이보다 더 중요한 것은 사람의 마음이 우선입니다. 아무리 외모와 조건이 훌륭해도 정직하지 않은 사람은 고급한 도적이 됩니다. 너무 조건이 좋지 않고 정직하기만 해도 무능한 자가 됩니다. 전문성도 중요하지만, 그보다 더 중요한 것은 마음입니다. 그런즉 어느 정도 조건과 중심이 바른 자를 찾아야 합니다. 다른 말로 하면 전문성과 도덕성을 갖춘 자를 만나야 합니다. 두 가지를 비교할 때 전문성보다 도덕성이 우선입니다. 전문성이라 하면 바른 신학을 배워서 성경 본문을 바르게 해석하여 설교를 바르게 하는 능력이 있는 자입니다. 목사의 부르심과 은사는 설교와 가르침입니다. 이 부분에 있어서 은사가 있어야 합니다. 이 은사가 없으면 아무리 도덕성이 뛰어나도 실격입니다. 설교하고 가르치는 목사가 될 수 없습니다. 그런즉 검증 과정에서 지원한 목사들의 스펙과 조건을 차별하지 말고 충분한 시간을 갖고 다양하게 성경 본문 해석과 설교와 성경 공부 인도를 맡겨 검증해 보아야 합니다. 이 부분에서 적합 판정을 받지 못한 자들은 결코 목사로 세워서는 아니 됩니다.

　그리고 도덕성입니다. 도덕성에서 가장 중요한 핵심은 정직성입니다. 정직성 여부를 아는 가장 확실한 길은 누구를 막론하고 과거 행적과 주변 평판을 검증하면 됩니다. 어떤 사람의 말이나 다짐이 아닙니다. 목사는 무조건 정직해야 하고 거짓이 없어야 합니다. 목사 중에는 거짓말을 자연스럽게 하는 자들이 있습니다. 교묘하게 거짓말을 하는 자들이 있습니다. 만일 정직하지 않은 목사를 세우면 마치 생선 가게에 고양이를 세우는 것과 다르지 않습니다. 교회를 정직하고 투명하게 경영하지 않습니다. 교회 재정이 위태롭게 됩니다. 전반적으로 교회가 비정상적으로 돌아가게 될 것입니다. 정직하지 않은 목사, 사람은 도적입니다. 정직하지 않기 때문에 사익을 추구하게 됩니다. 교회 목사로 도적을 세울 수는 없습니다. 도덕성 부분에 대해서는 목회자 자격과 기준으로 디모데전후서와 디도서에 잘 나와 있습니다.

오늘날 담임 목사를 청빙하여 세울 때 하나님의 시각과 달리 외모를 보고 판단하는 교회들이 늘어나고 있습니다. 성경의 기준대로 하지 않습니다. 많은 교회들이 그리하고 있습니다. 얼마나 큰 교회에서 사역했느냐, 얼마나 유명하느냐, 누가 추천했느냐, 유학파냐, 일류 대학교를 나왔느냐 등을 중요한 조건으로 따집니다. 그래서 실수하고 실패합니다. 성경의 기준에 반하기 때문입니다. 그런 식이면 십이 사도 중에 사도다운 사도들은 몇이 안 됩니다. 그런 조건으로 예수님도 청빙을 받으면 심사 과정에서 탈락할 것입니다. 학벌이 형편없기 때문입니다. 그만큼 교회가 세속화가 되었습니다. 그 결과 교회가 심각한 내홍과 고통 가운데 빠지기도 합니다. 하나님의 시각과 기준에 따라 담임 목사 등을 청빙하여 세워야 교회가 행복합니다. 그것만이 교회가 안전하게 됩니다. 이것이 기독교(개신교) 〈담임 목사 청빙〉에 대한 원칙 세계관입니다.

제32장 〈기독교인끼리 고소〉에 대한 원칙

　　오늘날 기독교인끼리 세상 법정에 고소하는 일들이 빈번하게 일어나고 있습니다. 참으로 안타까운 일이 아닐 수 없습니다. 고소를 하는 자들은 그럴만한 이유가 충분하겠지만 다시 심각하게 생각해 보아야 합니다. 왜냐하면 신자의 모든 행위와 믿음의 판단 기준인 성경이 금하고 있기 때문입니다. 성경은 신자끼리, 목사들끼리, 교회끼리 세상 법정에 고소하는 것을 금합니다. 사도 바울은 아주 부끄러운 일이라고 탄식합니다. 물론 교회, 노회, 총회 안에서는 시시비비를 가리는 차원에서 고소할 수 있습니다. 그렇지만 주 안의 한 가족과 형제가 된 신자끼리 세상 법정에 고소하는 것은 금해야 합니다. 사람들은 왜 고소합니까? 피해를 당하거나 피해 보상을 받기 위해서입니다. 억울하기 때문에 진상을 바로 밝혀 달라고 고소합니다. 문제는 세상 법정은 불신자들이 듣고 판결하는 곳입니다. 신자는 세상의 빛과 소금입니다. 천지를 창조하신 하나님을 믿는 자들입니다. 원수까지 사랑하고 용서하며 살아야 할 자들입니다. 세상에서 범사에 본을 보이며 사는 자들입니다.

그런 기독교인들이 세상 법정에 고소를 하여 서로 치고받고 싸우는 것은 정말로 아름답지 못하고 덕이 되지 않는 것입니다. 부끄러운 일입니다. 하나님께서 기뻐하시는 일이 아닙니다. 하나님 영광을 가리는 것입니다. 하나님의 영광을 위하여 부르심을 받고 사는 기독교인들이 자기 영광을 위하고 하나님의 영광을 가리는 행동을 해서야 되겠습니까? 이는 바른 신앙의 자세가 아닙니다. 주인이 하지 말라고 하면 하지 말아야 하는 것이 종의 자세입니다. 그런데 주인이신 하나님께서 신자들끼리(종들끼리) 서로 세상 법정에 고소하지 말라고 해도 고소를 합니다. 종들이 주인의 말을 듣지 않습니다. 해괴한 일입니다. 이는 종이 아니기 때문입니다. 진실로 하나님을 사랑하고 이웃을 사랑하는 사람이라면 세상 법정에 주 안의 형제자매를 고소하지 못합니다. 자기를 위해서 그리하는 것입니다.

고린도전서 6장 6절입니다.
"형제(신자)가 형제(신자)로 더불어 송사(고소)할 뿐더러 믿지 아니하는 자들 앞에서 하느냐"

요한복음 14장 24절입니다.
"나를(하나님) 사랑하지 아니하는 자는 내 말을 지키지 아니하나니…"

고린도전서 10장 31절입니다.
"그런즉 너희가 먹든지 마시든지 무엇을 하든지 다 하나님의 영광을 위하여 하라"

요한복음 10장 27절입니다.

"내(예수님) 양은 내 음성을 들으며 나는 저희를 알며 저희는 나를 따르리니"

하나님이신 예수님도 지상에 계실 동안에 온갖 억울함을 당하셨지만 단 한 번도 세상 법정에 고소하지 않으시고 묵묵히 참으셨습니다. 그냥 억울함을 당하셨습니다. 죄가 없는데도 죄인으로 십자가 처형을 당하셨습니다. 성경은 그리스도인들이 같은 형제를 세상 법정에 고소하는 것에 대하여 질타하면서 금합니다. 하나님이 금하시면 신자들은 무조건 금해야 합니다. 그것이 종의 자세이며 하나님 사랑의 표입니다. 하나님께 영광을 돌리는 것입니다. 하나님의 계명대로 순종하지 않는 것은 하나님의 영광을 위한 삶이 아닙니다. 부모의 입장에서 보면 집안에서 자식들끼리 싸우는 것도 속상한 일인데 세상 법정까지 끌고 가서 법정 다툼을 하는 것은 부모의 마음에 못을 박는 것입니다. 불효입니다.

이처럼 하나님의 자녀인 그리스도인들끼리 하나님 앞에서 서로 다툼을 넘어 세상 법정에 고소하여 다투는 것은 하나님을 슬프게 하고 속상하게 하는 것입니다. 결코 하나님께서 기뻐하지 않습니다. 억울해도 참고 모든 것을 하나님께 맡기는 것이 바른 신앙이고 하나님께서 기뻐하시는 모습입니다. 그리스도인들끼리 세상 법정에 고소하여 다투면 법정의 불신자들이 속으로 욕하고 손가락질을 합니다. 그러므로 그리스도인이라면 일생을 살면서 교회 안에서나 그리스도인들끼리 억울함을 당해도 세상 법정에는 고소하지 않겠다는 원칙을 갖고 살아야 합니다. 이 세상에서는 잠시 억울함을 당해도 세상 종말에 인류 최후의 심판을 통해서 주님께서 억울함을 다 갚아 주실 것입니다. 그때까지 참고 살아야 합니다. 고소는 같은 형제들인 교회, 노회, 총회 안에서만 해야 합니다. 설사 노회, 총회 안에서도 불공정한 결과가 나올지라도 그것으로 그쳐야 합니다. 이것이 기독교(개신교) 〈기독교인끼리 고소〉에 대한 원칙 세계관입니다.

제33장

〈새벽예배〉에 대한 원칙

　새벽예배나 기도는 좋은 것입니다. 좋은 전통입니다. 할 수만 있으면 새벽에 일어나서 하나님을 예배하고 기도하면 좋습니다. 그러나 새벽예배를 드리지 못하는 기독교인들이 많습니다. 과거에 비해 오늘날 신자들의 라이프 스타일은 늦게 자는 습성이 있습니다. 게다가 맞벌이 부부들이 많습니다. 늦게까지 일하는 신자들이 많습니다. 그러다 보니 새벽에 일어나 예배당에 가서 예배를 드리는 것은 매우 어려운 일이 되었습니다. 그런데 한국 교회는 오랫동안 새벽예배라는 아름다운 전통을 유지해 오고 있습니다. 알게 모르게 새벽예배에 나가야 된다는 압박과 새벽예배에 나오는 신자와 나오지 못하는 신자에 대한 어떤 시각이나 시선이 있습니다. 직분자로 세움을 받을 때도 이런 부분들을 확인하여 반영합니다. 하지만 성경은 새벽예배를 반드시 드리라는 명백한 말씀은 없습니다. 새벽예배에 나오는 신자들이 믿음이 좋다고도 말하지 않습니다. 반대로 새벽예배를 드리지 못하는 자들의 신앙이 부족하다고도 말하지 않습니다. 잘못된 신자라고도 말하지 않습니다. 새벽예배 참석 여부는 신앙의 척도가 아닙니다. 새벽예배는 그 시간에 일어날 수 있는 자들이 나와서 예배를 드리는 것입니다. 따라서 새벽예배 참석 여부로 이런저런 판단의 기준으로 삼아서는 옳지 않습니다. 새벽예배 참석 여부가 신앙의 좋고 나쁨의 판단 근거도 없습니다. 이런 부분에서 근거 없는 판단에 빠져서는 아니 됩니다.

예를 들어 새벽에 일어나서 독서실이나 도서관에 가서 공부하는 학생 모두가 모범생이거나 공부를 잘하는 근거가 되지 못하는 것과 같습니다. 새벽예배 참석 여부로 우쭐하거나 아니면 심리적 압박을 주어서는 안 됩니다. 목사는 새벽예배에 참석하라고 강요하거나 강조해서도 옳지 않습니다. 시간과 형편이 되는 사람만 나오라고 해야 합니다. 새벽예배에 참석하지 못했다고 죄송하게 생각할 것도 없습니다. 목사, 장로, 권사, 집사, 교사라 할지라도 누굴 신경 쓰거나 죄스럽게 생각할 것이 없습니다. 순서와 책임을 맡은 자는 반드시 출석해야 하지만 그렇지 않은 목사를 비롯한 모든 신자는 자유하고 얽매일 필요가 없습니다. 누구의 눈치를 볼 이유도 없습니다. 목회자들이 성도들의 눈치를 보면서 의무적으로 참석하는 것도 바람직하지 않습니다. 성도들에게 본을 보여야 하는 사람이 있을 수 있습니다. 맞습니다. 본을 보여야 합니다. 그러나 선택적인 일에 본을 보여야 한다는 것은 억지입니다. 무리한 요구입니다. 성도들에게 잘 보이고 본이 되기 위해서 모든 목회자들이 새벽예배에 참석하는 것은 사람을 위한 것이지 하나님을 위한 것이 아닙니다. 다른 것으로 본을 보여야 합니다. 선택적인 것이 아닌 필수적인 계명으로 본을 보여야 합니다. 그렇지 않으면 외식하게 됩니다. 담임 목사들이 이를 잘 전해야 합니다.

출애굽기 20장 8절입니다.

"안식일(주일)을 기억하여 거룩히 지키라"

시편 57편 8절입니다.

"내 영광아 깰찌어다 비파야 수금아 깰찌어다 내가(다윗) 새벽을 깨우리로다"

로마서 12장 1절입니다.

"그러므로 형제들아 내가 하나님의 모든 자비하심으로 너희를 권하노니 너희 몸(육체)을 하나님이 기뻐하시는 거룩한 산 제사(예배)로 드리라 이는 너희의 드릴 영적 예배니라"

평일에는 집합 예배보다 신자 개인의 거룩한 삶을 통한 산 제사(거룩한 일상생활)를 드려야 합니다. 새벽예배 참석에 대하여 권면은 할 수 있지만 이를 강요해서는 안 됩니다. 각자 자율에 맡겨야 합니다. 스트레스를 주는 것도 옳지 않습니다. 주일예배는 강요해도 되는 성경의 십계명 근거가 분명하지만 다른 평일예배나 새벽예배는 그런 근거가 없습니다. 전통은 전통이고 유전은 유전일 뿐입니다. 전통과 유전은 진리가 아닙니다. 전통과 유전이 좋은 것이라고 하여 너무 강조하고 압박하면 유대 종교 지도자들의 잘못된 전철을 밟게 됩니다. 신자들은 진리가 아닌 것을 가지고 우기지 말아야 합니다. 판단하지 말아야 합니다. 진리가 아닌 것은 각자가 자유하게 해야 합니다. 그래야 율법주의자로 살지 않게 됩니다. 각기 자기 형편에 맞게 선택하고 행동하면 됩니다.

평일에는 거룩하게 살되 자기 일에 성실해야 합니다. 새벽예배에 참석하느라 직장에 늦게 나가거나 근무 중에 졸거나 하는 것은 잘못된 것입니다. 좋은 신앙, 바른 신앙이 아닙니다. 새벽예배에 참석하지 않고 직장에서 싱싱하게 일하므로 칭찬을 받는 것이 하나님께 영광이 됩니다. 새벽예배를 참석하는 이유로 가정 일과 부부 일과 다른 일과 학업을 소홀히 하는 것은 바른 자세가 아닙니다. 새벽예배를 비롯한 평일의 모든 예배는 선택사항이지 필수사항은 아닙니다. 이런 사실을 바로 알고 새벽예배에 대한 심적 부담을 갖지 말아야 합니다. 압박과 강요도 하지 말아야 합니다. 누구의 눈치도 보지 말아야 합니다. 하지만 다른 일과 삶에 지장이 없는 범위 내에서 여유가 되면 새벽예배에 참석하는 것이 유익합니다. 한 가지 조심할 것은 새벽예배에 빠지지 않고 참석하는 것에 대하여 지나친 자부심이나 자랑은 위험합니다. 결코 좋은 자세가 아닙니다. 이것이 기독교(개신교) 〈새벽예배〉에 대한 원칙 세계관입니다.

제34장

〈주일성수〉에 대한 원칙

오늘날 주일성수 개념이 매우 약화되었습니다. 아마 갈수록 약화될 것입니다. 이는 인본주의와 자유주의 신앙의 결과입니다. 주일을 가볍게 여기는 경향이 팽배합니다. 바쁜 일, 중대한 일이 있으면 주일날 한 번 정도는 빠질 수도 있다고 합리화 시킵니다. 이는 큰 오해와 착각입니다. 주일성수는 성수 숫자가 문제가 아니라 하나님의 명령에 대한 순종과 불순종의 문제입니다. 인간관계에서 자주 벌어지는 '그럴 수도 있지'가 아닙니다. 하나님을 위하여 창조되었고, 하나님을 위하여 존재하는 신자들이 하나님을 예배하는 것보다 더 우선하고 중요한 일이 어디 있습니까? 다른 것으로 변명하고 합리화시킬 것이 못 됩니다. 이는 바쁜 일 때문이 아니라 하나님을 향한 사랑과 신앙 문제입니다. 비유가 좀 그렇지만 대통령과 만남의 약속도 감히 어길 수 없는데, 하나님과의 약속은 더더욱 어길 수 없는 것입니다. 아니한 우리의 신앙이 문제입니다.

주일(主日)이란 '주님의 날'을 뜻합니다. '안식일'이라고도 하며 불신자들은 '일요일'이라고 합니다. 성수(聖守)란 '거룩히 지키는 것'을 뜻합니다. 따라서 주일성수(主日聖守)란 '다른 날들과 구별하여 거룩히 지키는 일'을 말합니다. 여기서 '다른 날들'이란 6일 동안의 사사로운 평일을 말합니다. 하나님께서는 6일 동안은 주 안에서 자기 뜻대로 하고 싶은 것을 힘써 일하라고 하셨습니다. 6일 동안의 시간은 전적으로 우리가 마음대로 사용해도 된다는 주권을 주셨습니다. 하지만 7일째 되는 주일(일요일, 안식일)에는 평일과 달리 주님을 위해서 구별되게 사용하고 지키라고 하셨습니다. 과거에는 토요일을 안식일로 지켰습니다. 그것이 신약시대에 와서 예수님께서 안식 후 첫날에 부활하심으로 오늘날 토요일 다음 날인 일요일을 주일로 지키기 시작했습니다. 초대교회와 사도들도 안식 후 첫날을 주일로 지켰고 지금에 이르렀습니다. 그러니까 구약의 안식일과 신약의 주일은 하나님의 천지 창조와 예수님의 부활을 기념하는 날이라고 할 수 있습니다. 구약과 신약에서의 안식일, 주일 개념은 단지 날짜와 용어만 살짝 바뀌었을 뿐이지 그 정신과 원리와 본질은 그대로입니다. 그와 동시에 주일(안식일)은 장차 완전하고 영원한 신자들의 안식처인 하나님의 나라, 천국을 사모하는 날이기도 합니다. 영화의 단계인 천국에 들어가야 영원히 안식을 누릴 수 있습니다.

현재 신자들이 기념하고 누리고 있는 안식은 불완전한 안식이라고 할 수 있습니다. 참 신자가 죽음 이후에 들어가는 곳이 완전하고 영원한 안식처입니다. 일부 이단들은 여전히 토요일을 안식일이라고 하면서 토요일 안식일을 지키지 않는 곳은 이단이라고 하거나 구원을 받지 못한다고 말합니다. 이러한 주장은 구약에 머물러 있기 때문입니다. 성경에 대한 독해와 이해와 해석 부족에서 나온 주장입니다. 예수님은 안식일의 주인이십니다. 구약의 안식일은 흠이 없는 양을 잡아 그 피를 반복해서 뿌리는 제사로 완전한 제사(예배)와 안식에 대한 예표이자 그림자입니다. 따라서 구약의 안식일 성수 방식은 불완전했습니다. 이에 하나님께서는 안식일의 주인이시자 인류의 유일한 구원자이신 독생자 예수님을 통해서 단번에 대속제물이 되셨고 안식일 후 첫날인 현재의 주일(일요일)에 부활하심으로 불완전한 제사와 안식일을 완전한 제사와 안식일로 완성하시고 성취하셨습니다. 그래서 사도들과 초대교회, 그리고 오늘날 일부 이단을 제외한 모든 건전한 교회들은 주일을 안식일로 지키고(성수) 있는 것입니다. 구약에는 안식일이 미성취되었기에 토요일을 안식일로 지킨 것입니다. 이젠 희생 제사와 안식일이 예수님을 통해서 완성되고 성취되었기에 성취된 날이 진짜 주일(안식일)인 것입니다. 새 포도주는 새 부대에 넣어 보전합니다. 하지만 안식일 기본 성수 개념과 정신은 신구약이 동일합니다. 단지, 예수님의 부활로 완성된 부분이 추가된 것을 신약시대 신자들이 적극 누릴 뿐입니다.

출애굽기 20장 8절입니다.
"안식일(주일)을 기억하여 거룩히 지키라(성수하라)"

출애굽기 31장 13절입니다.
"너는(모세) 이스라엘 자손에게 고하여 이르기를 너희는 나의(하나님) 안식일을 지키라(성수하라) 이는 나와 너희 사이에 너희 대대의 표징이니 나는 너희를 거룩하게 하는 여호와인 줄 너희로 알게 함이라"

마태복음 12장 8절입니다.

"인자(예수님)는 안식일(주일)의 주인이니라 하시니라"

마태복음 12장 12절입니다.

"…그러므로 안식일에 선을 행하는 것이 옳으니라 하시고"

사도행전 20장 7절입니다.

"안식(토요일) 후 첫날(주일, 일요일)에 우리가 떡을 떼려 하여 모였더니 바울이 이튿날 떠나고자 하여 저희에게 강론할쌔 말을 밤중까지 계속하매"

요한계시록 1장 10절입니다.

"주의 날(주일, 일요일)에 내가(사도 요한) 성령에 감동하여 내 뒤에서 나는 나팔 소리 같은 큰 음성을 들으니"

토요일이 아닌 일요일을 주일(안식일)로 성수, 준수하는 것에 신약 성경이 명백하게 기록하고 있습니다. 사도들도 안식일(토요일) 후 주일(일요일)을 지켰습니다. 안식일의 주인이신 예수님께서도 구약의 안식일이 완성되고 성취된 주일에 부활하셨고 인정하셨습니다. 정통 기독교는 사도들의 가르침과 모습을 본받아 행합니다. 그런즉 누구든지 오늘날 주일 예배와 주일성수에 대하여 가타부타하지 못합니다. 성경이 그리 증거하고 안식일의 주인이 그리하셨기 때문입니다. 이제 가장 중요한 것은 주일성수입니다. 목사마다, 신자마다 주일성수 개념과 원리와 정신과 실제가 제각각입니다. 그 이유는 해석에 대한 차이 때문입니다. 앞에서도 언급했지만, 구약이든 신약이든 안식일 정신과 기본 원리는 변하지 않고 유효합니다. 단지 주일날에도 생사 문제와 굶주림 문제 해결, 선행과 공익적인 일과 전도 등을 할 수 있는 것이 추가된 것입니다. 성경에 근거한 안식일의 적극적인 해석 개념입니다. 물론 각 신자의 신앙과 양심의 문제입니다. 그러면서 안식일의 소극적인 면도 여전히 유효합니다. 그것은 주일날 사익을 추구하기 위한 노동, 공부, 쾌락, 오락, 가게 오픈, 주일날 결혼과 장례 행위 등을 금하는 것입니다. 이런 것들은 평일에 하는 것입니다.

이사야 58장 13~14절입니다.

"만일 안식일(주일)에 네 발을 금하여 내(하나님) 성일에 오락(娛樂, 기쁨들, 너의 기쁨들, you please)을 행치 아니하고 안식일을 일컬어 즐거운 날이라 여호와의 성일을 존귀한 날이라 하여 이를 존귀히 여기고 네 길로 행치 아니하며 네 오락(신자들의 기쁨들)을 구치 아니하며 사사로운 말을 하지 아니하면 내가 여호와의 안에서 즐거움을 얻을 것이라 내가 너를 땅의 높은 곳에 올리고 네 조상 야곱의 업으로 기르리라 여호와의 입의 말이니라"

여기서 **"안식일에 네 발을 금하여"**란 '사익을 위하여 안식일에 일을 하거나 개인의 즐거움을 찾기 위해 여행하는 것을 금하라는 의미'입니다. 주일은 주님의 날이라고 했습니다. 이 말이 중요합니다. 여행은 하나님의 기쁨이 아닌 자신의 기쁨을 위하여 가는 것입니다. 그리하는 것은 사사로이 사용하라고 6일을 주었는데 7일까지도 자기를 위하여 사는 월권, 탈선적인 행위가 됩니다. 이는 적극적으로 주일을 해석한다고 하더라도 주일을 거룩하게 성수하는 것이 아닙니다. 누가 뭐라고 해도 사익, 자기의 기쁨과 즐거움을 위한 것입니다. 여행은 다른 평일에 가야 합니다. 그리고 주일날에는 사익을 추구하는 노동, 근무, 공부 등을 하지 않는 것이 주일을 성수하는 것입니다. 물론 이웃 사랑을 위하고 공공의 이익을 위한 것은 상관이 없습니다. 오늘날 반쪽 주일성수를 하는 자들도 많습니다. 무슨 말입니까? 오전에 가게 문을 닫고 예배를 드리고 와서 오후에 문을 열고 장사를 합니다. 사익 추구 행위입니다. 이는 주일성수에 대한 불순종입니다. 자유주의와 실용주의 신앙에 익숙한 신자들은 성경이 뭐라고 하든지 자기 생각대로 합니다. 주일날임에도 기독교 초·중·고·대 학생들이 학교, 학원, 스터디카페, 어떤 스터디그룹, 도서관 등에 가서 공부를 하거나 과외를 받습니다. 하나님과 이웃과 공공의 이익을 위한 것이 아니면 주일날만큼은 금해야 합니다. 시간이 남아도 다른 거룩한 일을 하거나 육체적으로 쉬면서 시간을 보내야 합니다. 시간이 남는다고 사익과 개인 쾌락적인 어떤 행동을 하는 것은 잘못된 것입니다. 이렇게 하는 것이 주일성수입니다.

그리고 주일날은 사사로운 오락을 행치 않아야 합니다. 여기서 **"오락"**(娛樂, you please)이란 원어로 '기쁨들'이란 뜻입니다. 다시 말해서 '너의 기쁨들'이란 말입니다. 개인의 기쁨을 위한 것들을 금하는 말씀입니다. 평일 6일 동안은 개인의 기쁨들을 위하여 사용하도록 하셨습니다. 그러나 7일 중 하루인 주일은 하나님의 기쁨들을 위하여, 이웃의 기쁨들을 위하여, 공익적인 기쁨들을 위하여 드리라는 것이 성경 말씀입니다. 이렇게 말하면 이해를 못 하거나, 아니라고 하거나, 짜증을 내는 자들도 있을 것입니다. 이런 자들은 주인(하나님)께서 종들(신자들)에게 백만 원을 제시하시면서 90만 원은 종들을 위해서 쓰고 나머지 10만 원만 주인을 위해서 쓰라고 선물로 주는 데도 불만과 불평과 이해를 하지 못하겠다고 하는 것과 다르지 않습니다. 무지하거나, 어리석거나, 이해력이 현저히 부족하거나, 탐심이 가득한 자라고 할 수 있습니다. 10만 원마저 자기들이 쓰겠다고 하는 것과 같습니다. 아주 이기적이고 교만한 자세입니다. 주일성수가 그런 것입니다. 신자들이 자신들이 피조물이자 종인 줄 모릅니다. 하나님을 위하여 창조되었고 부르심을 받았다는 것을 모르는 것입니다. 반대로 6일 동안은 하나님만을 위해서 살라고 하고 하루만 자신들을 위해서 살라고 해도 우리는 대박이고 감사할 뿐입니다.

그리스도인들은 우리 자신이 어떤 존재인지 바로 알고 살아야 합니다. 창조론과 존재론과 구원론에 대해서 바로 알고 있으면 주일성수가 전혀 불만스럽지 않습니다. 우리의 주인이신 하나님께서 우리에게 무슨 요구를 해도 우리는 선택권과 불만이 있을 수 없습니다. 우리는 토기장이이신 하나님께서 만든 토기(土器)에 불과하기 때문입니다. 우리가 주제 파악을 못하고 교만해져서 1주일 중 하루도 우리의 주인이신 하나님을 위해서 살지 못하겠다고 아우성인 것입니다. 주일 하루 하나님의 말씀대로 공부하지 않고 쉬고, 가게 문을 열지 않고 쉬고, 노동을 하지 않고 쉰다고 하더라도 손해날 것이 전혀 없습니다. 굶어 죽지 않고 불행하지 않습니다. 이익입니다. 억울할 것이 없습니다. 불안할 것이 없습니다. 걱정할 것이 없습니다. 본래 우리 것은 하나도 없습니다. 모든 것을 하나님께서 은혜(선물, 공짜)로 그냥 주신 것입니다. 공수래공수거(空手來空手去, 빈손으로 왔다 빈손으로 감) 인생입니다.

　주일날 노동을 하지 않는다고 굶어 죽지 않습니다. 들의 꽃들과 공중의 새를 돌보시는 하나님께서 신자들을 책임져 주십니다. 주말인 주일(일요일, 안식일) 하루 쾌락을 절제한다고 인생이 어찌 되지 않습니다. 억울한 것도 아닙니다. 중요한 점은 우리가 불순종하고 믿음이 따라 주지 않는 것이 문제입니다. 분수를 모른다는 점입니다. 그래서 1주일 중 단 하루인 주일성수도 버거워하는 것입니다. 불순종하는 것입니다. 바라기는 지금부터라도 주일날만큼이라도 사익 추구 금지, 개인적 오락(기쁨들)들 금지, 노동 금지, 사익 공부 금지 등을 하는 자들이 되기를 바랍니다. 하나님을 예배하고, 생명을 살리고, 공익적인 일을 하는 날로 보내야 합니다. 하나님의 주인 되심과 하나님의 놀라우신 은혜와 베풀어 주신 깊은 사랑을 진실로 알면 불순종할 수 없습니다. 불만이 없습니다. 그런 마음과 신앙이 없으니 시종일관 자기 뜻대로 살려고 하는 것입니다. 이것이 기독교(개신교) 〈주일성수〉에 대한 원칙 세계관입니다.

제35장

〈참 목회자〉에 대한 원칙

    구약 성경을 보면 선지자(예언자)가 나옵니다. 하나님께서는 직접 말씀을 하시기도 하셨지만, 선지자를 세우시고 그들을 통해서 일하시기도 하셨습니다. 그래서 구약에는 수많은 선지자들이 나옵니다. 선지자(先知者)란 '하나님의 직통 계시를 받아 이스라엘 백성들과 지도자들에게 전달하는 자들'입니다. 선지자는 사람이 부르고 세우는 것이 아니라 하나님이 부르시고 세우십니다. 그런데 그렇지 않은 경우도 있었습니다. 하나님께서 부르시지도 않고 세우시지도 않았는데 자칭 선지자라고 하면서 선지자 행세와 활동을 한 자들이 많았습니다. 그들이 소위 말하는 '거짓 선지자(예언자)'입니다. 오늘날로 말하면 거짓 목회자들입니다. 예나 지금이나 거짓 선지자(예언자), 거짓 목회자(목사, 선교사)는 존재합니다. 어느 부문에서나 진짜와 가짜는 상존합니다. 진짜와 가짜는 행위와 열매로 확연히 드러납니다. 하는 짓을 보면 자칭 목사나 선교사인지 아니면 하나님이 부르신 목사와 선교사인지 알 수 있습니다. 이는 마치 과실수는 잎사귀나 가지가 아닌 열매로 알 수 있는 것과 같습니다. 진짜 선수인지 가짜 선수인지는 경기를 통해서 확인할 수 있습니다. 가짜는 야곱처럼 신체에 대하여 털로 위장, 조작, 포장은 할 수 있지만 목소리나 행동은 어찌하지 못합니다.

사무엘상 3장 20절입니다.

"단에서부터 브엘세바까지의 온 이스라엘이 사무엘은 여호와의 선지자(先知者)로 세우심을 입은 줄을 알았더라"

이사야 9장 15절입니다.

"머리는 곧 장로와 존귀한 자요 꼬리는 곧 거짓말을 가르치는 선지자(先知者)라"

미가 3장 5절입니다.

"내 백성을 유혹하는 선지자(先知者)는 이에 물면(그들의 이에 씹을 것이 있으면) 평강을 외치나 그 입에 무엇을 채워주지 아니하는 자에게는 전쟁을 준비하는 도다 이런 선지자(先知者)에 대하여 여호와께서 가라사대"

열왕기상 18장 22절입니다.

"엘리야가 백성에게 이르시되 여호와의 선지자(先知者)는 나만 홀로 남았으나 바알의 선지자(先知者)는 사백오십 인이로다"

마태복음 7장 15절입니다.

"거짓 선지자들(거짓 목회자들, 이단들)을 삼가라 양의 옷을 입고 너희

에게 나아오나니 속에는 노략질하는 이리(늑대)라"

마태복음 24장 11절입니다.
"거짓 선지자(거짓 목회자들, 이단들)가 많이 일어나 많은 사람을 미혹(꾀임, 속임)하게 하겠으며"

마태복음 24장 24절입니다.
"거짓 그리스도들(자칭 메시야, 자칭 예수)과 거짓 선지자들(거짓 목회자들, 이단들)이 일어나 큰 표적과 기사를 보이어 할 수만 있으면 택하신 자들도 미혹(속임)하게 하리라"

고린도후서 11장 13절입니다.
"저런 사람들은 거짓 사요도 궤휼(詭譎, 교묘한 속임수)의 역군이니 자기를 그리스도의 사도로 가장(꾸밈)하는 자들이니라"

베드로후서 2장 1절입니다.
"그러나 민간에 또한 거짓 선지자들(거짓 목회자들, 이단들)이 일어났었나니 이와 같이 너희 중에도 거짓 선생들(거짓 목회자들)이 있으리라 저희는 멸망케 할 이단을 가만히 끌어들여 자기들을 사신 주를 부인하고 임박한 멸망을 스스로 취하는 자들이라"

요한일서 4장 1절입니다.
"사랑하는 자들아 영(spirit, 목회자, 선지자)을 다 믿지 말고 영들(the

spirits, 목회자들, 선지자들)이 하나님께 속하였나 시험하라 많은 거짓 선지자(거짓 목회자)가 세상에 나왔느니라"

성경은 참 선지자와 거짓 선지자, 참 목사와 거짓 목사, 참 사도와 거짓 사도, 참 선생과 거짓 선생이 있음을 말합니다. 참 목회자들도 많지만, 거짓 목회자들도 세상에 많이 존재한다고 말합니다. 참 선지자, 목사, 사도는 하나님이 불러 세우심을 받은 자입니다. 반면 거짓 선지자, 목사, 사도는 하나님이 부르지 아니했는데 자칭 선지자, 목사, 사도라고 칭하는 자들입니다. 포도나무에서는 포도 열매가 열립니다. 하나님의 부르심을 받은 목사는 규모가 크든 작든, 어디서 사역을 하든지 자기 뜻대로 사역하지 않고 하나님의 말씀을 따라 사역을 합니다. 그 결과 정직하게 사역하고 성령의 열매를 맺습니다. 비교적 인정과 칭찬을 받습니다. 그러나 하나님의 부르심을 받지 않은 목사는 규모가 크든 작든, 어디서 사역을 하든지 자기 뜻대로 사역하고 하나님의 말씀을 따라 사역하지 않습니다. 그 결과 정직하지 않게 사역하고 성령의 열매도 맺지 못합니다. 스펙을 보면 분명 목사인데 신앙과 일반 생활, 목회 사역, 언행, 의식, 사고, 대화, 주장, 가치관, 세계관 등을 보면 목사나 신자 같지 않습니다.

불신자들처럼 사고하고 살아갑니다. 온갖 권모술수를 다 부리고 삽니다. 순수함도 없고, 정직하지도 않고, 권모술수에 능하고, 돈을 사랑하고, 불신자들처럼 세상을 사랑하고, 천국을 사모하지도 않고 그저 먹고 마시고 즐기는 삶을 좋아합니다. 다른 사람에게 피해를 주면서 삽니다. 이단 사상과 불건전 사상과 자유주의 사상과 세속주의와 인본주의를 추종하고 삽니다. 무엇을 할 때 진리 편에 서지 않고 불의와 타협하고 거래하고 적당히 삽니다. 도리어 진리, 정의, 정직을 말하면 싫어하고 미워합니다. 그러면서도 설교나 찬양을 잘합니다. 목회도 잘합니다. 유명하기도 합니다. 교회 일도 잘합니다. 입으로는 그렇게 믿음이 좋은 자처럼 보입니다. 그러나 행동, 열매는 성경 말씀대로 순종하지 않습니다. 지키지 못합니다. 이것이 가짜들, 하나님으로 부르심을 받지 못한 목사들의 한계입니다. 행동까지는 어찌 위장, 포장하지 못합니다. 그래서 다 들통이 납니다. 다시 강조컨대 목회자로 부르심을 받았는지 판단 여부는 말, 설교, 찬양, 전도, 이적, 치유, 스펙 등 조건에 있지 않고 성경 말씀대로 살려고 애쓰거나 계명대로 지키며 사는지에 대한 여부를 보면 알 수 있습니다. 과실수는 열매로 압니다. 참과 가짜도 행위의 열매를 보면 구분이 됩니다. 이것이 기독교(개신교) 〈참 목회자〉에 대한 원칙 세계관입니다.

제36장

〈교회 개척〉에 대한 원칙

교회 개척이란 '교회를 어느 장소에 설립하고 시작하는 것'을 말합니다. 교회 개척은 주님의 명령으로 성경적입니다. 교회 개척은 지속되어야 합니다. 하지만 방법과 방식을 달리해야 할 시점에 이르렀습니다. 시대가 그리되었습니다. 과거에 비해 여러모로 힘겹기 때문에 교회 개척을 망설이거나, 회피하거나, 아예 포기하는 자들도 있습니다. 세 가지 이유 때문입니다. 가장 현실적인 이유로 설립 비용, 개척 비용 때문입니다. 현실은 토지와 건물가가 엄청 비싸기 때문에 나 홀로 개척하기란 너무나도 어렵게 되었습니다. 건축은 고사하고 기존 건물을 임대하여 개척을 하는 것도 만만치 않습니다. 전세 혹은 월세 임대료가 너무 비쌉니다. 개척 교회가 감당하기 어렵습니다. 신학을 마치고 목사 안수를 받은 목사들은 사실 돈이 없습니다. 어느 큰 교회에서 도와주거나 은행으로부터 대출을 받지 않으면 불가능합니다. 이게 현실입니다.

그리고 과거처럼 전도가 쉽지 않습니다. 세상이 변했습니다. 세상엔 아직도 전도할 사람들이 많이 있지만, 과거에 비해 전도가 잘 되지 않습니다. 사람들의 마음이 그리 가난하거나 부드럽지 않습니다. 더욱이 기독교에 대한 인식이 최악인 상태입니다. 세상 사람들의 기독교와 목사와 신자와 교회에 대한 신뢰도가 바닥입니다. 그러다 보니 전도가 만만치 않습니다. 마지막으로는 사명감입니다. 사명감이 투철하면 자기 형편에 맞게 개척을 시도할 수 있습니다. 하지만 이러한 사명감도 현실적인 문제 앞에 심각한 도전을 받습니다. 지방이나 산간벽지로 가라고 하면 이런저런(자녀 교육, 안내 반대, 급여 등) 핑계를 대면서 가지 않습니다. 그래서 일사 각오가 아니면 개척은 쉽지 않습니다. 사명감에 개척을 했다가 철수하는 경우가 많습니다. 그럼에도 불구하고 하나님께서 개척을 하라는 감동과 열심을 주시면 큰 비용이 들지 않는 범위 내에서 가정과 어떤 작은 공간에서부터라도 개척을 시도해야 합니다.

마태복음 16장 18절입니다.

"또 내가 네게 이르노니 너는 베드로라 내가 이 반석(베드로의 신앙 고백) 위에 내 교회를 세우리니 음부(지옥의 문들, 지옥의 세력들)의 권세가 이기지 못하리라"

마태복음 28장 19절입니다.

"그러므로 너희는 가서 모든 족속으로 제자를 삼아 아버지(성부 하나님)와 아들(성자 하나님)과 성령(성령 하나님)의 이름으로 세례를 주고"

사도행전 28장 30~31절입니다.

"바울이 온 이태(2년)를 자기 셋집(rented house)에 유하며 자기에게

오는 사람을 다 영접하고 담대히 하나님 나라를 전파하며 주 예수 그리스
도께 고나한 것을 가르치되 금하는 사람이 없었더라"

로마서 16장 5절입니다.
"또 저의 교회에게도 문안하라…"(브리스가와 아굴라의 집=독립 가정
교회)

사도행전 12장 12절입니다.
**"깨닫고 마가라 하는 요한의 어머니 마리아의 집(house)에 가니 여러
사람이 모여 기도하더라"**(요한의 어머니 집=독립 가정교회)

사도행전 16장 15절입니다.
**"저와 그 집(house)이 다 세례를 받고 우리에게 청하여 가로되 만일 나
를 주 믿는 자로 알거든 내 집(house)에 들어와 유하라 하고 강권하여 있
게 하니라"**(루디아의 집=독립 가정교회)

고린도전서 1장 16절입니다.
**"내가(사도 바울) 또한 스데바나 집(house) 사람에게 세례를 주었고
그 외에는 다른 아무에게 세례를 주었는지 알지 못하노라"**(스데바나의
집=독립 가정교회)

여기서 '집'이라는 말은 헬라어 오이코스(oikos)를 말합니다. 즉, '집
에 있는 교회'는 요즘 말로 가정교회(house church, 독립적인 가정교회)

를 말합니다. 이러한 가정교회는 침례교단 최영기 목사가 말하는 '가정교회'(가정교회 프로그램)와는 전혀 다릅니다. 초대교회의 가정교회(house church)는 그 자체가 독립교회였습니다. 현재 우리나라에 널리 퍼져 있는 가정교회 프로그램과는 전혀 다릅니다. 최영기 목사가 하는 가정교회 프로그램은 기존 교회에 다니는 성도들이 매주 가까운 지역을 중심으로 어느 가정에 모여서 식사를 하면서 친교를 나누는 모임인데 이것을 '가정교회'라고 부르고 있어 합신 총회에서 그런 명칭은 맞지 않고 성경적이지 않으니 사용하지 말라고 규정했습니다. 사도행전과 로마서와 고린도 교회에 나오는 '집에 있는 가정교회'는 말 그대로 독립교회였습니다. 다른 교회나 기존 교회에 다니는 성도들이 모인 교회 안의 또 다른 교회가 아니었습니다. 그 교회(가정교회)뿐이었습니다. 그런데 최영기 목사(침례교)가 전파하고 있는 가정교회 프로그램을 추종하는 자들과 교회는 이를 오해하거나 착각하여 동일하게 생각하고 주장합니다. 억지 논리와 명분을 만들어 정당화하려고 합니다. 결코 아닙니다. 더 이상 억지를 부리지 말아야 합니다. 성경에 나오는 동일한 가정교회가 아닙니다.

작금의 현실은 초대교회처럼 집에서 모이는 가정교회로 개척을 시작하는 것이 가장 현실적이고 바람직하다고 생각합니다. 그런 시대에 살고 있습니다. 부동산 가격이 너무 비싸고, 기독교에 대한 반감이 심하고, 과거처럼 쉽게 전도가 되지 않는 것을 감안할 때 개척을 처음부터 크게 시작하는 것보다 초대교회의 가정교회처럼 집에 있는 교회로 작게 시작하는 것이 지혜라고 생각합니다. 그리하면 많은 개척자금도 필요 없고, 조급할 것도 없고, 대출과 임대료에 대한 스트레스나 부담을 대폭 감소시킬 수 있습니다. 개인의 형편과 처지와 시대 상황에 맞게 출발하는 것이 현명하다고 생각합니다. 예외적으로 규모 있는 교회나 어떤 후원자가 큰 비용을 지원해 주면 건축을 하든지 상가를 임대하여 개척을 시작할 수 있습니다. 그 외에는 큰돈이 들어가지 않는 가정이나 어떤 장소에서 개척을 시작하는 것이 가장 현실적이고 안전하다고 할 수 있습니다. 그저 '믿습니다'라고 하고 무모하게 시작하면 후유증이 심각할 것입니다. 무리하게 교회를 개척하고 건축한 교회들 상당수가 어려움을 겪고 있거나, 경매로 넘어가거나, 이단들에게 넘어가고 있습니다. 이젠 개인의 힘과 능력으로 개척하는 것은 너무나도 힘든 시대가 되었습니다. 기존의 교회에서 개척자금을 지원하지 않는 이상 어렵습니다. 무리하게 은행으로부터 대출을 받아 개척을 하는 것은 지양해야 합니다. 이런 사실을 알고 개척을 준비해야 할 것입니다. 이것이 기독교(개신교) 〈교회 개척〉에 대한 원칙 세계관입니다.

제37장

〈공공신앙〉에 대한 원칙

공공신앙(公共信仰)이라는 말은 자주 사용하는 말이 아니기에 생소합니다. 하지만 성경은 이미 다른 표현으로 공공신앙을 말씀하고 있습니다. 단지 그것을 공공신앙이라고 표현하지 않았을 뿐입니다. 그것이 신자에 대하여 '세상의 빛과 소금'이라는 말입니다. 공공신앙(公共信仰)이란 '공공의 이익과 사회적으로 본이 되고 기여를 하는 신앙'을 가리킵니다. 공익적인 언행, 사회적 이익을 위한 언행을 말합니다. 신앙이라 함은 주로 교회 안에서 행하는 것으로 알고 있는데 그렇지 않습니다. 교회 안에서 하듯이 교회 밖인 세상과 사회에서도 그대로 실천해야 합니다. 이것이 신앙의 일관성입니다. 그렇지 않으면 표리부동한 신앙, 구부러진 신앙이 됩니다. 왜 공공신앙이 요구됩니까? 하나님의 영광을 위해서, 전도를 위해서, 기독교가 지속되기 위해서입니다. 기독교와 신자들이 사회에서 국가의 바른 정책과 지역 사회의 공공의 이익을 위해서 솔선수범을 하면 사람들이 칭찬합니다. 이 칭찬은 하나님의 영광으로 귀결됩니다.

그래서 공공신앙은 하나님의 영광을 위해서 절실합니다. 성경은 먹든지 마시든지 무엇을 하든지 다 하나님의 영광을 위해서 하라고 하였습니다. 그러니 기독교인들은 누구보다도 공공신앙에 앞장서야 합니다. 그리고 전도를 위해서 공공신앙에 앞장서야 합니다. 공적인 일, 사회적인 일, 지역 사회의 올바른 일, 국가의 올바른 정책에 앞장서는 일을 하면 세상 사람들이 다르게 봅니다. 좋은 인상을 받습니다. 이런 분위기에서 전도를 하면 접근하기가 좋고 비교적 덜 적대적입니다. 그래서 공공신앙은 중요합니다. 그리고 기독교는 세상 종말 때까지 지속되어야 합니다. 그러기 위해서는 교회에 대한 평판이 좋아야 합니다. 교회에 대한 평판은 기독교인들끼리 잘 지내고 예배를 잘 드린다고 얻어지는 것이 아닙니다. 교회 밖에서 공공신앙을 잘 실천할 때 덤으로 얻게 됩니다. 이런 것을 떠나서도 성경대로 지키고 살면 공공신앙으로 사는 것은 기본입니다.

마태복음 5장 13절입니다.
"너희는(기독교인, 교회) 세상의 소금이니…"

마태복음 5장 14절입니다.
"너희는(기독교인, 교회) 세상의 빛이라…"

마태복음 5장 16절입니다.
"이같이 너희(기독교인, 교회) 빛을 사람 앞에 비춰게 하여 저희로 너희 착한 행실을 보고 하늘에 계신 너희 아버지께 영광을 돌리게 하라"

마태복음 22장 39절입니다.

"둘째는 그와 같으니 네(기독교인, 교회) 이웃을 네 몸과 같이 사랑하라 하셨으니"

　기독교인들과 교회는 세상의 빛과 소금입니다. 교회와 신자 자체가 빛과 소금입니다. 이 역할만 잘 실천하면 공공신앙이 됩니다. 하나님께 영광이 돌아갑니다. 그리고 이웃을 자기 몸처럼 사랑하라는 것이 예수님의 명령입니다. 우리 주변에는 수많은 이웃들이 존재합니다. 그들 중에는 어려운 이웃들이 많습니다. 기독교인들과 교회가 이런 자들을 물질과 필요한 것으로 돕는 것입니다. 그리하면 하나님께 영광이 됩니다. 그리고 현재 코로나19 시대입니다. 정부가 방역 수칙을 철저하게 지키라고 요구합니다. 그러면서 교회에는 소수만 모여서 예배를 드리고 비대면 예배를 드리라고 합니다. 이는 신앙 핍박과 종교 탄압이 아니니 잘 따라야 합니다. 그런데 이를 오해하여 일부 그렇지 않은 교회들과 선교 단체들과 기독교인들과 목사들이 있어 사회적 지탄을 받고 있습니다. 어디 가서 기독교인이라고 할 수 없을 정도로 기독교에 대한 평판과 민심이 아주 험악합니다. 이렇게 된 것은 일부 기독교인들과 교회와 선교 단체가 방역 수칙을 준수하지 않으므로 코로나 확진자가 많이 나왔기 때문입니다. 이로 인하여 코로나 예방을 위한 각종 규정에 연장되니 소상공인들과 자영업자들과 각계각층 사람들의 고통과 신음이 계속되어 그 화살이 기독교와 교회로 날아오고 있습니다. 이에 기독교와 교회와 신자들은 사라지라고까지 말합니다.

　이렇게까지 된 것은 억울한 측면이 있지만, 일부 목사들과 교회들과 선교 기관들이 반사회적 언행을 하므로 공공신앙을 망각했기 때문입니다. 신학과 신앙이 잘못되고 오해한 자들이 반사회적 언행을 하였기에 기독교에 대하여 증오가 생긴 것입니다. 이는 자기 신앙을 떠나서 하나님의 영광을 가리고 있습니다. 그러면 반사회적 행동을 즉시 금해야 하는데 그렇지 않습니다. 잘못된 신앙입니다. 이런 시기는 비상 상황이니 초대교회처럼 각 가정에서 예배를 드리면 됩니다. 왜 예배당에 모여서만 예배를 드려야 합니까? 진리 문제 가지고 싸워야 하는데 이런 문제를 가지고 싸우고 지탄을 받으니 너무 안타깝습니다. 공공신앙이 부족한 탓입니다. 하나님의 영광을 가리는 모든 행위는 금해야 합니다. 자기 주관적 확신에 빠져 돌출 행동, 반사회적 행동, 공공신앙을 해치는 언행은 금해야 합니다. 기독교인들과 교회는 언제 어디서나 본이 되어야 합니다. 이것이 기독교(개신교) 〈공공신앙〉에 대한 원칙 세계관입니다.

〈설교〉에 대한 원칙

제38장

설교(說敎)란 기본적으로 '종교의 교리를 설명하는 것'입니다. 기독교만 설교를 하는 것이 아닙니다. 기독교에서의 설교란 하나님의 말씀인 성경을 바르게 해석하고 풀어서 성도들에게 쉽게 전하는 것을 말합니다. 목사 자신이 하고 싶은 말을 하는 것이 아니라 하나님의 말씀을 하나님의 뜻에 맞게 잘 해석하여 선포하는 것을 말합니다. 이단과 가짜들, 오염된 자들은 자기가 하고 싶은 말을 하면서 설교라고 합니다. 그것은 설교가 아닙니다. 인간의 연설과 가르침일 뿐입니다. 교회에서 설교는 주로 목사들이 합니다. 설교의 근거와 내용은 성경입니다. 설교는 기본적으로 자기 생각, 자기 신념, 자기 체험, 자기 지식, 자기 확신, 어떤 유명한 사람의 명언, 어떤 사람의 사상, 세상 철학, 명심보감 등을 전하는 것이 아닙니다. 설교는 순전히 성경을 바르게 해석하고 풀어서 청중들이 쉽게 이해할 수 있도록 전하는 것입니다. 그러면서 우리 삶에 적용토록 도와주는 것입니다. 그런데 그렇지 않은 설교들이 많습니다. 물 반 물고기 반처럼 성경 반 자기 생각 반, 성경 반 어떤 유명한 사람의 명언 반, 아니면 본문을 읽어 놓고 본문과 상관이 없는 말들을 주로 합니다. 아니면 본문을 읽어 놓고 자기가 하고 싶은 말만 주로 합니다.

아니면 자기 체험이나 간증을 주로 말합니다. 아니면 정치적인 말만 합니다. 아니면 세상적인 말만 합니다. 아니면 재미있는 말만 합니다. 아니면 긍정적인 말만 합니다. 아니면 세상을 살아가는 데 지치고 힘든 성도들을 위로한답시고 위로의 말만 합니다. 이런 종류의 설교는 온전한 설교라고 할 수 없습니다. 변질된 설교, 오염된 설교, 인본주의 설교, 세속적인 설교라고 할 수 있습니다. 하나님을 경배하는 예배 시간에 노래로 찬송가만 부르는 것처럼 설교 시간에는 다른 가르침이 아닌 성경만 전해야 합니다. 하나님의 말씀을 전해야 합니다. 그렇게 해도 시간이 부족합니다. 다 듣지 못합니다. 다른 세상적인 말들과 원리는 성도들, 청중들이 목사들보다 더 잘 압니다. 성도들은 세상적인 말을 교훈 삼아 듣기 위해서 교회에 나오는 것이 아닙니다. 성도들은 하나님의 말씀을 듣기 위해서 예배당에 나온 것입니다. 목사 개인의 재미있는 말이나 인생관 등 그 무엇을 듣기 위해서 나온 것이 아닙니다. 이런 사실을 설교자들은 바로 알아야 합니다. 착각하지 말아야 합니다.

사도행전 6장 4절입니다.

"우리는(사도들) 기도하는 것과 말씀(성경, 진리) 전하는 것을 전무(專務, 어떤 일을 전적으로 맡아봄)하리라 하니"

디모데후서 3장 16~17절입니다.

"모든 성경(진리)은 하나님의 감동으로 된 것으로 교훈과 책망과 바르

게 함과 의로 교육하기에 유익하니 이는 하나님의 사람으로 온전케 하며 모든 선한 일을 행하기에 온전케 하려 함이니라"

디모데후서 4장 2절입니다.
"너는(목회자 디모데) 말씀(성경, 진리)을 전파하라 때를 얻든지 못 얻든지 항상 힘쓰라…"

디모데후서 2장 15절입니다.
"네가(목회자 디모데) 진리의 말씀을 옳게 분변(구별)하며…"

디모데후서 1장 11절입니다.
"내가(사도 바울) 이 복음을 위하여 반포자(세상에 널리 펴서 알리는 사람)와 사도와 교사로 세우심을 입었노라"

마태복음 28장 20절입니다.
"내가(예수님) 너희에게(제자들) 분부한 모든 것을 가르쳐 지키게 하라…"

마태복음 4장 17절입니다.
"이때부터(광야에서 시험을 받고 이기신 이후) 예수께서 비로소 전파하여 가라사대 회개하라 천국(하나님 나라)이 가까왔느니라 하시더라"

마태복음 10장 7절입니다.

"가면서 전파하여 말하되 천국(하나님 나라)이 가까왔다 하고"

예수님께서 3년 공생애 기간에 회당, 거리, 산, 들, 바닷가 등에서 날마다 행하신 일은 천국 복음, 진리를 전하시고, 선포하시고, 가르치신 일입니다. 세상 사람들이 듣기에 좋은 말만 하신 것이 아닙니다. 오직 진리만 전하셨습니다. 예수님께서 승천하신 이후에 사도들이 그 일을 이어받아 행하였습니다. 그리고 사도들이 사명을 다하고 소천 받은 이후에 초대교회 목회자들이 또 그 일을 이어받아 행하였습니다. 예수님, 사도들, 신약 시대의 모든 목회자들은 천국 복음, 진리, 하나님의 말씀을 전하기 위해서 부르심을 받고 존재하는 것입니다. 매주 예배당과 가정과 어느 장소와 거리 등에서 세상의 즐거운 일이 아닌, 세상의 철학과 사상이 아닌, 자기 체험이 아닌, 어느 유명한 사람의 명언이 아닌, 목회자 자신의 깨달음이 아닌, 하나님의 말씀을 전하고 가르치기 위해서 사는 자들입니다. 예수님과 사도들은 진리와 세상의 그럴듯한 말을 혼합해서 전하고 설교하지 아니했습니다. 순전히 진리만, 천국 복음만, 하나님의 말씀만 전하고 가르쳤습니다.

오늘날 예배 중에 목회자들의 설교와는 질적으로 차이가 있었습니다. 오늘날 상당수 설교는 이물질, 첨가물이 너무 많습니다. 설교인지, 진리인지, 하나님 이야기인지, 사람의 이야기인지, 개인 이야기인지, 세상의 교훈을 말하는지 뭔지 모를 정도의 설교가 아닌 설교도 있습니다. 시종일관 성경 본문에 충실한 진리만 전하는 설교를 찾기가 쉽지 않습니다. 설교의 오염이 심각합니다. 어디서 설교에 대한 기법을 배웠는지는 모르지만 희한하게 설교하는 목사들이 많습니다. 인위적으로 웃기고, 울리고, 재미있게 하려는 설교들이 많습니다. 설교를 재미있게 해야 한다고 합니다. 청중에 맞는 설교, 청중이 듣고 싶어 하는 설교를 해야 한다고 합니다. 그래야 성도들이 졸지 않고, 잘 듣고, 좋아한다고 합니다. 천만의 말씀입니다. 하나님이 원하시고 성경이 원하는 설교를 해야 합니다. 설교 같지 않은 설교들이 많습니다. 본문의 내용과 설교에 대하여 더 쉽게 이해를 돕기 위해서 우리 생활 주변의 것들을 비유나 예화를 들어서 말하는 것은 좋습니다. 예수님도 그리하셨습니다. 그런데 이건 개그 콘서트나 코미디도 아닌데 설교를 그런 식으로 합니다. 게다가 진리가 아닌 불완전한 죄인들이 깨닫고 주장한 어떤 말들을 진리인 양 동원하여 전합니다. 그런 말은 사적으로 대화를 할 때나 하는 것입니다.

가능하면 설교 시간에는 진리만 전해야 합니다. 왜 부패하고 타락한 인간이 말한 것을 진리인 양 첨가물로 섞어서 전합니까? 청중과 성도들은 어떤 사람의 그럴듯하고 감동적인 말을 듣기 위해서 나온 것이 아닙니다. 재미있는 말을 듣기 위해서라면 굳이 예배당에 나올 필요가 없습니다. 유튜브나 개그 프로그램, 재미있는 영화나 드라마를 보면 됩니다. 이런 것은 교회 밖에 차고 넘칩니다. 그러면 스트레스가 풀립니다. 설교는 인간 편에서 위로받고, 신나고, 즐겁고, 웃고, 스트레스를 풀기 위해서 하는 것이 아닙니다. 긍정의 메시지든, 부정의 메시지든, 신자들이 좋아하든, 불편해하든 진리를 전하는 것이 설교입니다. 진리 반, 세상 사상 반, 설교자 생각과 신념 반, 어떤 유명한 신학자나 사람이 주장한 말 반 등 짬뽕 설교들이 너무 많습니다. 이는 온전한 설교가 아닙니다. 이런 부분에 은사가 없는 목사는 설교를 금해야 합니다. 성경 본문을 바르게 해석하지 못하거나 잘 전달하지 못하는 목사는 설교를 하지 말아야 합니다.

　마치 음식을 잘 만들지 못하는 사람은 요리사나 조리사가 되어서는 안 되는 것과 같습니다. 설교도 은사입니다. 어느 부문이나 은사, 재능이 없으면 하지 말아야 합니다. 그것이 자신과 다른 사람들을 위하는 일입니다. 목사는 설교를 맡은 자입니다. 목사는 설교를 성경적으로 잘 요리하여 전하는 자입니다. 목사의 은사는 하나님의 말씀을 제대로 해석하고 풀어서 설교하고 가르치는 자입니다. 그런즉 진리를 잘 가르치고 설교할 자신이 없으면, 그런 은사가 없으면 설교를 금해야 합니다. 다른 일을 해야 합니다. 이는 마치 축구에 재능이 없으면 축구선수로 지원하거나 뛰어서는 안 되는 것과 같습니다. 그것이 자신과 축구 팬과 팀을 위한 길입니다. 설교 시간에 세상 말과 다른 유명한 사람의 명언과 자기가 하고 싶은 말과 자기가 깨달은 말만 할 것 같으면 설교를 금해야 합니다. 목사는 자기가 은혜 받고, 깨닫고, 체험하고, 감동받은 말을 하는 자가 아닙니다. 성경 어디를 선택해서 설교를 하든지 그 본문에서 하나님께서 전하고자 하는 내용을 잘 독해, 해석하여 일상적인 예화나 비유 등을 통해서 청중들이 쉽게 이해할 수 있도록 전하여 순종하도록 하는 것입니다. 목사들은, 설교자는 청중들이 잘 듣든지 아니 듣든지 예수님과 사도들처럼 시종일관 진리, 성경, 천국 복음만 설교하고 가르치고 전해야 합니다. 청중들이 불편해하는 주제와 내용도 가감하지 말고 전해야 합니다. 설교는 시종일관 성경을 전하는 것입니다. 이것이 기독교(개신교) 〈설교〉에 대한 원칙 세계관입니다.

제39장

〈교회 선택〉에 대한 원칙

오늘날 교회 선택의 문제는 과거에 비해 매우 중요한 문제가 되었습니다. 왜냐하면 과거에는 선택의 여지가 없이 주로 지역에 있는 교회를 다녔고, 오늘날처럼 이상한 교회들이 별로 없었기 때문입니다. 그리고 어느 교회를 선택하느냐에 따라서 신앙 색깔과 인생이 전혀 다를 수 있기 때문입니다. 목사들의 신학(교리)과 신앙 색깔도 다 다릅니다. 같은 교단 목사라도 다릅니다. 교회에 따라 신앙생활이 옥토가 되거나 아니면 척박한 밭이 될 수 있습니다. 사람은 무엇이든지 들은 대로, 먹은 대로 나오게 되어 있습니다. 그래서 바른 것을 잘 듣고 바른 음식을 잘 먹어야 합니다. 신앙생활도 그렇습니다. 선택이라는 말은 너무나도 중요한 단어입니다. 선택의 중요성은 결혼과 이혼에서 잘 나타나고 있습니다. 배우자에 대하여 한순간 선택을 잘못하여 사랑하고 결혼하면 행·불행이 극명하게 나타납니다. 죽을 때까지 함께 살든지 아니면, 중간에 이혼을 하든지 합니다. 아니면 이도 저도 못 하면서 고통과 불행 가운데 사는 부부들이 많습니다. 이혼자들이 많은 것을 볼 때 잘못된 선택을 하는 자들이 적지 않아 보입니다. 그리고 같은 상품이라도 종류가 많으면 선택하기가 어려운 것처럼 오늘날 교회들이 많기 때문에 교회를 선택해서 다니기란 쉽지 않습니다. 그럼에도 불구하고 교회를 잘 선택해야 합니다. 그래야 건전하고 안전한 신앙생활을 할 수 있습니다. 그렇지 않으면 여러 고통이 따릅니다. 위험하게 됩니다. 그런즉 사람이든 교회든 분별을 잘해야 합니다. 성경은 분별, 분변을 강조합니다.

레위기 10장 10절입니다.
"그리하여야 너희가 거룩하고 속된 것을 분별(分別, 구별하여 가름)하며 부정(不淨, 깨끗하지 아니함)하고 정(淨, 깨끗함)한 것을 분별하고"

열왕기상 3장 9절입니다.
"누가 주의 이 많은 백성을 재판할 수 있사오리이까 지혜로운 마음을 종에게 주사 주의 백성을 재판하여 선악(善惡)을 분별(分別)하게 하옵소서"

히브리서 5장 14절입니다.
"단단한 식물은 장성한 자의 것이니 저희는 지각을 사용하므로 연단을 받아 선악(善惡)을 분변(分辨, 구별)하는 자들이니라"

교회를 선택함에 있어서 중요한 것 중의 하나는 분별력입니다. 분별력이란 무슨 일을 사리에 맞게 판단하는 것을 말합니다. 분별력은 또 다른 판단력입니다. 선과 악, 옳고 그름, 좋고 나쁨, 참과 거짓 등에 대하여 분별력, 판단력이 약한 사람은 다른 사람에게 사기를 당하거나, 이용당하거나, 잘못된 선택을 하여 나중에 후회할 가능성이 큽니다. 구약의 제사 때나, 재판 때나, 기타 일반적인 삶에 있어서 실수와 실패, 죄를 짓지 않고 바른 선택을 하기 위해서는 반드시 분별력이 좋아야 합니다. 야구에서도 타율이 높은 선수들은 볼에 대한 선구안(분별력)이 좋습니다. 반대로 타율이 낮은 선수들은 대부분 선구안(분별력)이 좋지 않습니다. 그렇다면 교회 선택에 있어서 중요한 원칙은 무엇인지 몇 가지를 순서에 따라 생각해 보겠습니다.

이에 앞서 한 가지 명심해야 할 것은 어느 교회든지 그 교회의 모습은 그 교회의 담임 목사의 모습, 수준, 상태와 비슷하다는 점입니다. 왜냐하면 어느 교회든지 담임 목사의 목회관에 따라 돌아가고 성도들이 영향을 받고 살기 때문입니다. 그래서 교회 선택의 원칙에 있어서 첫 번째는 목회자의 정직성입니다. 여기서 정직성이란 교회를 투명하고 반듯하게 경영하는 것입니다. 교회 재정 사용과 교회 직분자 세움, 일상에서의 진실함입니다. 신자나 불신자를 막론하고 제일 중요한 것은 도덕성인데 그것은 정직성입니다. 정직하지 않음은 곧 도적, 사기꾼입니다. 생선 가게에 고양이를 관리자로 세우는 것과 같습니다. 그런즉 어느 교회를 선택할 때 주변 사람들과 교회 안팎의 여러 사람에게 그 교회 목사의 정직함이 어떠한지를 제대로 확인하고 검증해야 합니다. 담임 목사가 정직하지 않다고 확인과 검증이 되면 그런 교회는 절대로 선택하지 말아야 합니다.

그다음으로 교회 선택의 중요한 원칙은 목사가 전문성이 있는지를 보는 것입니다. 전문성이라고 할 때는 축구에서는 축구 기술, 운전자에게는 운전 기술, 요리사에게는 요리 기술 등을 말합니다. 목사의 전문성은 성경을 문맥과 본문에 맞게 바르게 해석하고 잘 전하는 것입니다. 성경 해석도 엉터리로 하고 설교도 엉뚱하게 한다면 전문성이 없는 자로 그런 교회는 선택하지 말아야 합니다. 목사의 생명, 사명, 존재 이유는 하나님의 말씀을 바르게 전하고 가르치는 데 있습니다. 이것을 제대로 못 하는 것은 마치 축구 국가대표 선수가 축구를 제대로 하지 못하는 것과 같습니다. 자격 미달입니다. 사람이 착하고 사랑이 많은 것은 둘째입니다. 축구 경기를 사랑으로 합니까? 착함으로 합니까? 그것은 별개입니다. 요리를 잘 못하는데, 착하고 사랑만 많으면 좋은 요리가 나옵니까? 손님들이 좋아하고 장사가 잘됩니까? 이런 축구 선수나 요리사는 퇴출됩니다. 다른 봉사 활동이나 구제 활동을 해야 합당합니다. 목사들 중에는 성경 본문을 읽어 놓고 중언부언하거나, 자기가 하고 싶은 말만 하거나, 어떤 유명한 사람의 명언을 말하거나, 어느 목사가 한 말을 하거나, 간증만 하거나, 정치 이야기만 하거나, 백화점식으로 온갖 좋은 말만 합니다. 그리고 자기 가족 이야기만 하거나, 어떤 드라마 이야기만 하거나, 세상 사는 이야기만 한다면 이는 설교가 아닙니다. 자격이 없는 목사입니다. 목사는 하나님의 말씀인 성경을 바르게 해석하고 전하기 위해서 존재합니다. 성경 본문에 맞게만 설교하는 자가 잘하는 목사입니다. 그런 목사가 있는 교회는 선택하지 말아야 합니다. 그런 교회에서 신앙생활을 하면 아무리 오래 하더라도 영적 무지에 빠집니다. 병든 신자가 됩니다.

그리고 상식적인 목사와 교회인가를 보고 선택해야 합니다. 모든 것은 상식에서 시작합니다. 그런데 상식이 통하지 않는 목사와 교회들이 있습니다. 무엇이든지 자기 고집대로만 하고, 대화도 통하지 않고, 다른 사람의 말은 무시하고, 일반 정서에도 맞지 않는 언행을 하는 목사와 교회들이 있습니다. 한마디로 기본이 되지 않은 목사와 교회입니다. 그런 교회는 선택하지 말아야 합니다. 그런 교회가 크고 유명하다고 선택하면 함께 불행하게 변해 버립니다. 근묵자흑(近墨者黑)이라는 사자성어가 있습니다. 검은 먹을 가까이하면 검어진다는 뜻으로 나쁜 사람과 어울리면 나쁜 물이 든다는 말입니다. 아무리 착하고 믿음이 좋은 사람도 흙탕물에 들어가면 더러워집니다. 그래서 친구를 잘 사귀라고 하는 것입니다. 좋은 것이든 나쁜 것이든 반드시 영향을 받습니다. 그게 사람입니다. 그래서 교회를 잘 선택해야 하는 것입니다.

교회가 크든 작든, 유명하든 무명하든, 어디에 있든 반듯한 교회, 반듯한 목사를 잘 만나야 합니다. 이는 배우자를 만나는 것처럼 중요합니다. 사람을 볼 때 외면보다 내면이 더 중요하듯 교회를 선택할 때도 규모보다 내면을 잘 검증해야 합니다. 자기 영혼과 생명을 맡기는 것이기에 아주 신중하게 교회와 목사를 선택해야 합니다. 오늘날 신자들은 거주를 옮겨서도 큰 교회만 찾고 다닙니다. 문제가 있는 교회라 할지라도 큰 교회만 찾습니다. 아무리 괜찮은 교회라도 지하, 상가, 작은 교회이면 외면합니다. 진리를 찾아 사는 신자들은 그리 많지 않습니다. 다른 조건을 찾아 신앙생활을 하는 자들이 많습니다. 세상도 그렇습니다. 피차 영향을 받는 것입니다. 교회를 선택하는 기준이 여러 가지가 있지만, 이 세 가지만 교회 선택의 원칙과 기준으로 삼아 철저하고 신중하게 확인하고 검증하면 비교적 좋은 선택, 실패하지 않는 선택이 될 것입니다. 이것이 기독교(개신교) 〈교회 선택〉에 대한 원칙 세계관입니다.

제40장 〈다른 교회로 옮김〉에 대한 원칙

　　오늘날 사회가 급변하다 보니 다른 직장으로 떠나는 자들이 많고, 가정을 떠나는 배우자들이 많고, 다른 교회로 옮기는 신자들도 적지 않습니다. 일반적으로 직장, 학업, 이사 등으로 자기가 살던 곳에서 다른 지역으로 이사하여 새롭게 신앙생활을 하는 자들이 많습니다. 특히 신자들은 일반적인 사유에다 목사, 신자, 설교, 교회 문제, 이단성 등 때문에 교회를 옮기는 자들이 늘어나고 있습니다. 기본적으로 이단 교회나 단체로 옮기는 것이 아닌 이상 교회를 옮기는 것은 죄가 아닙니다. 나쁜 것이 아닙니다. 잘못된 신앙도 아닙니다. 정당합니다. 교회는 하나님이 주인이며 우주적으로 하나이기 때문입니다. 단지 각 나라와 지역에 다양한 모습으로 분포되어 있을 뿐입니다. 건전한 교회는 주인도 하나 교회도 하나입니다. 따라서 다른 교회로 옮겼다고 해서 잘못된 것은 아닙니다. 학교 전학을 생각하면 이해하기 쉬울 것입니다. 다른 학교로 전학을 갔다고 나쁜 학생이 아닙니다. 그것은 학생의 기본 권리입니다. 신앙생활도 그렇습니다. 그렇다고 정당한 사유 없이 학교나 교회를 자주 옮기는 것은 바람직하지 않습니다. 누가 보고 들어도 납득할 수 있는 사정이 있어야 합니다.

요한계시록 2장 5절입니다.

"그러므로 어디서 떨어진 것을 생각하고 회개하여 처음 행위(에베소 교회 처음 사랑)를 가지라 만일 그리하지 아니하고 회개치 아니하면 내가 네게(에베소교회 등) 임하여 네 촛대(교회)를 그 자리에서 옮기리라"

다른 교회로 옮길 수밖에 없는 이유로는 이사(이주)입니다. 가까운 지역이 아닌 먼 곳으로 직장과 학교와 집 문제 등 불가피한 일로 이사를 갔을 때는 어쩔 수 없습니다. 가까운 건전한 교회로 갈 수 있도록 배려해야 합니다. 먼 곳으로 이사를 갔는데도 자기 교회로만 오라고 하는 것은 이기적인 생각입니다. 당사자가 그리하지 않는 이상 강요하지 말아야 합니다. 이제 신앙적인 문제로 교회를 옮기는 이유입니다. 목사가 이단 사상, 자유주의 사상, 인본주의 사상, 불건전한 사상, 정치 이야기, 자기 이야기, 성경 본문을 읽어 놓고 다른 주장만 하거나 엉뚱한 말만 하는 경우, 중언부언하는 설교, 성경 사상과 반대되는 설교 등을 할 경우 지체하지 말고 건전한 교회로 옮겨야 합니다.

신자는 목사를 위하여 존재하는 자가 아니라 목사가 신자를 위하여 존재하는 것입니다. 목사가 목사답지 못하면 과감하게 결단해야 합니다. 목사는 진리인 하나님의 말씀을 가르치고 선포하는 자입니다. 하나님의 말씀은 천국 양식(밥)입니다. 영혼의 양식입니다. 이 천국 양식이 불량하거나 오염된 설교면 성도들이 병듭니다. 그릇된 길로 갑니다. 영양실조에 걸립니다. 설교 시간이 고통입니다. 목사와 교회를 생각해서 설교를 들어주고 참는 것은 어리석은 신자입니다. 바른 자세가 아닙니다. 이는 마치 가게나 생산자를 생각하여 불량식품을 사서 먹어 주는 것과 같습니다. 형편없는 음식인데도 참고 먹는 것과 같습니다. 그런 가게를 이용하는 것과 같습니다. 이것은 마음이 좋은 자가 아니라 바보입니다. 교회의 수준과 상태는 곧 목사의 어떠함과 같습니다. 무엇이든지 쉽게 달라지지 않습니다.

그리고 정직한 목사가 아니면 교회를 즉시 옮겨야 합니다. 이는 기도하거나 고민할 것도 없습니다. 왜냐하면 거짓의 아비는 사단이기 때문입니다. 단순한 실수나 미숙함으로 거짓말을 하였다면 이해하고 참아야 합니다. 그런데 반복적이고, 습관적이고, 자연스럽고, 고의성을 가지고 교회 경영과 어떤 일처리 등에서 크고 작은 거짓말을 하고 정직하지 않다면 하나님의 사람이 아닙니다. 양의 탈을 쓴 늑대 목사입니다. 그런 교회에 다닌다면 즉시 교회를 옮겨야 합니다. 그래야 자기가 삽니다. 그리고 교회가 어느 교단이나 각 교단에서 이단성이 있다거나 불건전한 프로그램이라고 규정하여 사용 금지와 관계 및 참석 금지를 했음에도 불구하고 무시하고 교회에서 은밀하게 계속 사용하거나 관계하면 교회를 옮겨야 합니다. 오염된 프로그램으로 불량한 신앙 교육을 받으면 불량한 신자가 되기 때문입니다. 사람은 먹은 대로 됩니다. 건전한 총회와 건전한 이단사이비대책전문기관의 경고와 나팔을 무시하고 행하는 교회나 목사는 더 이상 기대할 것이 없습니다. 겸손하고 지혜로운 목사나 교회가 아닙니다. 자기 고집대로 하는 교회입니다. 그리고 교회가 재정 문제, 세습 문제, 정치 문제, 독재 운영, 불투명한 재정, 성범죄 문제 등으로 분쟁을 지속하는 경우 교회를 옮기는 것이 낫습니다. 건전하고, 성숙하고, 튼튼한 교회는 어떤 사건이 발생하더라도 신속 정확하게 처리합니다.

그러나 무능한 교회, 희망이 없는 교회는 오래도록 지속합니다. 사건과 문제를 덮으려고만 합니다. 옹호합니다. 속히 판단해야 합니다. 그리고 교회와 목사가 불법을 자행하는 경우 그런 교회는 옮겨야 합니다. 하나님의 나라와 성경과 불법은 상극입니다. 어울리지 못합니다. 마치 빛과 어두움과 같습니다. 교회가 불법을 자연스럽게 행한다면 이는 교회가 아닙니다. 세상 기관입니다. 그런 교회에는 미련을 가질 것이 전혀 없습니다. 속히 옮겨야 합니다. 그리고 직분을 아무에게나 주고 헌금을 강요하는 교회도 옮겨야 합니다. 건강한 교회가 아니기 때문입니다. 건강하고 건전한 교회 목사라면 그렇게 할 수 없습니다. 소소한 문제로 교회를 쉽게 옮기는 것은 바람직하지 않습니다. 이 정도만 판단 기준으로 정해도 충분하다고 생각합니다. 하지만 특별한 사명이 있는 자들은 문제가 있는 교회에 남아서 최선을 다해야 합니다. 하나의 밀알이 되어야 합니다. 이것이 기독교(개신교) 〈다른 교회로 옮김〉에 대한 원칙 세계관입니다.

제41장 〈노후생활〉에 대한 원칙

직장인들은 은퇴 후 노후생활에 대하여 걱정을 많이 합니다. 다양한 대비를 합니다. 특히 수명이 늘어나면서 더더욱 중요한 이슈가 되었습니다. 노후생활(老後生活)이란 '늙은 뒤, 즉 나이가 차서 목회 사역과 직장 생활을 그만둔 뒤의 생활'을 말합니다. 목회자들과 그리스도인 중에도 노후생활에 대하여 염려하는 자들이 적지 않아 보입니다. 은퇴 후에 어디에서 살며 무엇을 하거나 어떻게 하고 살지에 대한 고민이 많습니다. 특히 노후 생활비 대책과 확보에 대한 생각이 가장 많을 것입니다. 왜냐하면 사람은 누구나 살아 있는 한 먹고, 마시고, 자고, 쓰고, 활동하고, 사람을 만나는 등 기본 유지비와 생활비 등이 지출되기 때문입니다. 결국 경제적인 고민이 가장 크다고 할 수 있습니다. 아마 이런 마음은 누구나 이심전심일 것입니다. 그래도 비교적 경제력이 있는 사람들은 덜할 것이지만, 그렇지 못한 사람이라면 단순한 문제가 아닙니다. 여기에 장수가 걸려 있잖습니다. 은퇴 후에도 살아갈 날이 많이 남아 있습니다. 그러니까 다시 정리하면 은퇴 후 많은 시간을 어떻게 보낼 것인가 하는 문제와 노후 생활비 문제를 어떻게 해결할 것인가가 가장 큰 핵심이라고 생각합니다.

이것저것에 대하여 할 일이 있는 사람과 자기 자본이 충분한 사람은 그래도 괜찮습니다. 이것도 저것도 없거나 부족한 사람이 고민입니다. 미자립교회에서 사역하다가 빈손으로 은퇴하거나 은퇴하실 목회자들이 걱정합니다. 현실적으로 충분히 이해합니다. 그럼에도 불구하고 성경은 무엇을 먹을까, 무엇을 입을까, 무엇을 마실까 염려하지 말라고 합니다. 왜냐하면 하나님께서 다 책임져 주시기 때문이라고 합니다.

이사야 46장 4절입니다.

"너희가(기독교인들) 노년(老年, 늙은 나이)에 이르기까지 내가(하나님) 그리하겠고 백발(白髮)이 되기까지 내가 너희를 품을 것이라 내가 지었은즉 안을 것이요 품을 것이요 구하여 내리라"

마태복음 6장 31, 33절입니다.

"그러므로 염려하여 이르기를 무엇을 먹을까 무엇을 마실까 무엇을 입을까 하지 말라… 너희는 먼저 그의 나라와 그의 의를 구하라 그리하면 이 모든 것을 너희에게 더하시리라"

마태복음 6장 28, 30절입니다.

"또 너희가 어찌 의복을 위하여 염려하느냐 들의 백합화가 어떻게 자라는가 생각하여 보라 수고도 아니하고 길쌈(짜는 일)도 아니하느니라… 오늘 있다가 내일 아궁이에 던지우는 들풀도 하나님이 이렇게 입히시거든 하물며 너희일까보냐 믿음이 적은 자들아"

신명기 29장 5절입니다.

"주께서(하나님) 사십 년 동안 너희를(3백만 명 전후 이스라엘 백성들) 인도하여 광야(사막)를 동행케 하셨거니와 너희 몸의 옷이 낡지 아니하였고 너희 발의 신이 해어지지 아니하였으며"

의식주 문제 해결은 살아 있는 자들의 현재와 미래의 숙제입니다. 대부분의 사람들은 노후생활에 대하여 염려하고 고민합니다. 주로 경제와 건강 문제입니다. 앞에서도 언급했지만, 일거리와 생활비가 큰 비중을 차지합니다. 이에 많은 은퇴자들이 나름 살길을 찾아 대비합니다. 그러면서도 마음이 편치 않고 걱정을 합니다. 하지만 성경은 의식주에 대하여 걱정, 염려, 고민하지 말라고 합니다. 하나님의 백성들은 하나님께서 다 책임을 지신다고 합니다. 하나님께서 창조하셨고 하나님의 자녀들이기 때문입니다. 이러한 것에 대한 명확한 사례로 출애굽 이후 이스라엘 3백만 명 전후에 대하여 광야 40년 동안 의식주를 완벽하게 해결해 주시고 책임지신 것을 근거로 제시하시면서 틀림없이 의식주를 돌볼 것이니 염려하지 말라고 합니다. 또한 들의 백합화와 공중의 새를 실례로 들면서 현재 생활뿐만 아니라 노후생활에 대하여 염려하지 말라고 당부합니다. 이렇게 말씀하신 이유는 실제로 염려하고 사는 기독교인들이 많기 때문입니다. 공중의 새나 들의 백합화 등은 전혀 수고하지 않습니다. 그럼에도 불구하고 하나님께서 먹이시고 살게 하십니다. 이에 비하여 사람은 하나님의 형상으로 지음을 받았습니다.

특히 기독교인들은 하나님의 자녀들입니다. 공중의 새, 들의 백합화

등과는 비교 자체가 되지 않습니다. 이 말은 하나님께서 시종일관 돌보신다는 말씀입니다. 그러니 걱정하지 말라는 말씀입니다. 노후에 일을 하지 않는다고, 일거리가 없다고 하여 굶어 죽게 하지 않게 하신다는 것입니다. 그러니 노후생활, 은퇴 생활에 대하여 염려하지 말고 먼저 하나님의 나라와 의를 구하며 살라고 합니다. 그리하면 모든 필요를 채워 주시겠다고 합니다. 이는 신비입니다. 놀라운 일입니다. 우리가 생각지 않은 방법과 길로 돌보신다는 말씀입니다. 이를 믿음으로 받아들여야 걱정이 되지 않고 안심이 됩니다. 그러나 이 말씀이 믿어지지 않는다면 노후에 대하여 염려가 될 것입니다. 그런 사람들은 인간적인 지혜로 자구책을 마련합니다. 물론 기본적으로 국가에서 지원하는 부분이 있습니다. 자녀들이 부양하는 부분도 있습니다. 자기 자본도 좀 있습니다. 나름 준비하는 것도 있습니다. 이 모든 것을 떠나서 하나님께서 전체적으로 돌보시고 책임져 주시겠다고 하십니다. 하나님은 살아 계신 분이시자 전지전능하신 분이십니다. 또한 하나님은 신실하신 분이십니다. 한번 약속하신 것은 반드시 지키시는 분이십니다. 따라서 성경 말씀을 믿는 자가 복이 있습니다. 하나님을 믿고 사는 자가 자유하게 됩니다. 그리스도인들이라고 해서, 목사라고 해서 다 하나님을 믿거나 성경의 약속을 믿는 것이 아닙니다. 성경 말씀을 믿는 자들은 노후생활에 대하여 염려하거나 고민할 것이 없습니다. 성경 말씀과 하나님을 믿는 자는 노후생활에 대하여 염려할 것이 전혀 없습니다.

노후생활에 대하여 무엇을 하고 살까, 무엇을 먹고 살까, 어디에서 살까, 어떻게 살까 염려하고 고민하는 것은 모두 하나님을 믿지 않는 불신자들, 이방인들의 상태고 마음이라고 합니다. 따져 보면 하나님에 대한 불신앙입니다. 이러한 신앙은 구약의 이스라엘 백성들이 광야 40년 동안 반복해서 보여 주었던 모습입니다. 오직 여호수아와 갈렙만 시종일관 하나님을 신뢰하였습니다. 나머지 사람들은 주야와 조석으로 믿음이 흔들렸습니다. 오늘날의 목사와 신자들도 그렇습니다. 조건과 상태와 환경에 따라 믿음이 왔다 갔다 합니다. 이는 신자가 가져야 할 자세나 태도나 마음이 아닙니다. 진실로 하나님을 믿는 자들은 그렇게 염려할 필요가 없다고 합니다. 노후생활이 염려가 되는 기독교인은 하나님의 약속을 불신하는 자입니다. 이는 이스라엘 백성들의 신앙과 유사합니다. 광야 40년 동안 시시때때로 의식주를 다 해결해 주었건만 조금만 불편하고 어려우면 하나님을 불신하고 불평했고 염려했습니다. 그 결과 불신앙에 빠진 자들은 다 광야에서 심판을 받아 죽임을 당했습니다. 누가 우리와 천지 만물을 창조하셨는지를 명심해야 합니다. 하나님이십니다.

하나님이 어떤 분이신가에 대한 견고한 지식과 신앙이 있어야 합니다. 이런 좋으신 하나님을 진실로 신뢰한다면 염려할 것이 없습니다. 은퇴하는 목회자들과 기독교인들은 노후생활을 염려할 것이 아니라 하나님에 대한 믿음이 떨어지지 않기를 더욱 애쓰고 노력해야 합니다. 처음과 달리 노년이나 은퇴 시점에서 현실의 지배를 받아 하나님에 대한 믿음이 흔들리면 다 흔들립니다. 불안해집니다. 그러면 염려가 찾아오고 평안이 사라집니다. 인간적인 자구책을 찾으려고 합니다. 믿음의 말은 들으려고 하지 않습니다. 하나님을 믿지 않는 일반인들처럼 말하고 생각합니다. 그럴수록 더욱 깊은 불신앙으로 빠집니다. 이는 불행한 일입니다. 처음

의 신앙을 굳게 붙잡아야 합니다. 믿음이 떨어지지 않도록 자기 관리를
잘해야 합니다. 그러면 삽니다. 이것이 기독교(개신교) 〈노후생활〉에 대
한 원칙 세계관입니다.

제42장

〈십계명〉에 대한 원칙

십계명(十誡命)이라 함은 하나님께서 시내 산에서 모세와 이스라엘과 모든 기독교인들에게 주신 열 가지 계명으로 세상 종말 때까지 지켜야 할 진리입니다. 이는 지구촌에 사는 하나님의 백성들과 교회들이 이 땅에서 거룩하게 살기 위해 반드시 준수해야 할 계명입니다. 신구약 성경의 핵심 계명을 열 가지로 압축한 말씀입니다. 이 십계명을 모르는 기독교인은 없을 것입니다. 십계명을 왜 주셨는지, 십계명을 어떻게 할 것인지에 대한 분명한 이해와 답과 실천이 있어야 합니다. 행함이 없는 믿음이 죽은 것처럼 아무리 십계명을 달달 암기하고, 고백한다고 하더라도 지키지 않는 사람은 십계명을 모르는 사람이라고 할 수 있습니다. 십계명은 교회 안팎의 공동체의 삶에서 하나님과 이웃에게 어찌하고 살아야 하는가에 대하여 신·구약을 총정리하고 요약한 계명입니다. 더 깊게 들어가면 십계명은 하나님 사랑과 이웃 사랑과 자기 사랑에 대한 계명입니다.

십계명을 잘 준수하는 사람은 하나님과 이웃과 자기를 사랑하는 자입니다. 반대로 아무리 하나님 사랑과 이웃 사랑을 외쳐도 십계명을 준수하지 않는 목사와 그리스도인은 애신애타애기(愛神愛他愛己)하는 기독교인이 아닙니다. 입으로만 주여! 주여! 하는 자입니다. 외식하는 자입니다. 입으로는 주를 시인하나 행위로는 부인하는 자입니다. 참 기독교인은 십계명을 주신 하나님의 뜻을 바로 이해하고 그 계명을 지키기 위해서 부단히 노력하고 수고합니다. 왜 그렇습니까? 하나님을 사랑하는 것은 그의 계명을 지키는 것이고, 하나님을 사랑하지 않는 것은 그의 계명을 지키지 않는 것이기 때문입니다. 믿음과 사랑과 신앙생활은 입으로 하는 것이 아닙니다. 하나님의 계명 준수로 합니다. 이처럼 주의 계명 준수는 매우 중요합니다. 신앙의 성패를 좌우합니다.

출애굽기 20장 1~2절입니다.
"하나님이 이 모든 말씀으로 일러 가라사대 나는 너를 애굽 땅, 종 되었던 집에서 인도하여 낸 너의 하나님 여호와로라"

요한복음 14장 15절입니다.
"너희가 나를(예수님, 하나님) 사랑하면 나의 계명을 지키리라"

요한복음 14장 24절입니다.
"나를 사랑하지 아니하는 자는 내 말(계명)을 지키지 아니하나니…"

야고보서 2장 26절입니다.
"영혼 없는 몸이 죽은 것같이 행함이 없는 믿음(신앙)은 죽은 것이니라"

요한일서 5장 3절입니다.

"하나님을 사랑하는 것은 이것이니 우리가 그의(하나님) 계명들을 지키는 것이라 그의 계명들은 무거운 것이 아니로다"

그리스도인이고 목사라면 십계명에 대한 이해와 준수는 삶의 원칙으로 삼아야 합니다. 왜냐하면 그리스도인의 증표는 교회에 다니는 것이나 직분이 아니라 십계명 준수에 달려 있기 때문입니다. 그리고 진정한 하나님 사랑과 이웃 사랑과 자기 사랑은 십계명을 지키는 여부에 달려 있기 때문입니다. 또한 모든 직분자들의 기본도 십계명 준수 여부를 확인하고 그에 따라 임직 여부를 판단해야 하기 때문입니다. 다른 세세한 계명은 몰라도 이 십계명만큼은 지켜야 합니다. 우리가 십계명을 지키므로 구원은 받지 못하지만, 하나님의 백성이라면 천국 법률과 계명인 십계명 준수는 필수입니다. 이는 마치 한국인이라면 대한민국 헌법을 준수해야 하는 것과 같습니다. 십계명은 우리를 위한 것이므로 기쁜 마음으로 지키려고 해야 합니다. 기독교인들이 가장 우선적으로 지켜야 계명은 하나님 외에는 다른 신은 인정하지도 않고, 믿지도 않고, 섬기지도 않는 것입니다. 왜 그렇게 해야 합니까? 다른 신은 없기 때문입니다. 이에 사람이 새긴 각종 우상에게 절하지 않고, 재물과 권력 등의 탐심인 우상에 지배받지 않아야 합니다. 우상은 말 그대로 허수아비일 뿐입니다. 생명이 없습니다. 피조된 것에 불과합니다. 아무리 절하고 빌고 섬겨도 헛되고 헛된 것입니다. 하나님의 성호를 망령되이 일컫지 말아야 합니다. 하나님의 이름을 헛되이 이용하는 자들이 있습니다. 주일을 온종일 거룩하게 지켜야 합니다. 오전은 지키고 오후는 지키지 않는 선택적 주일성수는 없어야 합니다.

기본적으로 주일은 사익 추구를 위한 노동과 자신의 기쁨들을 위한 오락(자기 쾌락 추구)은 금해야 합니다. 직원들에게도 그리 적용해야 합니다. 부모를 잘 공경, 부양해야 합니다. 순종과 물질로 공경해야 합니다. 살인하지 말아야 합니다. 낙태, 타살, 미움, 자살, 안락사, 명예 훼손 등은 모두 살인입니다. 간음하지 말아야 합니다. 간음, 간통, 동성애, 양성애, 성폭행, 유사성행위, 음욕은 모두 간음입니다. 도적질하지 말아야 합니다. 남의 것을 훔치는 것과 채무를 갚지 않는 것 등은 도적질입니다. 이웃에게 거짓 증거를 하지 말아야 합니다. 법정 안팎에서 위증과 거짓말을 금해야 합니다. 손익을 떠나 사실대로만 말해야 합니다. 마지막으로 이웃의 것들을 탐하지 말아야 합니다. 이웃의 모든 것, 즉 아내, 남편, 이웃 사람, 가축, 물건, 재물, 재산, 특허, 동산과 부동산, 지적 재산권 등에 대하여 탐내지 말아야 합니다. 모든 목사들과 그리스도인들이 십계명만 잘 준수하고 살아도 세상이 변하고 세상 사람들로부터 인정과 칭찬을 받을 것입니다.

교회 안팎에서 다른 기부나 봉사를 잘하려고 하지 말고 십계명을 잘 지키길 바랍니다. 그것이 불특정 다수와 지속적으로 더 큰 이웃 사랑입니다. 그리하면 불특정 다수에게 기부나 봉사하는 것보다 비교할 수 없을 정도로 유익과 영향과 반향을 일으킬 수 있습니다. 그리스도인들은 각종 신용카드처럼 세상에서 100% 신용자가 되어야 합니다. 그리하면 하나님께 영광이 됩니다. 전도의 문이 열립니다. 그리스도인들은 다르다고 세상에 소문이 자자할 것입니다. 기도도, 성경 읽기와 암기, 성경 공부도, 설교 듣기도, 묵상도, 신앙생활도 모두 하나님의 영광을 위하여 주의 계명을 지키기 위한 것입니다. 한마디로 하나님의 계명대로 살기 위해서 하는 것들입니다. 그런즉 진실로 거듭난 그리스도인이라면 일생 동안 언제 어디서나 십계명을 지키려고 힘써 노력하고 수고하는 기독교인들이 되어야 합니다. 십계명에 어긋나는 언행은 일절 금해야 합니다. 이것이 기독교(개신교) 〈십계명〉에 대한 원칙 세계관입니다.

제43장

〈투자와 투기〉에 대한 원칙

개발 예정 지역에 대한 LH 일부 직원들의 부동산(토지) 투기 문제로 우리 사회가 들썩인 적이 있습니다. 많은 사람이 공분(公憤)하였습니다. 왜냐하면 정당한 투자가 아닌 사익만을 추구한 투기를 했기 때문입니다. 투자와 투기는 엄연히 다릅니다. 투자(投資)란 '사업에 필요한 돈이나 물자를 대는 것'을 말합니다. 투자는 상호 이익, 공공의 이익적인 개념이 강합니다. 자기도 이익을 보고 타인들도 이익을 보는 개념입니다. 투자는 자기가 투자한 돈이 개발과 생산에 이바지하여 불특정 다수에게도 이익이 돌아가는 구조입니다. 우리 사회 발전에도 이바지합니다. 하나의 이웃 사랑이자 애국입니다. 그러나 투기(投機)란 '기회를 엿보아 큰 이익을 보려는 것'을 말합니다. 오직 사익(私益)을 위한 것입니다. 가장 이기적인 행위입니다. 대표적인 것이 아파트 청약 투기와 개발 예정 지역이나 재건축 지역의 토지 매수입니다.

그리고 단타 주식 투기입니다. 이는 환차익(시세차익)을 노린 투자로 투기입니다. 순전히 타인은 손해를 보고 자기만 이익을 보는 구조이자 개념입니다. 나만 돈을 벌면 된다는 방식입니다. 자기 이익만 챙기고 게릴라처럼 치고 빠지는 행위입니다. 하나의 도박, 카지노, 화투, 노름과 같습니다. 투기로 볼 수 있는 확실한 기준은 다음과 같습니다. 아파트(건물, 집)의 경우 자기나 자기 부모나 자기 자식이 실제로 거주할 목적이 아닌데 여러 채 혹은 수십 채 이상 소유하고 있는 것입니다. 토지의 경우 자기가 직접 사용하거나 경작할 목적이 아닌데도 여기저기 사방에 토지를 소유하고 있는 것입니다. 주식의 경우 최소한 6개월 이상 장기 투자가 아닌 며칠 혹은 몇 주만 단기로 투자하고 치고 빠지는 행위를 하는 것입니다. 이는 모두 자기만의 이익을 노린 투기에 해당합니다. 투기는 정당하더라도 정상적이고 정당한 재산 증식이나 노동이 아닙니다. 불로소득입니다. 다른 사람의 호주머니에 있는 돈과 통장 속에 있는 돈을 합법적으로 가져가는 도적질이자 강도짓입니다. 불법이 아니라고 해서 정당한 것은 아닙니다. 사람이란 법을 떠나 일반 상식과 정서와 양심에 맞게 살아야 합니다. 더 나아가 성경 말씀에 합당해야 합니다.

골로새서 3장 5절입니다.

"그러므로 땅에 있는 지체를 죽이라 곧 음란과 부정과 사욕과 악한 정욕과 탐심이니 탐심(돈, 권력, 사랑 등)은 우상 숭배니라"

디모데전서 6장 8절입니다.

"우리가 먹을 것과 입을 것이 있은즉 족(足, 넉넉할 족)한 줄로 알 것이니라"

디모데전서 6장 10절입니다.

"돈(money)을 사랑함이 일만 악의 뿌리가 되나니 이것을 사모하는 자들이 미혹(꾀임)을 받아 믿음에서 떠나 많은 근심으로써 자기를 찔렀도다"

히브리서 13장 5절입니다.

"돈(money)을 사랑치 말고 있는 바를 족(足, 넉넉한 족)한 줄로 알라…"

잠언 23장 4~5절입니다.

"부자(富者) 되기에 애쓰지 말고 네 사사로운 지혜를 버릴찌어다 네가 어찌 허무한 것에 주목하겠느냐 정녕히 재물은 날개를 내어 하늘에 나는 독수리처럼 날아가리라"

사람들이 투기를 하는 이유는 간단합니다. 짧은 시간에 땀 흘리지 않고 많은 돈을 쉽게 벌기 위해서입니다. 부자가 되기 위해서입니다. 탐심 때문입니다. 쉽게 목돈을 벌기 위해서입니다. 정상적인 방법과 길로는 많은 돈을 벌 수 없고 시간이 많이 걸리기 때문에 주로 투기에 집중합니다. 주어진 형편과 재정에 만족하지 않기 때문입니다. 돈의 노예, 종으로 살기 때문입니다. 이웃을 자기 몸처럼 사랑하지 않기 때문입니다. 이기적인 가치관과 세계관으로 살기 때문입니다. 천국을 소망하지 않고 현세를 더 중시하기 때문입니다. 돈을 신처럼 숭배하기 때문입니다. 그리스도인은 누구입니까? 그리스도(예수님)를 닮아 사는 자들입니다. 예수님이라면 결코 투기를 하지 않을 것입니다. 따라서 참 그리스도인은 결코 불로소득이자 이웃에게 피해를 주는 투기(投機)는 하지 않습니다. 누군가가 주변에서 투기를 부추겨도 하지 않습니다. 투기로는 돈을 벌 마음을 품지 않습니다. 정당한 방법과 근로를 통해서만 재산 증식과 소득을 추구합니다. 사회를 어지럽게 하고 누군가에게 피해를 주는 투기는 무엇이든지 하지 않습니다.

혹시 이런 사실을 잘 모르거나 순간의 탐심과 과욕으로 투기를 한 자가 있다면 즉시 회개하고 투기한 것들을 즉시 처분해야 합니다. 투기로 이익을 본 것이 있다면 이웃을 돕는 데 사용해야 합니다. 그렇게 하는 것이 진정한 회개이자 자세입니다. 투기와 불로소득에 의한 각종 헌금과 십일조는 하나님께서 받지 않으십니다. 현재 우리나라는 전국이 투기판입니다. 상당수 국민들이 각종 투기를 하고 있습니다. 그럼에도 불구하고 그리스도인들은 투기와는 담을 쌓고 살아야 합니다. 정당한 근로와 노동을 통해서만 소득을 올리고, 불로소득에 대해서는 바보가 되어야 합니다. 이런 삶이 애국이고, 이웃 사랑이고, 바른 신앙입니다. 그리스도인다운 삶입니다. 돈을 사랑하고 과한 욕심으로 살아가는 자는 어리석은 자입니다. 왜 그렇습니까? 돈은 날개 달린 새와 같아 언제 어떻게 날아갈지 모르고, 인생은 공수래공수거이기 때문입니다. 죽을 때 빈손으로 갑니다. 일용할 양식(필요한 양식)만 있으면 지족하고 사는 것이 지혜입니다. 혹 교회 직분자나 목사 중에 투기하는 자들이 있다면 퇴출시켜야 합니다. 이것이 기독교(개신교)의 〈투자와 투기〉에 대한 원칙 세계관입니다.

제44장

〈사후세계〉에 대한 원칙

사람들에 따라서, 신앙 유무(有無)에 따라서, 자기가 신봉하는 종교에 따라서 사후세계(내세, 천국과 지옥, 영원한 세계)를 인정하는 자들과 부인하는 자들이 있습니다. 이러한 것은 자신이 믿어지는 대로 믿는 수밖에 없습니다. 참된 신앙은 강제로 어찌할 수 없는 것이기 때문입니다. 성경은 사후세계(내세)가 있음을 분명히 말합니다. 사후세계(死後世界)란 '죽음 이후의 세계, 즉 부활과 심판과 천국과 지옥과 영원한 세계'를 말합니다. 현세로 끝나지 않고 죽음 이후 내세가 있다는 말입니다. 이러한 사후세계에 대한 시인(是認)과 부인(否認)은 인생을 전혀 다르게 살도록 만듭니다. 이는 마치 축구에서 전반전만 있다고 믿고 경기를 하는 선수들과 후반전도 있다고 생각하며 경기를 하는 선수들의 마음, 전략, 체력 안배, 인내, 희망, 반전, 삶 등의 유무에 대한 큰 차이를 보이는 것과 같습니다. 고등학생이 오전에만 수업이 있다고 생각하고 학교에 가는 학생과, 매일 오전과 오후에 수업이 있다고 생각하고 학교에 가는 학생은 큰 차이가 있습니다. 축구도 전반전과 후반전이 있고, 수업도 오전과 오후로 있고, 하루도 낮과 밤이 있습니다. 이게 상식입니다. 우리의 삶도 인생의 전반전인 현세(지구촌 생활)와 인생의 후반전인 내세(사후세계, 천국과 지옥의 영원한 생활)가 있습니다.

사후세계를 확신하고 사는 자들은 이 땅에 올인하고 살지 않습니다. 현세도 성실하게 살지만, 내세도 생각하며 삽니다. 무질서하게 살지 않습니다. 규모 있게 삽니다. 정의롭고 거룩하게 살려고 애씁니다. 마라톤 선수처럼 현세와 내세를 안배하며 삽니다. 어느 한쪽으로 치우치지 않습니다. 왜냐하면 내세의 심판이 있기 때문입니다. 자기 행위에 대하여 완전한 심판을 받습니다. 그러나 사후세계를 믿지 않는 자들은 이 땅에 올인하고 삽니다. 이 세상과 현세가 전부라고 믿기에 기회가 되는 대로 먹고 마시고 즐기며 살려고 애씁니다. 무질서하게 삽니다. 온갖 권모술수로 삽니다. 결코 정의롭게 살지 않습니다. 현행법에만 걸리지 않도록 요령껏 삽니다. 온갖 불법과 거짓과 반칙을 하며 이기적인 삶을 삽니다. 내세의 심판도 의식하지 않습니다. 사후세계를 믿는 자와 믿지 않는 자는 모든 면에서 전혀 다르게 삽니다. 특히 누가 내세, 사후세계를 부인하고 사는 사람인지 라이프 스타일을 보면 어느 정도 알 수 있습니다. 규모 없이 살고, 온갖 거짓과 불법을 저지르고, 돈만 사랑하고, 음란하고, 쾌락을 추구하고, 온갖 악한 짓은 다 하고, 악하고 더럽게 사는 자들이 주로 그런 자들입니다. 그래서 사후세계에 대한 믿음 여부가 중요하다고 하는 것입니다. 라이프 스타일이 전혀 다르게 되어 버립니다.

히브리서 9장 27절입니다.

"한 번 죽는 것은(육체적 죽음, 첫 번째 죽음) 사람에게 정하신 것이요

그 후에는(사후세계, 내세) 심판(인류 최후의 사후 심판)이 있으리니"

전도서 12장 14절입니다.
"하나님은 모든 행위와 모든 은밀한 일(현세에서의 모든 삶)을 선악 간
에 심판(인류 최후의 심판, 사후의 심판 경고)하시리라"

마태복음 16장 27절입니다.
"인자가(재판장이신 예수님) 아버지의(성부 하나님) 영광으로 그 천사
들과 함께 오리니(세상 종말 때의 공중 재림) 그때에 각 사람의 행한 대로
갚으시리라(현세에서 뿌린 행위대로 사후에 심판 경고)"

베드로후서 3장 13절입니다.
"우리는 그의(성자 예수님) 약속대로 의의 거하는 바 새 하늘과 새 땅
을(사후세계인 천국) 바라보도다"

마태복음 25장 46절입니다.
"저희는(불신자들) 영벌(사후세계인 지옥)에, 의인들은(신자들) 영생
(사후 장소적인 세계인 천국)에 들어가리라 하시니라"

신·구약 성경은 곳곳에서 사후세계가 확실히 있음을 명백하게 밝힙니
다. 합리적으로 판단할 때도 썩고 불에 타서 없어질 물질이 아닌 영혼이
있음도 이를 뒷받침해 줍니다. 그것이 부활이고, 심판이고, 천국과 지옥
입니다. 이러한 것은 모두 사후세계(내세)에 반드시 있을 것들입니다. 사

후세계가 없다면 이런 말씀이 필요치 않습니다. 사후세계를 믿고 절제하며 사는 자들이 세상에서 가장 불쌍한 자가 될 것입니다. 축구에서 전반전과 후반전이 있기 때문에 전·후반 90분 경기를 한다고 하는 것입니다. 각 팀 감독과 선수들은 이런 사실을 잘 알기에 전반과 후반전에 가동할 체력과 전술을 준비하고 안배합니다. 사람들은 아직 발생하지 않은 미래의 사고와 질병에 대비하여 각종 보험을 들고 저축을 합니다. 오늘 하루만 있다고 생각하지 않기 때문입니다. 오늘 하루 혹은 한 달만 산다고 가정한다면 귀한 돈으로 보험을 들지 않을 것입니다. 적어도 미래의 시간이지만 평균 90년 정도는 살기에 그에 맞는 살림을 준비하고 대비합니다.

보통 사람들은 눈에 보이는, 이미 검증된 현실만 인정하고 삽니다. 그러나 세상, 우주, 천지에는 보이는 것들도 많지만 보이지 않는 것들이 더 많습니다. 눈에 보이지 않는다고 존재하지 않는 것이 아닙니다. 단지 눈에 보이지 않고, 사람들이 잘 모르고, 경험하지 못했고, 발견하지 못하고, 잘 알지 못하는 것뿐입니다. 그곳이 바닷속이고, 땅속이고, 우주의 은하계와 각종 행성들입니다. 미래와 사후세계입니다. 인간이 경험하지 못한 영역과 지역과 세계가 무궁무진합니다. 그렇다고 존재하지 않는 것이 아닙니다. 사후세계도 그렇습니다. 전 세계적으로 가장 많은 사람들이 믿는 기독교가 진리 책인 성경을 통해서 사후세계가 있다고 말하고 믿습니다. 그렇다면 관심과 고민을 한 번쯤은 해야 합니다. 나름 알려고 노력해야 합니다.

미래의 삶에 대해서는 경험도 하지 않고 향후 혹 발생할 각종 사건과 사고, 질병 등에 대비하여 준비하는 보험은 들면서 사후세계가 있다는 주장과 경고에 대해서는 준비, 보험을 들지 않는 것은 지혜가 아닙니다. 어리석음입니다. 아직 일어나지 않을 각종 일에 대해서도 한 달에 몇만 원, 몇십만 원씩 보험을 드는 것처럼 사후세계에 대해서도 죽을 때까지, 믿어질 때까지 준비하고 노력하는 자세가 요구됩니다. 왜냐하면 믿어지는 자들은 확신을 갖고 준비하며 살지만 믿어지지 않는 자들은 준비 없이 살기 때문에 사후에 가 보니 진짜로 내세가 있을 때는 늦고 맙니다. 절망적입니다. 이는 마치 치유 불가능한 상태의 암에 걸리니, 많은 돈이 들어가는 암에 걸리니 그제야 보험을 생각하고 보험을 들려고 하는 자와 다르지 않습니다. 치명적인 암에 걸리기 전에, 아직 살아 있을 때 영원한 내세 보험을 들려고 애써야 합니다. 누가 언제 암에 걸릴지 모르기 때문입니다. 통계상 세 명 중 한 명씩 암에 걸립니다.

각종 보험 판매원들의 말을 듣고 보험에 드는 것처럼 사후세계를 말하는 자들의 주장을 무시하지 말아야 합니다. 왜냐하면 사후세계에 대한 보험은 이 세상에서 한시적으로 효력을 발생하는 보험과 달리 영원한 생명이 걸려 있기 때문입니다. 돈도 들지 않습니다. 예수님을 믿기만 하면 됩니다. 세상 보험을 드는 것보다 더 관심과 노력을 쏟아부어야 합니다. 사후세계는 사실입니다. 사후세계에서 새 하늘과 새 땅(천국)에 들어가지 못하는 자들은 영원히 비참하게 살 것입니다. 암에 걸리는 것과는 비교가 되지 않습니다. 인생의 실패자, 영원한 실패자로 지옥에서 영원히 고통 가운데 살 것입니다. 그런즉 사후세계를 확실히 믿어 반듯하고, 거룩하게 사는 자들이 현세와 지구상에서 가장 행복한 자들입니다. 성공한 자들입니다. 지혜로운 자들입니다. 진짜 부자들입니다. 지혜로운 자는 가을에 겨울을 대비합니다. 이것이 기독교(개신교) 〈사후세계〉에 대한 원칙 세계관입니다.

〈성경 읽기〉에 대한 원칙

제45장

그리스도인이라면 기본적으로 누구나 성경을 읽습니다. 성경은 기독교인에게는 신앙의 양식, 밥이기 때문입니다. 밥을 먹지 않으면 쇠약해서 죽는 것처럼, 영적인 밥인 성경을 읽지 않으면 신앙적으로 쇠약해지고 죽습니다. 성경 읽기는 각기 신앙과 개인 처지와 형편에 따라 성경을 읽는 시간과 분량은 다릅니다. 어떤 그리스도인은 생활이 너무 바빠서 성경을 읽지 못하고 주일날에만 성경을 읽는 자도 있을 것입니다. 참 기독교인이라면 성경을 덮어놓고 살지는 못합니다. 어떤 식으로든지 성경을 읽습니다. 성경을 읽을 때 먼저 생각할 것이 있습니다. 성경을 왜 읽는지에 대한 나름 답을 가지고 있어야 합니다. 아무런 생각 없이 그저 성경을 읽는 것은 마치 어떤 학생이 아무런 생각 없이 학교에 다니는 것과 다르지 않습니다. 국가와 부모가 학교에 가라고 하니까 가고, 다른 친구들이 학교에 가니까 가는 것이 아닙니다. 이처럼 성경을 읽는 것도 목사와 부모가 읽으라고 하니까 읽거나 다른 사람들이 읽으니까 읽는 것이 아닙니다. 신자니까 읽는 것도 아닙니다. 성경을 읽는 정확한 이유를 알고 읽어야 놀라운 변화가 있습니다. 행복합니다. 의미가 있습니다. 변화가 일어납니다. 즐겁습니다. 운동을 왜 합니까? 다른 사람이 하니까, 다른 사람이 하라고 하니까 하는 것이 아닙니다. 건강하게 살기 위해서입니다.

성경을 왜 읽습니까? 하나님의 말씀대로 살기 위해서입니다. 이것이 본질이고 핵심입니다. 이것저것을 떠나 하나님의 나라와 영광을 위해 살기 위해서 성경을 읽는 것입니다. 성경이 무엇이길래 성경 말씀대로 살면 하나님께 영광이 됩니까? 성경은 하나님의 원대한 뜻과 비전과 원하시는 것과 싫어하는 것, 하나님이 어떤 분이시고, 인간이 어떤 존재이고, 어떻게 해야 구원을 받고, 어떻게 살아야 하나님의 영광을 위하여 사는 것이고, 무엇이 선이고 악인지, 누가 천국 아니면 지옥에 들어가는지 등에 대하여 자세하게 기록된 계명이기 때문입니다. 성경은 기독교인이 기독교인답게 사는 길을 잘 제시하고 있습니다. 나침반과 같고 지도와 같은 것입니다. 천지 창조와 천지 창조의 목적과 현세와 내세의 어떠함이 다 기록된 것이 성경입니다. 따라서 성경을 읽지 않고는 하나님의 뜻대로 살아갈 수 없습니다. 기독교인답게 살 수 없습니다. 성경은 하나님께서 쓰신 것으로 신앙생활의 내비게이션과 같습니다.

디모데후서 3장 15~17절입니다.
"또 네가(디모데) 어려서부터 성경을 알았나니 성경은 능히 너로 하여금 그리스도 예수 안에 있는 믿음으로 말미암아 구원에 이르는 지혜가 있게 하느니라 모든 성경은 하나님의 감동으로 된 것으로 교훈과 책망과 바르게 함과 의로 교육하기에 유익하니 이는 하나님의 사람으로 온전케 하며 모든 선한 일을 행하기에 온전케 하려 함이니라"

베드로전서 1장 15절입니다.

"오직 너희를(그리스도인들) 부르신 거룩한 자처럼(하나님처럼) 너희도 모든 행실에 거룩(구별)한 자가 되라"

요한복음 5장 39절이다.

"너희가 성경에서 영생을 얻는 줄 생각하고 성경을 상고(연구, 검토)하거니와 이 성경이 곧 내게(예수님) 대하여 증거하는 것이로다"

시편 119편 9절입니다.

"청년이 무엇으로 그 행실을 깨끗케 하리이까 주의 말씀(성경)을 따라 삼갈 것이니이다"

시편 119편 97절입니다.

"내가 주의 법(계명, 성경)을 어찌 그리 사랑하는지요 내가 그것을(성경을) 종일 묵상하나이다"

무엇이든지 하는 목적과 이유가 분명해야 합니다. 그것이 바른 자세이자 정상입니다. 그래야 의욕이 생기고 성취감도 느낍니다. 힘들어도 인내하게 됩니다. 성경을 읽는 이유도 마찬가지입니다. 성경을 읽는 목적과 이유는 먼저 하나님의 깊으신 뜻을 바로 알기 위해서입니다. 그리고 하나님의 말씀대로 지키며 살기 위해서입니다. 군인들이 군대에서 각종 훈련을 받는 이유를 하나로 압축한다면 전쟁에서 총을 잘 쏘기 위해서입니다. 자기가 살기 위해서입니다. 병사가 실력이 없으면 죽습니다. 이처럼 그리스도인들이 매일, 매주, 무시로 성경을 읽는 이유는 단 하나 하나님의 말씀대로 살기 위해서입니다. 이 말을 역으로 생각하면 하나님의 말씀대로 살기 위해서는 성경을 알아야 하고, 성경을 알기 위해서는 성경을 읽어야 합니다. 그런데 이처럼 성경을 읽는 이유와 목적도 희미하고, 더 나아가 성경을 읽지 않는 것이 문제입니다. 물론 현대인들은 매우 바쁘고 피곤합니다. 그래서 성경을 읽지 못할 수 있습니다. 그러나 자세히 살펴보면 그것은 궁색한 핑계일 뿐이고 하나님과 성경을 사랑하지 않기 때문입니다. 인생에서 무엇이 가장 소중한지를 모르기 때문입니다. 기독교인으로서 존재의 이유와 목적을 모르기 때문입니다. 기독교인은 자신을 위하여 존재하는 자들이 아니라 하나님을 위하여 존재하는 자들입니다. 사람이란 무엇이든지 자기가 관심이 있는 것에 시간과 돈과 열심을 투자합니다. 하나님을 사랑하고 그의 말씀대로 사는 것이 제일 소중하고 중요하다고 생각하면 스스로 성경을 읽습니다. 아무리 바쁘고 힘들어도 성경을 사랑합니다.

요한복음 14장 15절입니다.

"너희가(그리스도인들) 나를(예수님, 하나님) 사랑하면 나의 계명(성경)을 지키리라"

그런데 사는 이유와 목적이, 삶의 우선순위와 존재의 이유와 목적이 세속적이기 때문에, 불신앙적이기 때문에 세상일에만 분주하고 성경은 외면하는 것입니다. 하나님을 사랑하는 마음과 신앙과 열정이 식었기 때문입니다. 과거나 현대나 미래에나 하나님 제일 중심으로 사는 그리스도인은 많지 않습니다. 이미 예수님께서도 말세에 믿는 자를 보겠느냐고 하셨습니다. 구약의 시대 시대를 보거나 신약의 시대 시대를 보아도 하나님 제일 중심으로 살거나 살려고 애쓰는 자들은 많지 않고 소수였습니다. 가장 대표적인 사례가 노아의 때고 소돔과 고모라와 그 위성 도시들이었습니다. 대부분의 사람들은 이 세상의 매력과 즐거움과 돈에 흠뻑 빠져 삽니다. 현실 제일 중심으로 삽니다. 눈만 뜨면 예수님의 재림과 부활과 휴거와 심판과 천국을 생각하고 사모하며 일과를 시작하는 자들이 별로 없어 보입니다. 오직 공부, 일, 돈벌이, 노는 일, 세상 즐거움에만 분주합니다. 그러다 보니 성경은 잘 읽지 않습니다.

이젠 달라져야 합니다. 이 땅에서만 살다가 끝내 버릴 것 같으면 신앙생활을 할 이유가 없습니다. 성경을 읽을 필요도 없습니다. 심리적 위안을 받기 위해서 신앙생활을 할 것입니다. 그러나 내세가 있고 부활과 심판이 있기 때문에 그렇게 살지 못합니다. 영생을 얻기 위해서 예수님을 믿고 신앙생활을 하는 것입니다. 신자답게 살고, 거룩하게 살고, 온갖 유혹과 장애물들을 극복하기 위해서는 성경이 절대로 필요합니다. 그렇다면 정신을 바짝 차리고 깨어서 살아야 합니다. 그렇게 사는 것은 매일 혹은 순간순간 성경을 읽는 것입니다. 성경을 읽어야 천국, 영생에 대한 소망이 생기고, 거룩하게 살아갈 수 있습니다. 세상과 쾌락과 돈을 사랑하지 않게 됩니다. 현세에 매몰되지 않습니다.

그러므로 매일, 시간이 나는 대로 1장 이상씩 성경을 읽어야 합니다. 성경을 읽는 이유와 목적은 하나님의 말씀대로 살기 위해서입니다. 자신이 살기 위해서이기도 합니다. 거룩하게 살기 위해서입니다. 세상의 온갖 풍파와 유혹을 이기기 위해서입니다. 예수님을 제대로 믿고 살기 위해서입니다. 성경만 읽고, 듣고, 성경 쓰기를 하고, 암기하고, 배우고는 실천에는 소극적이면 영혼이 없는 몸과 같습니다. 행함이 없는 믿음은 죽은 것이나 다름이 없습니다. 모든 것은 실천하기 위해서 배우는 것입니다. 성경을 읽고 듣고 배운 것은 반드시 실천하려고 무진 애를 써야 합니다. 아무리 성경을 읽고, 암기하고, 알고 있고, 필사를 하고, 듣고 해도 실천하지 않으면, 순종하지 않으면, 지키지 않으면 헛됩니다. 이것이 기독교(개신교) 〈성경 읽기〉에 대한 원칙 세계관입니다.

제46장

〈설교 듣기와 성경 공부〉에
대한 원칙

대한민국 기독교(개신교)인이라면 많은 설교를 듣고 성경 공부를 합니다. 1주일에도 예배가 많습니다. 새벽예배, 수요예배, 금요철야예배, 구역예배, 주일예배가 있습니다. 예배 때는 반드시 설교가 있습니다. 설교는 하나님의 말씀을 전하는 것입니다. 그러니까 한국 기독교인(개신교)이라면 매주 하나님 말씀을 아주 많이 듣습니다. 이것이 전부가 아닙니다. 주중과 주일에 교회에서 성경 공부를 합니다. 이젠 성경을 필사하는 신자들도 늘어나고 있습니다. 성경을 읽고, 설교를 듣고, 성경 공부를 하는 정도로 그치지 않고 성경을 아예 직접 쓰는 필사를 합니다. 그 정도로 1년이면 엄청난 분량의 설교를 듣습니다. 성경을 배웁니다. 성경에 대하여 거의 박사급에 도달합니다. 이렇게 하면 신앙이 엄청나게 좋아야 합니다. 해탈의 경지, 성인에 이르러야 합니다. 그런데 그렇지 않습니다. 이것이 불가사의한 일입니다. 연구 대상입니다. 인격적으로 성숙해야 한다는 말이 아니라 성경 말씀대로 지키며 순종하는 것을 말하는 것입니다. 아무리 생각하고 생각해도 기이한 일입니다. 어느 정도 열심인가 하면 곤히 자야 할 새벽 4시나 5시에 깨어서 새벽예배에 나와 설교를 들을 정도로 열심인데 큰 변화가 없습니다. 참으로 이상하고 수상하고 신비한 일입니다. 사람은 들은 대로, 먹은 대로 나온다고 하는데 그렇게 하나님의 말씀을 듣고 배우는데도 참 안 변합니다. 하나님의 계명대로 지키며 사는 자들이 많지 않아 보입니다.

왜 그럴까요. 신앙 쇼핑에 젖어 있기 때문입니다. 불순종하기 때문입니다. 성경 말씀을 듣기만 하고, 먹기만 하고, 배우기만 했지 도무지 그 말씀대로 살려고 수고하지 않은 결과입니다. 이런 패턴이 반복되고 있는데 계속 그런 삶을 살고 있습니다. 이는 마치 수학에서 사칙연산도 제대로 하지 못하는 학생에게 교과서 진도를 나가면서 인수분해, 부등식, 미분과 적분 등 어려운 가르침을 계속 가르치는 것과 같습니다. 가르치는 선생님이나 배우는 학생이나 모두 헛된 수고를 하고 있는 것입니다. 그렇다면 수업방식과 신앙방식을 바꾸어야 합니다. 지도하는 목사나 듣는 신자들이나 셀프 개혁이 일어나야 합니다. 말씀을 듣고 배우는 데 치중할 것이 아니라 좀 덜 듣고 배우더라도 순종하고 지키는 데 치중해야 합니다. 설교 듣기와 성경 공부의 본질과 핵심과 원칙은 실천하는 데, 지키는 데, 순종하는 데, 행하는 데 있습니다. 이것이 없으면 그 설교 듣기와 성경 공부는 헛되고 헛된 것이 됩니다. 목사나 신자나 헛심을 쓰고 있는 것입니다. 외식하는 유대 바리새인들이나 서기관들처럼 종교인으로만 살고 있는 것입니다.

마태복음 23장 3절입니다.

"그러므로 무엇이든지 저희의(서기관들과 바리새인들) 말하는 바는 행하고 지키되 저희의 행위는 본받지 말라 저희는 말만 하고 행치 아니하며"

야고보서 2장 26절입니다.
"영혼이 없는 몸이 죽은 것같이 행함이 없는 믿음은 죽은 것이니라"

사무엘상 15장 22절입니다.
"사무엘(선지자)이 가로되 여호와께서 번제와 다른 제사를 그 목소리 순종하는 것을 좋아하심같이 좋아하시겠나이까 순종이 제사(예배)보다 낫고 듣는 것(순종)이 수양의 기름보다 나으니"

마태복음 28장 20절입니다.
"내가(예수님=하나님) 너희에게(사도들) 분부한 모든 것을 가르쳐(교육) 지키게(순종) 하라…"

요한복음 14장 21절입니다.
"나의(예수님=하나님) 계명을 가지고 지키는 자라야 나를 사랑하는 자니…"

설교를 듣고, 성경 공부를 하는 것은 하나님의 계명을 지키기 위해서입니다. 군인들이 매일 힘든 훈련을 하는 이유와 목적은 전쟁에서 잘 싸우기 위해서입니다. 선수들이 매일 땀 흘려 훈련하는 목적도 경기에서 득점을 하여 승리하기 위해서입니다. 총을 잘 쏘지 못하는 군인, 경기에서 득점을 하지 못하는 선수는 아무런 의미가 없습니다. 군인이 아니고 선수가 아닙니다. 헛된 훈련을 하고 있는 것입니다. 기독교인들도 마찬가지입니다. 삶의 현장에서, 군대에서, 교회 안팎에서, 직장과 학교와 가정과 인간관계에서 이유를 불문하고 하나님의 계명대로 지키지 않고, 순종하지 않는다면, 지키려고 애쓰지 않는다면 신자의 탈을 쓴 자일뿐입니다. 참 기독교인이라고 할 수 없습니다. 허울뿐인 기독교인입니다. 각자 자기 자신을 잘 성찰해야 합니다. 가장 불순종하는 것이 거짓말입니다. 정직하지 않은 생활입니다. 다른 것은 몰라도 기독교인들이 언제 어디서나 정직하기만 해도 우리 사회에 엄청난 반향을 일으킬 것입니다. 그 정도로 우리 사회가 거짓되고 거짓 공화국입니다. 그런데 기독교인들도 함께 거짓되어 살고 있습니다. 그것이 문제입니다. 함께 거짓 공동체로 살아가고 있습니다. 기독교인다운 힘, 정체성을 발휘하지 못하고 있습니다. 이는 성경에 거짓말하지 말라, 거짓 증거하지 말라는 계명을 준수하지 않기 때문입니다.

이것이 작금의 한국 기독교인들이 처한 현실입니다. 그럼에도 불구하고 교회와 목사들은 전과 다르지 않게 그저 열심히 이런저런 설교만 하고 성경 공부에만 몰두합니다. 그 자체는 나쁜 것이 아니고 잘하는 것입니다. 비유하자면 부모가 어린 자식에게 밥을 떠먹이는 것 자체는 나쁜 것이 아니듯 말입니다. 자식이 소화를 잘 시키고 있는지를 살피고 확인하면서 밥을 떠먹여야 합니다. 그저 열심히 밥을 먹이기만 하면 자식은 소화불량으로 탈이 나고 병이 듭니다. 설사만 합니다. 먹는 것이 의미가 없습니다. 헛된 수고를 하는 것입니다. 무슨 말입니까? 목사들이 설교를 하고 성경 공부를 열심히 하면서 일방적으로 던지기만, 먹이기만 하지 말고 피드백을 하면서 하라는 것입니다. 피드백(feedback, 되먹임, 되알림, 환류, 송환)이란 어떠한 행동이나 행위에 대한 결과가 최초의 목적에 부합되는지 확인하고, 부합하지 않다면 정확하면서 적절한 상태로 되도록 수정하는 것을 뜻합니다. 1주일에 한 번의 설교와 성경 공부를 하더라도 그 말씀대로 살았는지, 실패했는지를 확인해야 합니다. 성공하고 실패했다면 왜 그랬는지를 확인하고 함께 나누고 기도해야 합니다. 그런 과정을 반복해야 순종, 지키기가 이루어지는 것입니다. 대표 선수들이나 일반 선수들은 어떤 부분에 대하여 녹화 영상을 보면서 반복 훈련을 합니다. 잘 안 되는 부분에 대하여 반복해서 집중 훈련을 합니다. 그것이 해결될 때까지 다른 진도는 나가지 않고 계속합니다. 그래야 문제가 해결되기 때문입니다. 예를 들어 야구에서 자주 수비 실수를 하는 선수에게는 코치가 집중해서 공을 쳐 주고 받게 합니다.

그렇게 하면 반드시 좋아집니다. 변화가 나타납니다. 그것이 훈련의 효과입니다. 무슨 말입니까? 설교를 하고 성경 공부를 했으면 그다음 주에 신자들에게 피드백을 하는 것입니다. 숫자가 많든지 적든지 문서로나, 직접 질문이나, 일대일로 확인합니다. 그래서 무엇이 문제인지를 찾아내어 고쳐야 합니다. 이런 것을 반복해서 하면 달라집니다. 변화가 일어납니다. 공부를 잘하는 학생들은 따로 오답 노트를 만들어 집중해서 공부하고 풉니다. 자기가 잘 모를 때는 선생님을 찾아가서 무엇이 문제인지, 왜 풀지 못했는지, 어디서 틀렸는지, 무엇을 이해하지 못하고 있는지를 지도받아 해결합니다. 그런 학생이 고득점을 받습니다. 그러면 성취감 때문에 공부하는 재미가 더해집니다. 신앙생활도 그리해야 합니다. 어느 교회 너나 할 것 없이 이 부분을 제대로 하지 못하고 있습니다. 그러다 보니 아무리 설교를 듣고 성경 공부를 해도 변화가 없고, 반복해서 불순종하는 것입니다. 거룩한 신자가 되지 못합니다. 그저 열심만 있는 종교인으로 살아갑니다. 이제 바꾸어야 합니다.

상당수 한국 기독교인들은 신앙 비만에 걸려 있습니다. 설교 듣기와 성경 공부로 영적인 밥만 잔뜩 먹고 운동, 실천을 소홀히 하거나 하지 않으니 영적 비만에 빠져 버렸습니다. 아는 것은 박사급입니다. 말도 잘합니다. 그런데 실천을 하지 않습니다. 그 결과 각종 신앙 성인병과 합병증과 교만에 빠져 자신도 고생하고 교회도 힘들게 합니다. 다른 사람을 힘들게 합니다. 가정과 직장에서 존경과 칭찬을 듣지 못합니다. 세상의 빛과 소금으로 살지 못합니다. 자기 방식과 세상 방식대로 살고, 하나님 방식과 성경 계명대로 살지 않기 때문입니다. 이젠 이 고리를 끊어야 합니다. 그것은 매주 다양한 방식과 방법으로 피드백을 하는 것입니다. 그러면 달라집니다. 신자도 살고 교회도 삽니다. 전과 많이 달라졌다고 칭찬과 존경을 받게 됩니다. 설교 듣기와 성경 공부는 신앙 지식을 많이 알아 잘난 체하거나 신앙 쇼핑을 하기 위한 것이 아닙니다. 자기만족을 위한 것도 아닙니다. 하나님의 말씀대로 지키며 살기 위해서입니다. 순종하기 위함입니다. 그 이상도 이하도 아닙니다. 이것이 기독교(개신교) 〈설교 듣기와 성경 공부〉에 대한 원칙 세계관입니다.

제47장

〈금식〉에 대한 원칙

금식(禁食)이란 '치료나 종교적인 이유로 일정 기간 음식을 먹지 않는 것'을 뜻합니다. 오늘날에는 부분 금식을 하는 자들도 있습니다. 아침은 금식하고 점심과 저녁을 먹거나, 아침은 먹고 점심과 저녁을 금식하거나, 아침과 점심은 먹고 저녁을 금식하는 자들이 있습니다. 어떤 사람은 하루만 합니다. 어떤 사람은 3일만 합니다. 어떤 사람은 1주일 합니다. 어떤 사람은 3주간 합니다. 어떤 사람은 한 달간 합니다. 어떤 목사들은 40일 동안 금식을 합니다. 그렇게 해서 좋은 결과가 있는 사람도 있고 불행한 결과를 얻는 사람도 있습니다. 어떤 사람은 장기 금식으로 사망하는 경우도 있습니다. 금식 여부는 자유입니다. 금식을 적절하게 하면 건강과 신앙에 좋습니다. 그러나 금식을 무리하게 하는 자들이 있습니다. 탐심으로 하는 자들도 있습니다. 보여 주기 식으로 하는 자들도 있습니다. 불순하게 하는 자들도 있습니다. 영적 탐욕으로 하는 자들도 있습니다. 금식을 하면 모든 것이 성취된다고 잘못 알고 하는 자들도 있습니다. 성경은 기본적으로 금식을 반대하지 않습니다. 어떤 경우는 금식하며 기도하라고 권합니다. 반대로 어떤 경우의 금식은 책망합니다. 무엇을 하든지 참과 거짓이 있듯이 금식에도 순수한 금식과 불순한 금식이 있습니다.

마태복음 6장 16절입니다.

"금식(禁食)할 때에 너희는 외식(위선, 가식)하는 자들과 같이 슬픈 기색을 내지 말라 저희는 금식하는 것을 사람에게 보이려고 얼굴을 흉하게 하느니라 내가 진실로 너희에게 이르노니 저희는 자기 상을 이미 받았느니라"

금식은 어떤 뜻과 소원을 가지고 하나님을 향하여 하는 것입니다. 사람에게 보이려고 하는 것이 전혀 아닙니다. 그렇다면 하나님께만 보이는 금식을 해야 합니다. 하나님은 중심과 순수한 믿음을 보시니 그 간절함이 하나님께 닿을 수 있도록 하면 됩니다. 사람들에게 '나 지금 금식하고 있다'라고 선전하거나 자랑할 것이 전혀 없습니다. 그런데 일부 외식(위선)하는 신자들은 사람에게 칭찬과 격려와 위로를 받기 위해서 언제부터 언제까지 금식한다고 알립니다. 3일, 1주일, 15일, 한 달, 40일 금식한다고 알립니다. 그러면서 자기가 금식을 잘 마칠 수 있도록 기도해 달라고 요청합니다. 은연중에 자기 금식을 알립니다. 이러한 금식은 순수한 금식이 아닙니다. 은밀하게 하고 전혀 금식 티를 내지 않게 해야 합니다.

그리고 금식의 기간에 대하여 뭔가 착각을 하는 자들이 있습니다. 헌금처럼 금식을 오래 혹은 많이 하면 신령한 능력이 임하거나, 기도의 응답을 속히 받거나, 반드시 소원이 이루어진다는 근거 없는 자의적인 확신, 믿음, 주장, 생각을 하는 자들이 있습니다. 그러다 보니 예수님처럼

40일 금식 기도를 하는 목사나 신자들이 있습니다. 성경은 그런 약속을 한 말씀이 없습니다. 전혀 그렇지 않습니다. 앞에서도 언급했지만, 기도 든, 금식이든 중심과 순수한 믿음만이 효력이 있습니다. 하나님의 마음에 합당해야 응답이 됩니다. 다른 사심이나 욕심을 가지고 금식하는 자는 아무것도 얻지 못합니다. 사욕에 따라 무리하게 장기 금식을 하다가 사망하는 자들도 있고, 몸이 망가져 불행하게 되는 자들도 있습니다. 모두 금식의 참된 의미를 모르고 무리하게 한 결과들입니다. 단기 금식은 건강에도 좋습니다. 그러나 근거도 없는 주관적인 확신에 빠진 무리한 금식과 장기 금식은 피해야 합니다. 금식은 만능열쇠가 아닙니다. 이것이 기독교(개신교) 〈금식〉에 대한 원칙 세계관입니다.

제48장

〈정교분리와 종교인 납세〉에 대한 원칙

국어사전에서의 정교분리(政敎分離)란 **"국가가 종교적 중립성을 유지하여 정치권력과 종교를 결부하지 아니함"**이라고 합니다. 정치와 종교의 활동 영역이 서로 겹치지 않는 것을 규범으로 삼는 것을 말합니다. 정교분리는 프랑스 혁명 이후 봉건왕조 체제의 종교의 국교 특권을 박탈하고, 특정 종교의 전횡을 방지하며, 근대 국가의 정책에 종교적 영향을 배제하기 위함이었습니다. 이는 로마가톨릭교회(천주교)와 상관된 이야기였습니다. 당시 천주교가 국정에 깊이 관여함으로 여러 병폐가 나타났습니다. 그런 역사적 배경에서 나온 것입니다. 1987년 10월 27일 개정·공포된 현행 대한민국 헌법 제20조에는 '국교는 인정되지 아니하며 종교와 정치는 분리된다'고 명시되어 있습니다. 1항은 **"모든 국민은 종교의 자유를 가진다"** 2항은 **"국교는 인정되지 아니하며, 종교와 정치는 분리된다"** 이런 정교분리 원칙이 만들어지고 유지된 데에는 역사적 이해가 필요합니다. 처음 정교분리 원칙이 등장한 곳은 근대 서구입니다. 프랑스는 중세부터 로마가톨릭교회(천주교) 교황과 황제가 결탁하여 부정과 부패가 만

연했고, 숱한 권력 다툼이 일어났습니다. 18세기 후반 지식인들은 합리적 이성을 바탕으로 하는 정치를 요구했고, 이후 공화정이 들어서면서 로마가톨릭교회(천주교)와 정치의 분리를 추진했습니다. 프랑스 제3공화정은 1905년 '정교분리법'을 제정해 정치와 종교의 분리를 법으로 강제하기에 이르렀습니다. 서구와 대한민국의 정교분리에는 역사적 차이가 있습니다.

조선 후기에 들어온 로마가톨릭교회(천주교)는 조선의 근본 사상이었던 유교의 제사를 거부한다는 이유로 박해를 받았습니다. 이후 들어온 기독교(개신교)는 천주교(구교)의 사례를 보며 조선 정사에 간섭하지 않는다는 원칙을 내세우며 조심스레 농촌 부흥 운동과 같은 계몽운동을 바탕으로 선교 활동을 시작했습니다. 서구에서 정교분리는 정치와 종교가 유착되는 문제를 떼어 놓기 위한 방책이었다면, 우리나라에서는 안정적인 정착을 위한 방책이었습니다. 세계사를 비롯해 우리나라 역사에서도 종교인의 사회참여가 활발한 시기가 있었습니다. 우리나라 종교계의 사회참여는 근대부터 두드러졌습니다. 조선 후기에 문호를 개방하면서 들어온 개신교(신교)는 계몽운동을 비롯한 근대화에 앞장섰습니다. 독립선언문을 만든 33인도 모두 종교인이었으며, 이중 과반수 이상이 기독교(개신교)인이었습니다. 이들은 3·1운동을 주도했습니다. 참고로, 천주교는 3·1 운동에 참여하지 않았습니다. 정책으로 참여하지 못하게 했습니다. 이를 두고 100년 후에 사과했습니다. 종교계는 1970, 1980년대 들어 우리나라 민주화 과정에서 인권 신장과 민주주의에 기여한다는 목표로 민주화 운동에 앞장서기도 했습니다. 일제강점기 독립운동과 민주화 운동 시기를 거치면서 종교계는 정치·사회 현안의 중심에 섰습니다. 일부 종교계는 현재까지 적극적으로 정치·사회 문제에 참여하고 있습니다.

　정교분리의 출발은 미국 헌법이 만들어질 때 국교(國敎, 국가종교) 를 부인하는 데서 시작됩니다. 정교분리는 자유의 원리입니다. 정치 와 종교는 분리되어야 한다는 이 용어 개념은 원래 미국 헌법 수정 1조 **'교회와 국가의 분리'**라는 말로 처음 사용됨으로써 이후 세계적으로 일 반화되어 갔습니다. 미국 수정 헌법 제1조(The First Amendment 또는 Amendment I)는 종교의 설립을 주선하거나, 자유로운 종교 활동을 방 해하거나, 언론의 자유를 막거나, 출판의 자유를 침해하거나, 평화로운 집회의 자유를 방해하거나, 정부에 대한 탄원의 권리를 막는 어떠한 법 제정도 금지하는 미국의 헌법 수정안입니다. 도널드 트럼프 미국 대통 령은 교회의 정치 참여를 금지한 '존슨 수정 헌법' 폐기 방침을 밝혔습니 다. 1954년 제정된 존슨 수정 헌법은 정교분리 원칙을 명시한 법입니다. 2017년 2월 2일(현지 시간) 워싱턴포스트(WP) 등에 따르면 트럼프는 종 교 지도자가 모인 워싱턴 DC 국가조찬기도회에서 **"존슨 수정 헌법을 완 전히 파기하겠다. 종교 지도자들이 징벌에 대한 두려움 없이 자유롭게 말할 수 있도록 하겠다"**고 말했습니다. 복음주의 기독교는 트럼프의 대 통령 당선에 기여한 핵심 지지층입니다. 트럼프는 존슨 수정 헌법이 종 교 집단의 자유를 침해한다는 입장입니다. '미국인은 자신의 신앙에 따라 경배할 권리가 있다'는 종교의 신성한 자유 권리를 존슨 수정 헌법이 침 해하고 있다는 것입니다(파이낸셜뉴스, 2017. 2).

서유럽과 북미를 제외한 지역에서는 '교회와 국가의 분리'라는 말보다 '정교분리'가 더 일반적으로 사용됩니다. 정교분리란 추상적으로 국가는 국민의 세속적, 현세적 생활에만 관여할 수 있고 내면적, 신앙적 생활은 국민의 자율에 맡겨 개입하지 않는다는 원칙으로 국가의 종교적 중립성 내지 비종교성을 의미합니다. 하지만 그 개념이 지닌 추상성 때문에 '정교분리'는 '정치의 종교에 대한 불간섭'이 아니라 '교회의 정치에 대한 불간섭'으로 이해되는 경향이 강해졌습니다(위키백과). 앞에서 살펴본 바에 의하면 가장 먼저 정교분리를 시행한 국가인 프랑스는 불의한 정경유착(政經癒着, 정치와 경제 유착)처럼 불의한 정교유착(政敎癒着, 정치와 로마가톨릭교회 유착)으로 인한 각종 부정과 부패 때문에 종교가 정치에 관여나 개입을 하지 않는 개념의 정교분리를 시행하였습니다. 한마디로 로마가톨릭교회(천주교)의 정치에 대한 불간섭 개념으로 시행되었습니다. 프랑스, 미국, 한국 등은 '정교분리'에 대한 개념이 헌법에 국민의 기본의무로 되어 있는 납세 의무 시행과는 무관한 것임을 알 수 있습니다. 종교인 납세는 국가가 종교인에 대한 간섭이나 개입이 아닌 국민의 당연한 의무인 것입니다. 정교분리에 반하는 것이 아닙니다. 그래서 프랑스 교회나, 미국 교회나, OECD(경제협력개발기구) 국가의 모든 종교인들은 대부분 국가에 납세를 하고 있습니다. 이는 종교를 떠나서 모든 국민들의 기본 의무와 당연한 의무입니다. 정교분리와는 상관이 없는 사항입니다.

그런데 일부 종교인들, 목사들의 정교분리에 대한 그릇된 신학 지식과 오해로 종교인 납세가 종교의 자유나 신앙을 침해하는 것이라고 하면서 저항하고 있습니다. 특히 한국의 모든 기독교 교단이 종교인 납세를 하겠다고 하는데 오직 어느 한 H 교단만 부당하다고 헌법소원을 제기했습니다. 물론 패소했습니다. 처음부터 무리한 헌법소원 청구였습니다. 이는 정교분리에 대한 기본 개념과 내용과 해석에 대한 오해나 잘못된 지식으로 인한 것이라고 생각합니다. 대부분의 세계 모든 기독교인들이 종교인 납세를 하는 것이 무지거나, 신앙이 약하거나, 정교분리를 잘 몰라서가 아닙니다. 종교인의 정치적인 정교분리는 종교가 정치권력에 개입함으로 인하여 부정과 부패가 발생한 것 때문에 사람들이 만든 것이지만, 성경은 종교인 납세와 관련하여 정교분리를 주장하지 않고 도리어 '가이사(황제 지칭, 정부)의 것은 가이사에게 하나님의 것은 하나님에게 납세하라'고 말씀합니다. 종교인 납세는 상식과 헌법과 성경이 지지합니다. 그럼에도 불구하고 한 교단과 일부 목사들은 엉뚱한 주장을 합니다. 미국 교회 목사들이 신학과 신앙이 한국 교회 목사들보다 못하거나 정교분리를 몰라서 종교인 납세를 하는 것이 아닙니다. 미국 교회는 한국 교회보다 100년 이상 앞선 신학과 신앙을 가지고 있습니다. 모든 면에서 한국 교회보다 앞서 있습니다. 그들이 종교인 납세를 하고 있습니다.

그러므로 불신자들도 납부하는 납세를 엉뚱한 정교분리와 신학과 신앙을 내세워서, 향후 더욱 교회의 일에 간섭하고 어떤 것을 요구할 것이라는 염려 때문에 종교인 세금 납부를 거부하거나 저항하는 일은 없어야 합니다. 이를 빌미로 어느 정부에게든 반정부 행태를 취하는 일은 없어야 합니다. 이는 정치적으로 이용당하는 것입니다. 종교인 사례비와 종교인 활동비에 대한 자료 제출과 납세를 하라고 해도 자신감을 가지고 당당하고 투명하게 해야 합니다. 현재 상당수 중대형 교회는 회계가 투명하지 않은 것이 사실입니다. 투명하게 공개하는 것에 이런저런 이유를 들면서 불편해합니다. 다 그럴만한 자신감이 없는 이유가 있습니다. 교회가 회계에 있어서 투명하지 않으면 부패하게 됩니다. 서울의 M 교회가 좋은 사례입니다. 비자금 형식으로 800억과 전국에 16개 지역에 8백억 상당의 부동산이 있었는데도 99.9%의 교회 성도들은 몰랐습니다. 담임 목사와 관리자 한두 명만 알았습니다. 있을 수 없는 일이 오랫동안 이루어지고 있었습니다. 또한 상당수 성도들은 일부 다른 중대형 교회의 담임 목사들에게 각종 활동비와 사례비로 정확히 얼마나 지출되는지를 잘 모릅니다. 대충만 공개하기 때문입니다. 무슨 1급 비밀도 아닌데 투명하게 공개하지 않습니다. 교회가 이래서는 안 됩니다. 교회 헌금(재정)이 몇 사람의 전유물입니까? 교회가 부정한 집단입니까? 교회가 투명하지 않으면 이렇게 됩니다. 기독교인들은 잘못된 신앙 지식과 기타 등등의 이유를 들면서 성경에 반하지 않은 정부의 타당한 정책에 저항하지 않아야 합니다. 기독교인들은 오직 절대적인 진리에 있어서만 저항해야 합니다. 예를 들어 신사 참배, 우상 숭배, 예수님 부인 등에 대해서는 진리에 직접적으로 반하는 것이기에 예수님의 모습으로 저항해야 합니다. 정당성이 없는 이유로 권세(대통령)에 맞서거나 반정부 선동을 금해야 합니다. 아래의 성경이 잘 말해 줍니다.

로마서 13장 1~2절입니다.

"각 사람은 위에 있는 권세들에게(국가의 권세 잡은 자들) 굴복(복종)하라 권세는 하나님께로 나지 않음이 없나니 모든 권세(권위)는 다 하나

님의 정하신 바라 그러므로 권세(권위)를 거스리는 자는(적대하는 사람은) 하나님의 명을(지시를) 거스림이니(거역함이니) 거스리는 자들은 심판(저주)을 자취하리라(받을 것이다)"

마태복음 22장 21절이다.

"가로되 가이사(로마 황제 지칭=로마 정부)의 것이니이다 이에 가라사대 그런즉 가이사의 것은 가이사에게, 하나님의 것은 하나님께 바치라 하시니"

그리고 종교인 납세에 대해서도 기쁜 마음으로 이중 납세를 해야 합니다. 정부, 국가에 속한 시민이기에 국가에도 세금을 내고, 동시에 하나님의 나라에도 속한 천국 시민이기에 하나님께도 세금(헌금, 십일조)을 내는 것이 당연합니다. 기독교인이라고 이를 거부하거나 부정하는 것은 성경 사상이 아닙니다. 기독교인들도 국가로부터와 하나님으로부터 공히 각종 혜택을 받고 보호와 권리를 누리고 있기 때문에 납세는 당연합니다. 납세를 억울해하거나 불평을 갖지 말아야 합니다. 기독교인들은 범사에 본이 되어야 합니다. 교회와 기독교인들이 세상으로부터 신뢰와 존중을 받지 않고는 하나님께 영광과 전도는 불가능합니다. 목사들은 투명한 교회 운영에 자신감을 가져야 합니다. 궁색한 변명은 이제 그만해야 합니다. 좀 당당하고 자신감을 가져야 합니다. 우리끼리 통하는 논리를 가지고 불신자들이나 세상 정부에 하소연해 봤자 통하지 않습니다. 성경이 지지도 하지 않습니다.

기독교인은 진리에 반하는 것이 아니라면 모든 면에서 선도적인 자세를 취하여 불신자들의 본이 되어야 합니다. 지지와 칭찬을 받아야 합니다. 다시 말하지만, 종교인 세금 납부는 정교분리, 신학, 신앙과는 무관합니다. 신·구약 성경 사상은 불신자나 종교인 납세를 지지합니다. 더 이상 종교인 납세를 거부하면 도리어 의심과 불신을 받습니다. 손가락질과 무시와 조롱을 당합니다. 하나님의 영광을 가립니다. 그리고 잘못된 정교분리를 주장하거나 외치지 말아야 합니다. 교회나 종교기관도 국가에 속한 것입니다. 기본적으로 진리에 반하는 것이 아닌 이상 국가의 정책을 존중하고 따라야 합니다. 종교인 납세까지 정교분리를 주장하는 것은 성경 사상이 아닙니다. 오해입니다. 이것이 기독교(개신교) 〈정교분리와 종교인 납세〉에 대한 원칙 세계관입니다.

제49장

〈교회 돈 사용과 영수증〉에 대한 원칙

종종 상상할 수 없는 일들이 교회 안에서 발생합니다. 그중의 하나가 교회 공금을 지출하고도 영수증을 제출하지 않는 것입니다. 이러한 현상이 일부 교회가 아닌 것 같아 충격입니다. 1,000여 명이 다니는 중소도시 어느 교회는 수년 전부터 담임 목사가 교회 공금을 사용하고도 영수증을 제출하지 않는다고 합니다. 이에 재정을 맡은 안수 집사가 담임 목사에게 여러 차례 영수증을 요구하자 재정 담당에서 잘라 버렸다고 합니다. 또 제법 규모가 있는 수도권 어떤 교회는 어떤 유명한 목사님에게 매월 1,000만 원씩 선교 활동비로 지급한다고 합니다. 그런데 지출한 금액에 대한 영수증은 따로 받지 못했다고 합니다. 그것도 교회 재정을 맡은 자가 당사자에게 직접 계좌로 입금해 주는 것이 아니라 담임 목사가 현금으로 매월 1,000만 원을 전달한다고 합니다. 영수증이 없기 때문에 전달을 하는지 안 하는지 알 수 없다고 합니다. 일부 성도들은 배달 사고를 의심한다고 합니다. 수년 전 서울의 ㅈ교회 담임 목사가 교회 공금 수십억 원을 선교비로 지출했다고 하고는 영수증을 제출하지 않자 교회가 법원에 고소를 했습니다. 이에 판사는 재판 중에 해당 목사에게 선교비로 지출했으면 영수증이 있을 것이니 영수증을 제출해 달라고 수 차례 요구했지만 제출하지 않자 공금 횡령으로 유죄를 선고했고 수년 동안 감옥살이를 한 후 출소했습니다. 필연코 지방의 어느 중형교회는 담임 목사가 성도들이 낸 헌금을 정리할 때 자기 마음대로 집어 가는 황당한 행동을 반복하다가 결국 쫓겨났습니다. 사회에서도 모든 거래 시에는 반드시 영수증을 주고받습니다. 그렇지 않으면 반드시 부정한 일이 발생하기 때문입니다.

특히 직장에서 공적 거래 시에는 말할 것도 없습니다. 이젠 간이영수증은 인정도 하지 않습니다. 취급하지 않습니다. 반드시 현금영수증이나 계좌이체 영수증을 첨부하거나, 주고받거나, 제출해야 합니다. 거래 당사자에게 사인까지 받아 제출합니다. 이는 상거래 시에 개인과 공적 기관의 기본적인 자세입니다. 세상 기관과 직장에서 다 그렇게 합니다. 그렇지 않으면 공금에 대한 절도, 유용, 횡령으로 간주하여 처벌을 받습니다. 그런데 금전거래나 지출에 있어서 세상의 어느 기관이나 직장보다 정직하고 투명해야 할 교회가 수십, 수백, 수천, 수억, 수십억 이상의 공금을 지출하고도 영수증을 제출하지 않는다는 것은 있을 수도 없고 상상할 수도 없는 일입니다. 어느 누구에게 말해도 납득되지 않는 충격 그 자체입니다. 변명의 여지가 없습니다. 정직하게 공금을 지출했다면 영수증은 기본입니다. 영수증을 제출하지 않는 것이 더 이상합니다. 공금을 국내·외 선교비나 후원금, 교회 건축비, 기부금, 지원금 등을 지출하는데 현금으로 주고받는 일은 거의 없습니다. 대부분은 계좌이체를 시킵니다.

혹 교회에서 선교사나 강사들이 강단에 섰을 때 드리는 사례비도 계좌이체가 아닌 현금으로 30~40만 원 지급하면 당사자에게 영수증 양식에 사인을 받아 영수증 처리를 합니다. 공금이 적든 많든지 교회 공금은 투명해야 합니다. 정직해야 합니다. 담임 목사가 이런저런 곳에 교회 공금을 지출하고도 영수증을 제출하지 않는 것은 공금을 개인적으로 착복, 유용, 횡령했을 가능성이 농후합니다. 말로 아무리 주장해도 믿을 수 없습니다. 그 어떤 변명과 이유를 말한다고 해도 부정한 일입니다. 신뢰할 수 없는 행동입니다. 의심 받기에 충분합니다.

신명기 32장 4절입니다.

"그는(하나님) 반석이시니 그 공덕이 완전하고 그 모든 길이 공평하며 진실 무망하신 하나님이시니 공의로우시고 정직하시도다"

교회 공금을 선교비로든, 구제비로든, 이웃 돕기로든지 떳떳하고 투명하게 지출하고 처리했으면 누구나 신뢰할 수 있는 객관적인 영수증을 제출해야 합니다. 일반 직장에서나 교회에서나 누구든지 공금을 지출하고 영수증을 제출하지 않는 것은 부정행위로 간주합니다. 오늘날 재물에 마음을 빼앗겨 사는 목사들이 적지 않다는 소문입니다. 안타까운 일이 아닐 수 없습니다. 그러므로 교회, 신자, 목사들은 공금을 정직하고 투명하게 처리하고 반드시 영수증을 제출해야 합니다. 이것만이 정직한 공금 사용과 지출임을 확인하게 합니다. 신뢰를 받습니다. 그 외에는 부정한 지출임을 스스로 인정하는 것이 됩니다. 의심을 받지 않기 위해서라도 반드시 영수증을 제출해야 합니다. 그리고 조직교회 목사들은 재정에서 손을 떼야 합니다. 교회에서 주는 사례비만 받고 기도하는 일, 전도하는 일, 설교 준비와 설교하는 일, 진리를 가르치는 일, 심방하는 일에만 전념해야 합니다.

재정에 대해서는 안수 집사들, 재정부에 맡겨야 합니다. 그래야 흑심이 들지 않고 재물의 유혹에서 자신을 지킬 수 있습니다. 영수증을 제출하지 않으면서 다른 구차한 변명이나 설명을 하는 것은 부정행위를 자인하는 것입니다. 나중에라도 영수증은 반드시 제출해야 합니다. 모든 목사들은 교회 공금 지출과 관련하여 액수가 적든 크든지 반드시 영수증을 제출해야 합니다. 그것만이 신뢰를 잃지 않는 길입니다. 서로 믿고 안 믿고는 영수증 제출과는 별개 사안입니다. 무엇이든지 말이 필요 없습니다. 영수증만 제출하면 간단히 정리됩니다. 이것이 기독교(개신교) 〈교회 돈 사용과 영수증〉에 대한 원칙 세계관입니다.

제50장

〈출교와 제명〉에 대한 원칙

교단과 교회에서 종종 출교와 제명을 당하는 목사와 신자들이 있습니다. 이는 모두 그럴만한 사정과 근거가 있는 경우입니다. 출교와 제명은 하나의 권징, 징계, 형벌입니다. 본질은 교단과 교회의 성결을 유지하고, 회개를 통해 바로 세우기 위함입니다. 무법과 위법자들은 강력한 징계에만 마음이 움직이기 때문입니다. 모두가 그런 것은 아니지만 그래도 상당수는 징계의 충격을 받아 동요를 합니다. 물론 지독하게 악한 자들은 그 어떤 징계를 해도 변하지 않습니다. 그래서 법원에서도 강력범죄자에 대해서는 중형을 선고합니다. **출교(黜敎)**란 '신자의 자격을 박탈해서 교인을 교적부에서 내쫓음'을 뜻합니다. **제명(除名)**이란 '명부에서 성명을 빼어 자격을 박탈함'을 의미합니다. 출교와 제명은 목사나 신자에게는 치명적인 징계입니다. 출교와 제명은 당사자가 끝까지 자기 죄를 인정하지 않고 회개하지 않을 때 최후로 내리는 징계입니다. 물론 출교와 제명을 당해도 다른 교회나 교단에 들어가서 활동할 수 있습니다. 그렇지만 출교자, 제명자라는 것은 꼬리표처럼 평생 따라다니게 됩니다. 목사나 신자가 출교나 제명을 당하는 것은 매우 부끄럽고 치욕적인 것입니다. 그래서 출교와 제명은 신중하게 하되 단호하게 해야 합니다.

마태복음 18장 15~17절입니다.

"네 형제가 죄를 범하거든 가서 너와 그 사람과만 상대하여 권고하라 만일 들으면 네가 네 형제를 얻을 것이요 만일 듣지 않거든 한두 사람을 데리고 가서 두세 증인의 입으로 말마다 증참케 하라 만일 그들의 말도 듣지 않거든 교회에 말하고 교회의 말도 듣지 않거든 이방인과 세리와 같이 여기라"

신명기 19장 15절입니다.

"사람이 아무 악이든지 무릇 범한 죄는 한 증으로만 정할 것이 아니요 두 증인의 입으로나 세 증인의 입으로 그 사건을 확정할 것이며"

디도서 3장 10절입니다.

"이단에 속한 사람은 한두 번 훈계한 후에 멀리하라"

요한이서 1장 10~11절입니다.

"누구든지 이 교훈(바른 교훈)을 가지지 않고 너희에게 나아가거든 그를 집에 들이지도 말고 인사도 말라 그에게 인사하는 자는 그 악한 일(거짓 가르침)에 참예하는 자임이니라"

누구나 잘못할 수 있습니다. 실수할 수 있습니다. 누구나 그릇된 행동을 할 수 있습니다. 누구나 잘못된 신앙을 가질 수 있습니다. 누구나 이상한 프로그램을 사용할 수 있습니다. 누구나 오판해서, 연약해서 이단에 빠질 수 있습니다. 성범죄나 거짓말을 할 수 있습니다. 부정한 짓을 할 수 있습니다. 교단과 교회에서 목사나 신자 중 이단 사상과 자유주의 사상과 윤리적, 도덕적으로 치명적인 잘못을 했을 때 교회 대표자들은 명백한 증거를 가지고 당사자에게 문제 제기를 해야 합니다. 이때 먼저 사실 여부를 확인해야 합니다. 당사자가 부인을 하면 증거를 제시하며 진실을 고백, 회개, 책임을 지도록 인도합니다. 만일 자기 잘못을 인정하고 회개하면 출교나 제명이 아닌 적절한 징계만 합니다. 그러나 끝까지 부인하고, 회개하지 않으면 징계 절차를 밟아 출교나 제명을 해야 합니다. 이러한 결정은 고통스러운 일이지만 눈물을 머금고 단호하게 처리해야 합니다. 그래야 모든 자들에게 두려움을 주고, 교회의 성성을 유지할 수 있습니다. 사랑, 덕을 운운하며 우유부단하게 처리하거나 미온적인 태도를 취하면 제2, 제3의 비슷한 일들이 발생할 수 있습니다. 교회가 무질서하게 됩니다. 자신의 잘못을 시인하고 회개하면 경미한 징계를 내리고 재활 기회를 주되, 그렇지 않으면 단호하게 처리해야 합니다. 그것이 하나님의 공의입니다.

범죄자에 대하여 단호하게 처리하지 않으면 목사나 성도들이 죄에 대하여 두려워하지 않게 됩니다. 당당하게 행동합니다. 한 사람도 중요하지만, 교회 공동체 전체는 더 중요합니다. 이러한 징계, 처벌은 성경적이고 하나님의 성품에 근거합니다. 선악과를 따 먹은 사건을 비롯하여 노아의 홍수, 바벨탑, 소돔과 고모라와 주변 도시들에 대한 심판, 바벨로 70년 포로 등등은 모두 하나님의 백성들이 불신앙과 위법을 했을 때 주게서 내린 형벌입니다. 회개하지 않을 때는 무서운 심판이 주어졌지만, 회개했을 때도 용서함은 받지만 형벌은 면치 못했습니다. 하나님은 사랑의 하나님이시면서 공의의 하나님이십니다. 죄에 대하여 아주 단호하시고 무섭게 형벌을 내리십니다. 그러므로 교단과 교회도 목사와 신자가 신학과 신앙과 도덕적으로 범죄했을 때에 단호하게 처리하고 징계해야 합니다. 그런 결정에 고통스러워하지 말아야 합니다. 당사자가 진정으로 자기 죄를 인정하고 회개하면 모든 것을 용서해 주되 형벌은 가해야 합니다. 시인하고 회개했다고 하여 모든 것을 그냥 묻고 넘어갈 수 없습니다. 형벌은 주어져야 합니다. 우리가 선악과 사건으로 인하여 예수님을 믿으니 죄 용서함은 받지만 죽음이라는 무서운 형벌은 피하지 못했습니다. 무조건 용서해 주는 것이 항상 좋은 것만은 아닙니다. 잘못을 진심으로 시인하고 회개를 하면 용서는 해 주되 어떤 식으로든지 그에 대한 벌은 받게 해야 합니다. 이것이 기독교(개신교) 〈출교와 제명〉에 대한 원칙 세계관입니다.

제51장 〈부당한 담임 목사〉에 대한 원칙

정직한 대통령, 정직한 장관, 정직한 도지사도 있지만 그렇지 못한 대통령, 장관, 도지사도 있습니다. 담임 목사들 중에도 합당한 목사들도 많지만 부당한 목사들도 있습니다. 이는 모든 분야와 부문에서 드러나는 현상입니다. 교회에서의 갈등과 분열은 대부분 부당한 목사에 의해서 발생합니다. 목사만 바르게 서 있으면 설사 여러 일이 발생한다고 하더라도 신속하게 처리되고 안정됩니다. 그러나 부당한 목사이거나 부당한 목사가 개입된 일은 쉽게 해결되지 않습니다. 노회, 교회가 편 가르기가 나타나 분열됩니다. 반드시 지지자들과 반대자들이 나타납니다. 그래서 교회와 성도들은 합당한 목사를 만나는 것이 매우 중요합니다. 부당(不當)이란 '도리에 벗어나서 정당하지 않음 혹은 사리에 맞지 아니함'을 뜻합니다. 오늘날 기본 상식에 맞지 않게 언행을 취하는 목사들이 있습니다. 그런 목사를 만나면 힘듭니다. 답답합니다. 속이 터집니다. 누구의 말도 듣지 않기 때문입니다. 보통 사람들은 가정이나 직장에서 부당한 것들은 신속하게 처리합니다. 버리거나, 수리하거나, 새롭게 사거나 합니다. 이에 비해 담임 목사로 세우면 부당한 면이 있더라도 쉽게 어찌하지 못합니다. 해결될 때까지 많은 시간이 요구됩니다. 그때까지 교회는 혼란스럽게 됩니다. 그래서 교회와 성도들은 속앓이합니다. 많은 스트레스를 받습니다. 성도들은 부당한 목사의 변화를 위해서 기도합니다. 이에 변화가 없으면 일부 신자들은 교회를 떠나 버립니다. 교회가 시험에 들고 어려움을 겪습니다. 그런즉 부당한 목사에 대하여 어찌해야 합니까?

마태복음 18장 15~17절입니다.

"네 형제가 죄를 범하거든 가서 너와 그 사람과만 상대하여 권고하라 만일 들으면 네가 네 형제를 얻을 것이요 만일 듣지 않거든 한두 사람을 데리고 가서 두세 증인의 입으로 말마다 증참케 하라 만일 그들의 말도 듣지 않거든 교회에 말하고 교회의 말도 듣지 않거든 이방인과 세리와 같이 여기라"

문제가 발생하면 신속 정확하게 처리하되 일단 합리적이고 정당한 절차에 따라 최선을 다해야 합니다. 장로들, 집사들, 권사들 등이 담임 목사를 찾아가서 온유하게 부당한 면에 대하여 근거를 제시하며 개선을 촉구합니다. 이에 시인하고 개선을 약속하면 일단 시간을 두고 지켜봅니다. 말로만 그리하면 실수하는 것입니다. 반드시 사인한 문서로 답변을 받아야 합니다. 돌변하는 경우들이 종종 발생하기 때문입니다. 그러나 그렇지 않은 경우, 약속을 했는데 지키지 않는 경우 공동의회나 제직회를 열어 담임 목사의 부당한 일에 대하여 공개적으로 논의하고 담임 목사에게 개선을 요청합니다. 이러한 노력에도 듣지 않고 거부하면 정식으로 임시 공동의회나 제직회를 열어 이 부분에 대하여 심각한 논의와 결정을 합니다. 소속 노회에 정식 문건을 통해서 정식으로 처리를 요청해야 합니다. 공동의회장과 제직회장은 담임 목사이므로 일단 구두로 회의 소집을 요구하고, 이에 듣지 않으면 회의 소집의 건에 대하여 내용 증명을 담임 목사에게 보냅니다. 그런데도 듣지 않으면 장로나 집사 대표를 선임하고 정식으로 공동의회나 제직회를 소집합니다. 이때 본 교회에서 회의 소집을 방해하면 다른 곳에서 모여 의견을 모읍니다. 이러한 모든 과정을 기록하고 사진을 찍어 증거로 가지고 있다가 노회에 회의 결과와 그동안의 과정에 대하여 소상히 알리고 처리를 요청합니다. 목사는 노회가 관할하기에 최종적으로 노회에서 결정해야 합니다. 그 이전에 어느 정도 의식과 신앙과 양심과 인격이 있는 목사라면 스스로 알아서 거취를 정합니다. 그러나 못된 목사라면 법을 운운하면서 끝까지 보기에 민망한 짓들을 할 것입니다. 실제로 그런 목사들이 종종 있습니다.

여기에 변수가 또 있습니다. 노회는 목사와 장로들로 구성되어 있습니다. 비율로 보면 목사들이 압도적입니다. 목사 중에는 이유를 불문하고 목사 편을 드는 바르지 못한 목사들도 있습니다. 그래서 노회가 정의롭지 못하게 처리할 수도 있습니다. 그런 경우 성도들이 큰 상처를 받고 시험을 당합니다. 노회가 정의롭게 처리하지 않으면 총회에 요청합니다. 혹 총회마저도 정의롭게 처리해 주지 않으면 모든 것을 주님께 맡기는 수밖에 없습니다. 그렇다고 세상 법정으로 가는 것은 성경 사상에 반하기에 금해야 합니다. 만일 노회나 총회가 명백한 물증이 있는데도 정의롭지 않게 일을 처리한다면 성도들은 과감한 결단을 해야 합니다. 그렇다고 폭력은 안 됩니다. 날마다 싸워서도 안 됩니다. 이는 하나님의 영광을 가리는 것입니다. 정의로운 의식과 신앙을 가진 성도들이 조용히 교회를 나오는 것입니다. 나와서 새로운 곳에서 모여 예배를 드리는 것입니다. 이렇게 하겠다고 사전에 노회에 알리는 것도 지혜입니다.

　　그리하면 노회에서 부당한 목사에 대하여 최선의 방법을 찾기도 합니다. 이 방안은 최악의 경우입니다. 어느 시점까지 절차대로 최선을 다하되 그래도 해결이 되지 않으면 조용히 나와서 새롭게 시작하는 것이 지혜입니다. 부당한 목사와 함께 할 수 없기 때문입니다. 교회와 성도들은 목사를 위하여 존재하는 자들이 아닙니다. 목사가 하나님의 양들을 섬기고 희생하기 위해서 세움을 받은 것입니다. 그럼에도 불구하고 종종 거꾸로 생각하고 행동하는 목사들이 있습니다. 이는 서글픈 일로 목사의 변질과 타락과 세속화입니다. 이것이 기독교(개신교) 〈부당한 담임 목사〉에 대한 원칙 세계관입니다.

제52장 　　　　　　　　　　〈목회자 은퇴 후 생활〉에
　　　　　　　　　　　　　　　　　　대한 원칙

　목회자들을 만나면 이런저런 말들을 합니다. 그 가운데 은퇴 후의 생
활 대책과 활동 등에 대하여 말들을 합니다. 이는 직장에 다니는 사람들
도 마찬가지로 자연스러운 일입니다. 자기 자본이 넉넉한 자들은 별로
걱정하지 않습니다. 섬기는 교회에서 은퇴자금이나 전별금 등을 넉넉하
게 대우해 주는 목사는 염려하지 않습니다. 주로 직장 퇴직 후, 목사 은퇴
후에 자기 자본도 빈약하고, 지교회가 연약한 관계로 퇴직금이나 전별금
등을 보장받지 못하는 자들은 좌불안석입니다. 이런 목회자들은 이런저
런 별생각을 다 합니다. 말을 들어 보면 모두가 일리가 있습니다. 합리적
으로 현실적으로 일면 타당해 보입니다. 그러다 보니 염려도 되고, 인간
적으로 대비를 하려고 합니다. 그러나 한 가지 간과한 것이 있습니다. 하
나님의 돌보심에 대한 절대 믿음이 빠진 채 주장하는 것입니다. 기독교
인과 목사가 현재와 미래를 살 때 무엇을 하든지 하나님을 제외하고 논
하는 것 자체는 불신앙으로 천부당만부당합니다. 왜냐하면 천지를 창조
하신 분도 하나님이시고, 신자들과 목사들을 창조하시고 지금까지 인도

하신 분도 하나님이시기 때문입니다. 또한 만물은 하나님의 섭리(다스리심) 안에 있기 때문입니다. 하나님을 빼놓고 인생을 논하는 것 자체가 불가능합니다. 만일 하나님을 제외하고 현실, 인생, 노후, 미래를 논하는 신자나 목사가 있다면 그는 믿음이 떨어진 자이거나 불신자와 같은 자일 것입니다. 우리의 삶은 실과 바늘처럼 하나님과 엮여 있습니다. 그런즉 하나님의 어떠함을 항상 기억해야 합니다. 하나님의 신실한 말씀인 성경의 약속으로 돌아가야 합니다.

마태복음 6장 25~33절입니다.

"25) 그러므로 내가(예수님) 너희에게 이르노니 목숨을 위하여 무엇을 먹을까 무엇을 마실까 몸을 위하여 무엇을 입을까 염려하지 말라…26) 공중의 새를 보라 심지도 않고 거두지도 않고 창고에 모아들이지도 아니하되 너희 천부(성부 하나님)께서 기르시나니 너희는 이것들보다 귀하지 아니하냐… 28) 또 너희가 어찌 의복을 위하여 염려하느냐 들의 백합화가 어떻게 자라는가 생각하여 보라 수고도 아니하고 길쌈도(옷감을 짜지도) 아니하느니라… 30) 오늘 있다가 내일 아궁이에 던지우는 들풀도 하나님이 이렇게 입히시거든 하물며 너희일까 보냐 믿음이 적은 자들아 31) 그러므로 염려하여 이르기를 무엇을 먹을까 무엇을 마실까 무엇을 입을까 하지 말라 32) 이는 다 이방인들(불신자들)이 구하는 것이라 너희 천부(성부 하나님)께서 이 모든 것이 너희에게 있어야 할 줄을 아시느니라 33) 너희는 먼저 그의 나라와 그의 의를 구하라 그리하면 이 모든 것을 너희에게 더하시리라"

신명기 29장 5절입니다.

"주께서 사십 년 동안 너희를 인도하여 광야를 통행케 하셨거니와 너희 몸의 옷이 낡지 아니하였고 너희 발의 신이 해어지지 아니하였으며"

이사야 46장 4절입니다.

"너희가 노년(老年)에 이르기까지 내가(하나님) 그리하겠고 백발(白髮)이 되기까지 내가(하나님) 너희를 품을 것이라 내가 지었은즉 안을 것이요 품을 것이요 구하여 내리라"

하나님께서는 일반은총과 특별은총을 통해서 하나님께서 창조하시고 섭리하시는 모든 피조물들을 먹이시고, 입히시고, 마시도록 하십니다. 임신부터 죽을 때까지 그리 돌보십니다. 특히 만세 전에 택함을 받은 그리스도인들, 천하보다 귀한 하나님의 백성들, 공중의 새와 들의 백합화보다 귀한 하나님의 자녀들의 의식주를 언제나 책임져 주십니다. 거짓이 없으신 하나님께서 성경을 통해서 이미 약속하셨습니다. 하나의 언약이자 계약입니다. 언약, 약속, 계약은 믿는 것, 실천이 핵심입니다. 하나님은 약속하신 것은 반드시 지키십니다. 신자들과 목사들이 착각하고 있는 것이 있습니다. 인생의 어느 시점까지는 자기들 힘과 노력과 수고로 생존할 수 있었고, 은퇴를 하게 되면 더욱더 자기 생존을 스스로 책임져야 한다고 생각하는 경향입니다. 이는 심각한 착각입니다.

우리는 인생의 시종(始終)을 우리 자신의 힘과 노력과 능력으로 살아오지 않았습니다. 이는 부인할 수 없는 사실입니다. 존재 자체가 나의 의

지나 힘과는 전혀 상관없이 전적인 하나님의 은혜와 능력입니다. 자기 손 하나, 자기 발 하나, 자기 아픈 곳 하나 어찌하지 못하는 것이 우리의 무능과 실상입니다. 하나님의 전적인 돌보심이 아니었으면 우리는 벌써 이 세상 사람들이 아닙니다. 신자나 불신자나 하나님의 일반은총과 특별은총으로 살아왔고 살아갈 것입니다. 이런 사실이 분명한데 세월이 흐르고 나이가 드니 하나님에 대한 절대 의존 신앙은 약화되거나 사라지고 인본주의와 합리적인 계산과 접근을 하기 시작합니다. 그 결과는 '은퇴 후에 무엇을 먹고 어떻게 살지'라는 염려가 자리 잡습니다.

그러다 보니 인간적인 꼼수, 권모술수를 부립니다. 인간적인 지혜를 부립니다. 교회와 성직과 후임 자리에 대하여 수천만 원 혹은 수억 원을 주고받는 패역한 거래와 매매를 합니다. 교회에서나 노회에서나 어찌하든지 퇴직금과 전별금과 각종 예우금을 받기 위해서 별 꼼수를 다 부립니다. 그동안 오랫동안 교회에서 사역했는데 생활 보장도 해 주지 않으면 은퇴 후에, 교회를 떠나서 어떻게 살라고 하는 것이냐고 하소연하면서 교회와 성도들과 다툽니다. 참으로 안타깝고 불행한 일이 아닐 수 없습니다. 이는 지극히 불신앙적인 모습입니다. 불신앙에 빠지면 이런 자세를 취합니다. 언제부터 교회와 성도들이 목사들의 의식주를 책임졌습니까? 그동안 설교를 통해서 그렇게 하나님의 돌보심을 전하고서 정작 자신은 은퇴쯤에 불신앙에 빠져 하나님의 영광을 가리는 언행을 합니다. 성도들과 교회를 시험에 들게 만듭니다.

그동안의 목회 사역의 공든 탑을 스스로 다 무너뜨립니다. 해당 성도들이 은퇴하는 목사를 어찌 보겠습니까? 허탈할 것입니다. 시험에 들어 교회를 떠나거나 불신앙에 빠지는 성도들도 있을 것입니다. 이는 은퇴하는 목사의 책임이자 성도들을 실족하게 하는 죄입니다. 은퇴를 앞두고 있는 목사들은 후임 목사에게 돈을 얼마나 받아 갈 것인가, 교회에서 은퇴금, 예우금, 전별금 등을 얼마나 챙겨갈까를 생각할 것이 아니라 믿음이 떨어지지 않기를 위해서 고민하고 기도해야 합니다. 은퇴금도 각 교단에서 정한 정산법이 있습니다. 그대로 하면 됩니다. 그것이 질서이며 바른 자세입니다. 그러나 참 목사라면 어떻게 하면 가장 아름답게 교회를 떠나고 이별을 할까를 생각해야 합니다. 믿음이 떨어지면 추하기 그지없고 불신자들과 다를 바 없는 언행을 하게 됩니다. 그러면서도 부끄러움을 모릅니다. 당당합니다.

살아 계신 하나님, 전지전능하신 하나님, 광야 40년 동안 이스라엘 백성들을 돌보신 하나님, 어제나 오늘이나 영원토록 동일하신 하나님, 지금까지 인도하시고 돌보아 주신 하나님을 끝까지 신뢰해야 합니다. 교회를 떠나갈 때 교회 형편이 열악하여 제대로 은퇴자금을 주지 못하여 미안해하는 교회와 성도들을 향하여 담대하게 하나님께서 신비한 방법으로 책임져 주시고 돌보실 것이니 걱정하지 말고 예수님을 잘 믿으라고 말하고 떠나야 합니다. 하박국 선지자처럼 구원의 하나님 한 분으로 인하여 감사해야 합니다. 교회에서 은퇴자금을 많이 주든지 적게 주든지 교회 형편대로 하시라고 사전에 말하고 당당하고 아름답게, 믿음의 자세를 취해야 합니다. 의식주에 대하여 염려가 될 때 공중의 새를 바라길 바랍니다. 과거를 되돌아보길 바랍니다. 하루에 한 끼를 먹어도 감사해야 합니다.

최악의 경우 국가에서 나오는 지원금, 자녀들이 챙겨 주는 돈, 기타 소소한 돈까지 합하면 좋은 집은 아니더라도 비바람과 눈을 피할 수 있는 거처와 하루 한 끼 이상의 먹을거리는 있을 것입니다.

그리고 은퇴 후에도 은퇴 전처럼 먹든지 마시든지 무엇을 하든지 다 하나님의 영광을 위하여 살 궁리와 대비를 해야 합니다. 기본적으로 복음을 전하고, 공공의 이익을 위해서 사는 것입니다. 동시에 죽을 때까지 다양한 공부를 하고, 매일 일정 시간 운동을 하고, 소일거리를 찾아 일을 하고, 목회 사역할 때보다 더 많이 기도하고, 더 많이 성경을 읽고, 더 많이 책을 보고, 공공근로도 신청하고, 어디에서 무료 봉사도 하고 하면 하루가 바쁘게 지나갈 것입니다. 은퇴했다고 일과에 대하여 계획 없이 지내면 하루가 길고 답답할 것입니다. 기독교인들은 건강하기만 하면 주님이 부르실 그 날까지 자기 형편에 맞는 노동을 찾아 하고 살아야 합니다. 게으르거나 안일하게 살아가서는 바른 자세, 아름다운 노년과 모습이 아닙니다. 살아 있는 한 먹든지 마시든지 무엇을 하든지 다 하나님의 영광과 세상의 빛과 소금을 위해서 살아가야 합니다.

그리고 목회자의 은퇴(시무 사면)는 교단 헌법이 정한 대로 만 70세가 되면 이런저런 핑계나 뒷말 없이 깨끗하게 물러나야 합니다(대한예수교장로회 합신, 헌법 제3부 교회정치 제4장 교회의 직원 제2조 교회의 평범한 항존 직원 제5항, p.269). **"교회의 직원의 정년은 70세로 한다"** 이러한 헌법 조항은 개헌을 하지 않는 이상 불변입니다. 이유와 핑계와 사정을 불문하고 무조건 만 70세가 되면 사퇴해야 합니다. 70세가 되었는데도 성도들이 더 시무 연장을 원한다고 하더라도 이는 불가합니다. 그것이 법입니다. 법은 국가와 교단과 교회의 존립의 근거입니다. 이런 안을 가지고 노회에 안건으로 상정하거나 논의할 수 없습니다. 접수 자체가 되지 않습니다. 법률적 용어로 각하(却下)입니다. 형식이나 근본적으로 부적법하기 때문입니다. 목사들은 이런 헌법을 잘 압니다. 그런즉 다른 주장은 결코 하지 말아야 합니다. 만일 법이 살아 있는데 다른 주장을 하면 이는 과욕일 뿐입니다. 불법과 무질서를 주장하는 것이 됩니다. 목사로서 있을 수 없는 일입니다. 명백히 불법적 주장을 하는데도 옹호하고 편을 드는 목사가 있다면 동일한 자입니다. 이것이 기독교(개신교) 〈목회자 은퇴 후 생활〉에 대한 원칙 세계관입니다.

제53장

〈교회 내 폭언과 폭행자〉에 대한 원칙

오늘날 교회, 노회, 총회 내에서 폭언과 폭행이 빈번하게 일어나고 있습니다. 몸싸움을 합니다. 목사와 장로들이 그렇고 일반 성도들도 그렇습니다. 참으로 부끄럽고 개탄스러운 일입니다. 세속화의 결과입니다. 하나님을 사랑하고 이웃을 자기 몸처럼 사랑하는 기독교인이라면 상상할 수 없는 일입니다. 세상 기관이나 공동체 내에서나 있을 만한 현상입니다. 하나님을 업신여기고 두려워하지 않고, 이웃을 사랑하지 않기 때문에 안하무인으로 폭언과 폭행을 하는 것입니다. 불신자라 할지라도 좋은 말을 하고 합당하게 행동을 하는 자들이 있는데, 이보다 더 성숙하고 예의와 품위를 지키며 어떤 일을 해야 할 기독교인들이 보기에 흉한 폭언과 폭행을 하는 것은 도저히 묵과할 수 없습니다. 왜냐하면 이러한 폭언과 폭행은 기독교인의 존재론에 역행하는 것이기 때문입니다. 기독교인들은 먹든지 마시든지 무엇을 하든지 다 하나님의 영광을 위하여 사는 자들입니다. 그런 자들이 교회 안팎에서 폭언과 폭행을 한다면 하나님의 영광을 가리고, 교회를 욕되게 만들고, 신앙이 연약한 자들을 시험에 들게 만듭니다. 실족하게 만듭니다. 큰 상처를 받고 실망한 나머지 교회를 떠나게 만듭니다. 그런즉 이유를 불문하고 폭언과 폭행은 정당화될 수 없고, 용납되어서도 안 됩니다. 신속 정확하고 엄하게 처리해야 합니다. 이는 하나님의 공의의 속성에 해당하는 일입니다. 엄하게 징계하되 자기의 불미스러운 것을 시인하고 용서를 구하면 징계 후에 용서해 주어야 합니다. 다시 재기할 기회를 주어야 합니다.

로마서 13장 10절입니다.

"사랑은 이웃에게 악을 행치 아니하나니 그러므로 사랑은 율법의 완성이니라"

마태복음 22장 39절입니다.

"둘째는 그와 같으니 네 이웃을 네 몸과 같이 사랑하라 하셨으니"

마태복음 5장 22절입니다.

"나는(예수님) 너희에게 이르노니 형제에게 노하는 자마다 심판을 받게 되고 형제를 대하여 라가(바보, 모욕적인 말)라 하는 자는 공회(공교회)에 잡히게 되고 미련한 놈(모욕적인 말)이라 하는 자는 지옥불에 들어가게 되리라"

마태복음 5장 16절입니다.

"이같이 너희(제자들, 기독교인들) 빛을 사람 앞에서 비취게 하여 저희로(불신자들) 너희 착한 행실을 보고 하늘에 계신 너희 아버지께 영광을

돌리게 하라"

고린도전서 10장 31절입니다.
"그런즉 너희가 먹든지 마시든지 무엇을 하든지 다 하나님의 영광을 위하여 하라"

마태복음 18장 6절이다.
"누구든지 나를 믿는 이 소자 중 하나를 실족케 하면 차라리 연자 맷돌을 그 목에 달리우고 깊은 바다에 빠뜨리우는 것이 나으니라"

예수님을 믿기 전에는 부패하고 타락한 악한 본성에 따라 막말과 폭력을 행하였지만, 기독교인이 된 이후에는 과거 옛 습관인 폭언과 폭력은 버리고 금해야 합니다. 왜냐하면 폭언과 폭력은 기독교인의 모습이 아니고, 하나님과 이웃과 자기에게 아무런 유익이 없고 지탄을 받는 것이기 때문입니다. 그리스도인이라고 하면 모든 면에서 구별됨, 거룩함이 있어야 합니다. 불신자들처럼 자기가 하고 싶은 대로, 감정대로, 성질대로 한다면 그리스도인이라고 할 수 없습니다. 폭언과 폭력은 자기가 주인이 되어 자기 마음대로 사는 자입니다. 주의 종이나 자녀들이 아닙니다. 그런 차원에서 목사, 장로, 집사, 신자들은 결코 폭언과 폭행은 없어야 합니다. 그럼에도 불구하고 교회, 노회, 총회에서 폭언과 폭행을 하는 자에 대해서는 엄하게 처리해야 합니다. 어설픈 긍휼과 사랑을 운운하면서 은근 슬쩍 넘어가려고 하지 말아야 합니다. 작은 일에 소홀히 하면 산불이 납니다. 댐이 무너집니다. 일단 시시비비를 철저하게 규명한 이후 당사자에게 사실 여부를 묻고 시인하고, 회개하고, 용서를 구하면 일단 적법한 징계를 내리고 그 이후에 용서해 주어야 합니다.

만일 폭언과 폭행을 하고도 시인하지 않고 회개도 하지 않으면 엄한 징계 차원에서 퇴출시켜야 합니다. 단호해야 합니다. 그래야 교회가 정화되고 질서가 잡힙니다. 사단이 그런 사람들을 통해서 교회를 어지럽게 하지 못하게 해야 합니다. 신자들을 보호할 수 있습니다. 성도들이 두려움을 갖게 됩니다. 교회와 기독교인들은 무엇을 처리하든지 하나님의 두 속성(사랑과 공의 성품)에 근거해서 처리하는 것을 원칙으로 삼아야 합니다. 그리하면 정당하고 공정합니다. 한쪽으로 치우치지 않습니다. 성경적입니다. 그것은 징계(공의)와 용서(사랑)입니다. 한 번이든 두 번이든 용서를 구한다고 악한 행위를 그냥 덮고 넘어가는 것은 공의를 무시하는 것입니다. 선악과를 한번 따 먹음으로 어찌 되었는지를 기억해야 합니다. 어떤 잘못이든지 일단 적절한 징계를 하고, 회개와 용서를 구하면 하루에 일흔 번씩 일곱 번이라도 용서해 주어야 합니다. 이것이 성경의 기본 원리입니다. 아담과 하와가 선악과를 따 먹는 불순종을 한 이후 모든 인류는 저주를 받아 엄청난 징계를 당하며 일생을 삽니다. 예수님을 믿어 회개하고 죄 용서함을 받아도 징계를 징계대로 받습니다. 그것이 죽음이고, 해산의 고통이고, 각종 비참함입니다. 이런 성경의 원리와 사상을 바로 이해해야 합니다. 무조건 용서해 주고 덮고 넘어가는 것이 잘하는 것이 아닙니다. 그것은 인간적인 생각입니다. 항상 하나님의 공의와 사랑의 속성에 맞게 하면 됩니다. 불공정하지 않게 됩니다. 후유증이 없습니다. 이것이 기독교(개신교) 〈교회 내 폭언과 폭행자〉에 대한 원칙 세계관입니다.

제54장

〈교회 내 거짓말 유포자〉에 대한 원칙

전적으로 부패하고 타락한 인간은 기본적으로 거짓말을 잘합니다. 누구나 예외 없이 본능적으로 거짓말, 거짓 증거를 합니다. 거짓되지 않은 인간은 없습니다. 모두가 전적으로 부패하고 타락한 죄인이기 때문입니다. 예수님을 믿어 하나님의 자녀가 된 그리스도인들도 거짓말을 하는 자들이 있습니다. 그들은 주로 미성숙한 자들이나 거듭나지 않은 종교인들입니다. 아니면 시험에 든 자들입니다. 그 어느 불법보다 거짓말이 더욱 심각한 이유가 있습니다. 그것은 거짓의 아비가 사단(마귀, 단수)이기 때문입니다. 그러니까 목사, 장로, 집사, 권사, 신자라고 하면서 종종 거짓말을 하는 것은 정체성에 대한 심각한 암시를 합니다. 그리스도인들은 누구를 막론하고 우리의 왕이자 주인이신 하나님(삼위일체 하나님)의 지배와 통치를 받는 자들입니다.

종과 자녀들은 한 주인과 한 부모님의 지배와 통치만을 받아야 합니다. 그리스도인이라고 하면서 하나님의 지배도 받고 마귀의 지배를 받는 것은 심각한 사람입니다. 하나님은 거짓이 없으신 분이십니다. 하나님은 거짓을 조금이라도 용납하지 않습니다. 정직하시고 진실하신 분이십니다. 따라서 자녀들에게 거짓을 시키지 않으십니다. 그러나 사단(마귀, 단수)은 거짓의 아비이기 때문에 그의 지배와 통치를 받는 사람이나 무리에게 거짓을 충동질하고 사주합니다. 그래서 사단(마귀)의 지배와 통치를 받는 자들은 마귀의 종과 자녀로 거짓말과 거짓 증거를 일상적으로 하며 삽니다. 그러나 하나님의 자녀들과 종들은 거짓과 담을 쌓고 삽니다. 고의적이고, 자연스럽고, 반복적으로 거짓을 하지 않습니다. 때와 상황과 이해관계에 따라 수시로 거짓말을 하지 않습니다. 언제 어디서나 항상 정직하게 살거나 정직하게 살려고 애씁니다.

그리고 교회는 진실과 정직과 거룩한 공동체입니다. 하나님은 거짓, 거짓말하는 자와 함께하지 않습니다. 아파트나 건물을 지을 때 이물질이 들어가면 건물이 갈라지거나 구멍이 생겨 무너지게 됩니다. 교회 공동체는 이물질인 거짓말을 통해서 무질서, 혼란, 무너짐이 생길 수 있습니다. 거짓은 필경 다툼과 쟁론이 벌어지기 때문입니다. 교회 안에서 누군가가 다른 신자에게 허위사실을 유포하거나, 중상모략을 하거나, 무고(誣告, 없는 일을 꾸며 고발하거나 고소하는 일)를 하거나, 거짓 증언과 거짓말을 하게 되면 분쟁과 다툼은 피하지 못합니다. 억울한 자가 발생합니다. 분쟁하는 집마다 무너지고, 전쟁하는 나라마다 피폐하게 되는 것처럼 교회 공동체도 이런 거짓말이나 거짓된 행동들로 인하여 심각한 위기를 당하게 됩니다. 그런즉 교회 공동체는 거짓에 대하여 신속 정확하게 처리하되 단호하게 대해야 합니다. 결코 용납하지 말아야 합니다. 그래야 교회 공동체를 지킬 수 있고 성도들을 보호할 수 있습니다. 사단(마귀)의 책략에 넘어가지 않습니다.

요한복음 8장 44절입니다.

"너희는 너희 아비 마귀(사단)에게서 났으니 너희 아비의 욕심을 너희도 행하고자 하느니라 저는(마귀) 처음부터 살인한 자요 진리가 그 속에 없으므로 진리에 서지 못하고 거짓을 말할 때마다 제 것으로 말하나니 이는 저가(마귀) 거짓말쟁이요 거짓의 아비가 되었음이니라"

출애굽기 20장 16절입니다.

"네 이웃에 대하여 거짓 증거하지 말찌니라"

로마서 3장 4절입니다.

"그럴 수 없느니라 사람은 다 거짓되되 오직 하나님은 참되시다 할찌어다"

골로새서 3장 9절입니다.

"너희가 서로 거짓말을 말라 옛사람과 그 행위를 벗어 버리고"

요한계시록 21장 8절입니다.

"그러나 두려워하는 자들과 믿지 아니하는 자들과 흉악한 자들과 살인자들과 행음자들(음행자들)과 술객들(점술가들)과 우상 숭배자들과 모든 거짓말하는 자들은 불과 유황으로 타는 못(지옥)에 참예하리니 이것

이 둘째 사망이라"

성경은 거짓말을 금합니다. 서로 거짓말을 하지 말라고 합니다. 거짓말을 고의적으로 하는 자들은 지옥불에 들어간다고 합니다. 거짓말 때문에 지옥불에 들어가는 것이 아니라 거듭나지 않았기 때문입니다. 왜냐하면 진실로 거듭난 자들은 요한계시록 21장 8절에 기록한 대로 살지 않기 때문입니다. 불신자들과 거짓 신앙인들만 저렇게 삽니다. 이런 악한 행위들은 진실한 신자가 아님을 말해 줍니다. 거짓, 혹은 거짓말, 거짓 증거 등은 무서운 것입니다. 단순한 것이 아닙니다. 그러므로 그리스도인이라면 결코 고의적이고, 반복적이고, 습관적인 거짓말은 일절 금해야 합니다. 항상 정직한 말만 하려고 애써야 합니다. 어떤 위협과 불이익을 당해도 정직하게 말해야 합니다. 혹 교회 공동체 안에서 누군가가 목사나 다른 신자에 대해서 거짓말을 하게 된 것이 드러나면 신속 정확하고 엄중하게 처리해야 합니다. 먼저 사실관계를 확인하고 거짓말한 것이 드러나면 그에 걸맞게 반드시 징계를 가해야 합니다. 잘못을 시인하고 회개하더라도 징계는 내리고 용서해 주어야 합니다. 만일 거짓된 언행에 대하여 시인도, 회개도 하지 않으면 외인으로 여겨 출교시켜야 합니다. 하나님의 사람이라면 죄를 지적했을 때 반드시 자기의 거짓 행위를 인정하고, 회개하고, 용서를 구하고, 징계를 즐겨 받습니다.

그러나 하나님의 자녀가 아닌 자는 거짓을 행하고도 부인합니다. 회개하지 않습니다. 뻔뻔하고 당당합니다. 부끄러워하지 않습니다. 도리어 큰소리를 칩니다. 이런 자는 불신자와 같은 자입니다. 불신자와 같은 자가 교회에 들어와서 거짓 언행을 통해서 교회 공동체를 허물려고 할 때 단호하게 대처해야 공동체가 살고 교회가 정화됩니다. 이런 부분에 마음이 약해서 우물쭈물하면 교회는 금이 가서 무너집니다. 가볍게 처리하고 넘어가자고 하면 큰일 납니다. 어떤 사고든지 작은 것부터 시작합니다. 엄하게 처리하지 않으면 거짓말을 두려워하지 않게 됩니다. 교회를 우습게 여깁니다. 그렇게 되면 교회 질서는 무너집니다. 한 사람의 생명도 귀하지만 교회 전체 생명은 더 귀합니다. 게다가 회개하지 않는 자는 하나님의 자녀가 아니기에 출고, 퇴출을 시켜도 타당합니다. 하나님의 지배와 통치를 받지 않는 자들은 모두 마귀의 지배와 통치를 받는 자들입니다. 그들이 진정으로 교회의 일원이 되기 위해서는 회개해야 합니다. 징계를 달게 받아야 합니다. 거짓된 언행을 통해서 누군가와 교회에 큰 피해를 입히고도 책임을 지려고 하지 않는다면 더 이상 기대할 것이 없는 사람입니다. 교회 성도들은 이런 부분에 대해서 엄격해야 합니다. 단호해야 합니다. 사랑과 용서를 운운하면서 안이하게 처리하면 나중에 반드시 화근이 됩니다. 이것이 기독교(개신교) 〈교회 내 거짓말 유포자〉에 대한 원칙 세계관입니다.

제55장

〈목회자 전별금〉에 대한 원칙

오늘날 담임 목사가 정년이 되어 은퇴할 때 전별금 지급 여부로 좋지 않은 시비가 발생하기도 합니다. 전별금(餞別金)이란 '떠나는 사람을 위하여 잔치를 베풀거나 일정 금액을 주는 것'을 말합니다. 성경에는 전별금이 없습니다. 어디에도 전별금을 반드시 지급하는 조항도 없습니다. 전별금 문제는 각 교회의 주권, 사정, 형편에 따라 이렇게도 하고 저렇게도 할 수 있는 것입니다. 교회가 전별금을 주기로 약속하지 않았다면 전별금은 기대도 말고 요구하지도 말아야 합니다. 한 가지 명심해야 하는 것은 은퇴하는 목사가 전별금을 먼저 요구해서는 안 된다는 것입니다. 목사의 입에서 전별금을 말해서는 아름답지 못합니다. 돈에 대한 것은 일절 주장하지 않는 것이 덕이 됩니다. 오해를 사지 않게 됩니다. 돈이 개입되면 아름답게 정리되는 일은 별로 없습니다. 추하게 됩니다. 그러니 정년이 되어 떠나는 담임 목사는 절대로 전별금 이야기는 스스로 하지 말아야 합니다. 단지 교단에서 정한 규정과 질서만 이야기해야 합니다. 교회에서 주면 받고 주지 않아도 서운해하지 말아야 합니다. 전별금이 아니더라도 기본적으로 퇴직금을 정산하여 주니 그것만도 감사해야 합니다. 퇴직금도 줄 수 없을 정도로 재정이 빈약한 미자립교회들이 수두룩합니다. 교회 형편이 빈약하여 퇴직금이나 전별금 등을 받지 못할 경우 서운해하거나 불편해하지 말고 하나님께 청구하기 바랍니다. 그러면 하나님께서 기막힌 방법과 길로 채워 주실 겁니다.

마태복음 6장 31~32절입니다.

"그러므로 염려하여 이르기를 무엇을 먹을까 무엇을 마실까 무엇을 입을까 하지 말라 이는 다 이방인들이(불신자들이) 구하는 것이라 너희 천부께서 이 모든 것이 너희에게(기독교인들, 은퇴 목회자들) 있어야 할 줄을 아시느니라"

디모데전서 6장 8절입니다.

"우리가 먹을 것과 입을 것이 있은즉 족한 줄로 알 것이니라"

은퇴를 앞둔 목사들은 은퇴 후 생활에 대하여 재정적인 염려에 빠질 수 있습니다. 노후생활을 걱정하기도 합니다. 성경은 이러한 의식주에 대한 염려와 걱정은 불신자들이 하는 것이라고 합니다. 하나님께서는 하나님의 자녀들에게 은퇴 후의 노후생활과 생전에 무엇이 필요한지 잘 아신다고 합니다. 필요에 따라 적절하게 해결해 주시고 채워 주신다고 합니다. 이는 진리입니다. 하나님의 약속입니다. 하나님은 전지전능하시고 천지를 말씀으로 창조하신 살아 계신 분이십니다. 하나님은 반드시 약속을 지키시는 신실한 분이십니다. 단지 우리가 그런 하나님을 불신하는 것이 문제입니다. 공중에 나는 새와 들의 백합화를 먹이시고 돌보시는 것 이상으로 하나님의 자녀들을 사랑하시고 돌보십니다. 그러니 염려할 것이 없습니다. 기독교인들은 시종일관 하나님의 나라와 의를 구하고 살면 의식주 문제는 해결해 주시겠다고 약속하셨습니다. 하나님은 신실하신 분이니 그 약속을 믿고 담대하게 살면 됩니다. 정상적인 사람들도 자기 자녀들은 끝까지 책임집니다. 먹입니다.

그런즉 교회에서 퇴직금이나 전별금 등을 받지 못한다고, 받지 못할 것 같다고 꼼수를 부리거나 염려와 걱정에 빠지지 않기를 바랍니다. 서운해하지 말아야 합니다. 다투지 말아야 합니다. 교회에서 책임지지 않으면 하나님께서 직접 챙겨 주실 겁니다. 범사에 지족하고 감사하고 살면 됩니다. 그래서 억울하거나 서운할 것이 전혀 없습니다. 이 세상에 출생을 했고, 구원을 받았고, 목회자로 부르심을 받아 사용되었고, 오랫동안 살았고 사역을 했으면 그것만으로도 충분한 보상인 것입니다. 공짜로 사는 인생인데 억울할 것이 전혀 없습니다. 그러니 교회가 어떻게 대우하든지 염려, 서운함 등을 갖지 말아야 합니다. 목사라면 끝까지 당당하고 의젓하게 믿음을 지켜야 합니다. 그러면 교회와 주변 사람들에게 큰 도전과 감동과 유익과 영향을 끼치게 될 것입니다. 목회자들은 끝까지 믿음의 자세, 의젓한 자세를 잃지 말아야 합니다. 교회에서 전별금을 주든지 주지 않든지 개의치 말고 감사하며 마무리를 성숙하고 아름답게 잘해야 합니다. 이것이 기독교(개신교) 〈목회자 전별금〉에 대한 원칙 세계관입니다.

제56장 〈담임 목사 퇴직금〉에 대한 원칙

　퇴직금(退職金)이란 '퇴직급여제도'라고 해서 '근로자퇴직급여 보장법'에 규정한 퇴직금 제도와 퇴직연금제도'를 말합니다. 퇴직금은 1년 이상 계속 근로를 하는 사업장에서 퇴직 시 지급을 해야 하는 근로자 급여로 미지급 시 처벌을 받게 됩니다. 그러니까 퇴직금이란 정해진 직장을 그만두었을 때(퇴직 시) 사용자(회사)로부터 받는 급여입니다. 퇴직금은 퇴직 후 14일 이내에 지급해야 하며 지급 금액은 직전 3개월 급여의 1일 평균임금×30×(재직 일수/365)입니다. 퇴직금의 계산 방법은 퇴직 전 3개월의 평균임금으로 계산을 합니다. 퇴직금은 1년 일하면 1개월 치 급여를 받습니다. 그런즉 어느 직장에서 10년을 근무했는데 퇴직 3개월 전까지 2백만 원씩 월급을 받았다면, 10년×2백만 원으로 계산해서 2천만 원을 퇴직금으로 받는 것입니다.

　일반 직장과 교회는 기본적으로 퇴직금 정산 방법은 동일하지만 좀 다른 측면도 있습니다. 대한예수교 장로회(합신) 총회는 지난 2015년 9월 100회(경주) 총회에서 '은퇴 목회자 및 원로 목회자 퇴직금 적립 및 예우에 관한 규정'을 의결했습니다(최종연봉÷12×시무 연수×시무 연수에 따른 가중치). 최종연봉이란 '은퇴 시점을 기준으로 최근 5년간 받은 연봉 중에서 가장 높은 금액'으로 합니다. 시무 기간에 따른 가중치는 10년 미만은 1, 10~19년은 1.5, 20년 이상은 2, 30년 이상은 2.5입니다. 예를 들어, 시무 기간이 10년 미만의 경우 최종 연봉이 2,400만 원일 경우 8년을 시무했을 경우 2,400÷12×8×1=1,600만 원입니다. 이러한 규정도 교회 형편이 넉넉한 곳만 해당합니다. 미자립교회로 교회의 재정이 빈약한 교회는 은퇴 목사에게 정상적으로 퇴직금을 지급할 수 없습니다. 이것은 어디까지나 기본적인 퇴직금 정산 규정일 뿐입니다.

요한복음 10장 11절입니다.
"나는 선한 목자라 선한 목자는 양들(교회)을 위하여 목숨을 버리거니와"

디모데전서 5장 18절입니다.
"성경에 일렀으되 곡식을 밟아 떠는 소의 입에 망을 씌우지 말라 하였고 또 일군이 그 삯(임금)을 받는 것이 마땅하다 하였느니라"

모든 노동자들, 일꾼들은 기본적으로 삯(임금, 급여)을 받는 것이 마땅합니다. 그러나 일반 직장에서는 법적으로 반드시 퇴직금을 지급해야 하지만, 교회의 경우 형편대로 하는 것입니다. 목사들은 교회가 퇴직금을 주지 않는다고 교회와 성도들과 언쟁이나 불편한 행동을 할 수 없습니다. 물로 다투는 자들도 있습니다. 그런 목사가 있다면 못난 사람입니다. 오늘날 퇴직금과 전별금 등으로 불미스러운 면이 있는데 교회와 목사들은 교회 형편대로 해야 합니다. 그렇다고 교회가 빚을 얻어서 퇴직금이나 전별금을 지급할 수 없습니다. 그렇게 해서도 안 됩니다. 교회 형편은 목사들이 잘 압니다. 교회와 성도들의 마음을 편안하게 해 주고 떠나야 합니다. 교회에 부담과 짐을 주어서는 아니 되기 때문입니다. 교회와 목사 중 어느 한쪽이 손해를 볼 것 같으면 당연히 목사가 희생해야 합니다. 목사의 신분이 교회와 성도들을 위해서 존재하는 목자의 위치에 있기 때문입니다. 전혀 억울할 것이 없습니다. 그동안 목회자로 부르심을 받고 말씀을 전하는 특권을 누린 것만으로도 감사해야 합니다. 퇴직금 등의 문제로 목회 퇴임에 교회, 성도들과 언쟁을 한다면 매우 부끄럽고 안타까운 일이 아닐 수 없습니다. 성숙한 자세가 아닙니다. 이러한 갈등을 예방하는 차원에서 교회들은 사전에 목회자 퇴직금을 적립해 가는 것이 지혜입니다.

혹 교회 형편이 어려워서 퇴직금 적립도 못 하고, 퇴직 시에 아무것도 지급받지 못한다고 할지라도 감사하고 기뻐하며 퇴직을 해야 합니다. 그 이후는 하나님께서 다 해결해 주십니다. 주로 노후생활 때문에 걱정들을 많이 하는데 하나님께서 잘 아시고 책임져 주십니다. 이미 성경에 약속하셨습니다. 그러니 혹 교회에서 제대로 퇴직금을 받지 못한 은퇴한 목사들은 하나님께 생활비를 청구하시기 바랍니다. 그리하면 성부 하나님께서 때에 따라 기막힌 방법으로 일용할 양식을 공급해 주실 것입니다. 염려할 것이 없습니다. 공중의 나는 새와 들의 백합화를 돌보시는 하나님을 생각해야 합니다. 하나님은 어제나 오늘이나 영원토록 동일하시고 살아 계신 분이시기 때문입니다. 우리를 구원하시기 위해서 독생자 예수님을 십자가에 달려 죽이시기까지 하신 분이십니다. 우리들을 끔찍하게 사랑하시는 분이십니다.

　은퇴 목사들의 의식주 문제는 아무것도 아닙니다. 은퇴 목회자들을 결코 굶겨 죽게 하지 않습니다. 이런 굳건한 믿음을 가져야 합니다. 목사들이 취할 자세는 시종일관 믿음이 떨어지지 않도록 하는 것입니다. 상당수 목사들의 마지막 모습들이 좋지 않습니다. 그런즉 너무 퇴직금에 연연하지 말기 바랍니다. 퇴직금 때문에 목회 마지막을 불미스럽게 만들지 말아야 합니다. 목회자들은 언제 어디서나 항상 하나님만을 의지하며 살기 바랍니다. 혹 퇴직금을 줄 수 있는 교회라면 교단에서 규정한 대로만 정산해서 달라고 해야 합니다. 그것을 무시하고 더 요구하는 것은 바른 자세가 아닙니다. 목사들은 항상 하나님 절대 믿음을 가지고 의젓한 자세를 취해야 합니다. 이것이 기독교(개신교) 〈담임 목사 퇴직금〉에 대한 원칙 세계관입니다.

제57장 〈주일날 가게 오픈과 노동〉에
대한 원칙

주일은 온전히 쉬면서 성경대로 우리들의 기쁨이 아닌 하나님이 기뻐
하는 일을 하며 거룩하게 보내야 합니다. 하지만 주일을 거룩하게 지내
는 신자들이 그리 많아 보이지 않습니다. 그만큼 주일성수에 대한 지식
과 믿음이 약화되고, 훼손되고, 오해되고, 자유주의와 인본주의와 세속화
신앙으로 변해가고 있습니다. 한마디로 불신앙에 빠져 하나님의 계명을
불순종한다고 할 수 있습니다. 그 결과 주일날에도 돈을 벌기 위해서 가
게를 열고 장사를 하는 기독교인들이 있습니다. 동시에 주일날에도 돈을
벌기 위해서 노동을 하는 신자들이 있습니다. 이러한 행동에 대하여 아
무렇지도 않게 생각합니다. 어느 누구도 지적하지 않습니다. 이젠 당연
하게 생각합니다. 주변을 보면 목회자 사모들도 주일날 가게를 운영합니
다. 자기들의 만족과 이익과 기쁨들을 위해서 보냅니다. 이는 주일성수
가 아닙니다. 목사들의 책임이 큽니다. 성도들이 그릇된 길로 가면 바로
잡아 주어야 하는데 선택적으로 지적을 합니다. 목사들도 신앙이 변하
고, 약화되고, 변질되니 주일성수를 하지 않는 성도들을 보고도 아무렇지

도 않게 보이는 것입니다. 그러니 지적하고 책망하지 않습니다. 함께 그리합니다. 시대가 변하고 세월이 흘러도 준수해야 하는 것이 있고, 준수할 필요가 없는 것이 있습니다. 주일성수, 주일날 사익을 추구하는 노동을 금하는 것은 주님 오실 때까지 준수해야 하는 계명입니다. 시대와 개인 형편과 상황에 따라 변할 수 있는 것이 아닙니다.

출애굽기 20장 8~11절입니다.

"안식일(주일)을 기억하여 거룩히 지키라 엿새 동안은 힘써 네 모든 일을 행할 것이나 제칠일은 너의 하나님 여호와의 안식일인즉 너나 네 아들이나 네 딸이나 네 남종이나 네 여종이나 네 육축이나 네 문안에 유하는 객이라도 아무 일도 하지 말라 이는 엿새 동안에 나 여호와가 하늘과 땅과 바다와 그 가운데 모든 것을 만들고 제칠일에 쉬었음이라 그러므로 나 여호와가 안식일을 복되게 하여 그날을 거룩하게 하였느니라"

이사야 58장 13절입니다.

"만일 안식일에 네 발을 금하여 내 성일에 오락(쾌락, 너의 기쁨들)을 행치 아니하고 안식일을 일컬어 즐거운 날이라 여호와의 성일을 존귀한 날이라 하여 이를 존귀히 여기고 네 길로 행치 아니하며 네 오락(너의 기쁨들)을 구치 아니하며 사사로운 말을 하지 아니하면"

마태복음 12장 12절입니다.

"사람이 양보다 얼마나 더 귀하냐 그러므로 안식일에 선(善)을 행하는 것이 옳으니라 하시고"

안식일(주일)은 소극적인 차원에서 이기적인 사익과 탐욕과 자기 기쁨들을 추구하는 모든 노동과 공부, 여행, 여가 등은 금해야 합니다. 자신의 쾌락과 즐거움이 주가 되는 행동은 금해야 합니다. 그런 일은 1주일 중 월요일부터 토요일까지 평일에 하는 것입니다. 생명을 살리고 공공의 이익 차원이 아닌 자기를 위해 돈을 벌기 위한 장사는 하지 말아야 합니다. 순전히 개인의 사익을 추구하는 일반 가게나 식당과 옷가게 등은 열지 말아야 합니다. 기독교인 학생들은 학원과 과외 등을 금해야 합니다. 주일날 학교나 도서관 등에 가서 사익을 추구하는 공부도 금해야 합니다. 그리스도인 학생들도 주일을 거룩하게 보내야 합니다. 학생이라고 공부가 우선이 아닙니다. 학생이기 전에 기독교인입니다. 그러나 적극적인 차원에서 안식일(주일)이라도 이타적인 선을 행하는 것은 적극적으로 행하여야 합니다. 즉 공공의 이익을 위한 것, 공공성이 있는 것, 타인의 생명을 구하는 것, 치료받는 것, 배고픔을 해결하는 것 등은 할 수 있습니다. 예를 들면 이웃을 돕고, 봉사하고, 구제하고, 생명을 살리고, 전도하고, 병원 개원, 약국 개원, 공공 서비스 분야, 공무집행, 공무 관련 업종 등입니다. 적지 않은 기독교인들이 주일날 오전에는 가게 문을 닫고 교회에 가서 예배를 드린 이후 귀가해서 오후에 가게 문을 여는 자들이 있습니다. 이는 자기의 기쁨, 자기를 위한 것, 사익 추구로 옳지 않고 주일을 거스르는 것입니다. 절대적인 의식주가 걸리지 않은 경우 장사와 노동을 접고 쉬어야 합니다.

주일(안식일)은 단순하게 쉰다고 주일성수를 하는 것이 아닙니다. 하나님의 창조를 생각하며 하나님께 영광을 돌리는 것을 해야 합니다. 그리고 예수님의 부활과 장차 우리의 부활을 기념하고 고대하며 지내야 합니다. 또한 간접적으로 영원한 안식의 어떠함을 맛보는 날이 되어야 합니다. 주일을 거룩하게 지키라고 할 때 **"거룩"**이란 평일과 전혀 다른 의미로 시간과 마음과 노동에서 구별되게 보내라는 내용이 들어 있습니다. 모든 것을 주님께 초점을 맞추어서 하나님 제일 중심의 날, 하나님께서 가장 기쁘시게 여기는 것, 하나님께서 가장 원하시는 것을 하며 지내라는 것입니다. 주님(하나님)의 날이기 때문입니다. 신자가 주인공이 아닌 하나님이 주인공인 날로 온전히 지내라는 말씀입니다.

그래도 신자들은 억울할 것이 전혀 없습니다. 엄청난 이익입니다. 왜냐하면 7일 중 6일은 우리의 뜻대로 사용하라고 하셨기 때문입니다. 단 하루(주일)는 주님을 위하여 성수하라고 하셨습니다. 그것도 만물의 주인이신 하나님께서 피조물인 사람(종)에게 엄청난 배려와 양보를 하신 것입니다. 그렇게 하실 필요가 없는데도 말입니다. 세상에 이렇게 좋으신 주인이 어디 있습니까? 세상에 이런 주인은 없습니다. 어느 주인이 직원들(종들)에게 하루만 주인을 위하여 일하고 6일은 직원들(종들)의 기쁨을 위하여 사용하라고 합니까? 그런 주인은 세상에 없습니다. 7일 중 주인이 6일을 가져가고 하루만 직원들에게 줄 뿐입니다. 그런데도 주일 하루도 주님을 위하여 보내는 것을 아까워합니다. 자기를 위한 시간으로 만들려고 합니다. 배은망덕한 자세입니다. 어리석은 일이자 뭔가 착각한 것입니다. 다시 말하지만, 주일은 우리의 쾌락과 기쁨들을 위함이 아닌 하나님의 기쁨을 위해서 보내야 합니다. 그러므로 주일(안식일)날만큼은 사익과 탐욕을 추구하는 노동, 공부, 놀이 등을 금하고, 자기의 욕구와 욕망을 절제하고, 가게 문을 열지 말고, 육체적으로 쉬면서 하나님께서 원하시는 일과 생명을 살리는 일과 공익적인 일과 이타적인 일을 하며 보내야 합니다. 주일에 사익을 위한 가게 오픈, 노동, 공부(학원, 과외)는 금해야 합니다. 이것이 기독교(개신교) 〈주일날 가게 오픈과 노동〉에 대한 원칙 세계관입니다.

제58장

〈불신자들과 타 종교인들의 배타성 공격〉에 대한 원칙

배타성(排他性)이란 '남을 배척하는 성질'을 뜻합니다. 불신자들과 타 종교인들이 기독교와 기독교인들을 배타적이라고 할 때의 '배타성'은 기독교인들이 기독교 교리에 반하는 불신자들과 타 종교의 주장에 대하여 인정하지 않고 부정하는 것에서 나온 비판의 말입니다. 그러면서 '기독교는 배타적이야!'라고 합니다. 맞습니다. 기독교는 여러 부분에서 배타적입니다. 배타적일 수밖에 없습니다. 왜냐하면 성경이 금하는 것, 성경에 반하는 것은 모두 배척할 수밖에 없기 때문입니다. 예를 들어 불신자들과 타 종교인들은 기독교(교회) 밖에도 구원이 있다고 말합니다. 이것을 소위 '종교 다원주의'라고 합니다. 그러나 성경은 기독교(교회) 밖에는 구원이 없다고 말합니다. 예수님 외에는 구원자가 없다고 말합니다. 종교 다원주의를 배격합니다. 예수 그리스도를 믿지 않으면 구원을 받지 못한다고 말합니다. 기독교인이라면 성경에서 말하는 것을 믿고 주장해야 합니다. 성경이 기독교인의 모든 행위와 신앙의 판단 기준이기 때문입니다. 그러다 보니 기독교인은 배타적일 수밖에 없습니다.

본래 기독교를 비판하는 차원에서 배타적이라고 할 때는 나쁜 의미이지만, 기독교와 성경 입장에서 보면 배타적인 자세는 바른 모습입니다. 자기가 신봉하는 교리를 부정하면서까지 상대방 종교나 타인의 주장을 수용하는 자는 바른 신앙이 아닙니다. 만일 기독교인이 다른 사람들이 배타적이라고 공격하고 비난할 때 그것이 두려워서 종교 다원주의를 받아들인다면, 상대성을 인정한다면 그는 참 기독교인이 아닙니다. 갈대와 같은 신자입니다. 줏대가 없는 신자입니다. 기독교의 모든 믿음과 행위의 판단 기준은 성경입니다. 성경에서 옳다 하는 것은 옳다고 하고 성경에서 그르다고 하는 것은 그르다고 하는 자들이 기독교인입니다. 그런데 성경에서 아니라고 하는 것에 대하여 수용한다면 그런 기독교인은 가짜 기독교인입니다. 기독교인이라 함은 성경이 금하는 것은 다 배척해야 합니다. 다른 종교인들도 마찬가지입니다. 자기들이 믿는 교리에 대해서 배타적인 자세를 취해야 바른 것입니다. 그래서 진실한 기독교인들은 기독교 교리에 충돌하는 것에 대하여는 배타적일 수밖에 없습니다.

사도행전 4장 12절입니다.

"다른 이로서는(예수님 외에는) 구원을 얻을 수 없나니 천하 인간에 구원을 얻을만한 다른 이름을 우리에게 주신 일이 없음이니라 하였더라"

요한복음 14장 6절입니다.

"예수께서 가라사대 내가 곧 길이요 진리요 생명이니 나로 말미암지 않고는 아버지께(성부 하나님)로 올(천국) 자가 없느니라"

성경적으로 볼 때나 상식적으로 볼 때 이렇게도 할 수 있고 저렇게도 할 수 있고, 딱 부러지게 옳고 그르다고 할 수 없는 경우는 서로 존중해 주어야 합니다. 언젠가 어느 기독교 정치인이 불교의 석가탄신일 행사에 참여했는데 부처상 앞에서 합장하지 않고 절하지도 않았다고 언론을 통해서 신랄하게 비판한 적이 있었습니다. 상대방 종교에 대한 기본 예의나 존중하는 자세가 아니라고 여러 언론들이 비난하였습니다. 이는 매우 무지하고 불신앙적인 주장이 아닐 수 없습니다. 예의나 존중은 아무 때나 주장할 수 있는 것이 아닙니다. 신앙 행위는 생명과 같은 것입니다. 다른 종교에 대하여 예의나 존중으로 하는 것이 아닙니다. 신앙 행위는 자기가 추종하고 따르는 종교의 교리에 따라 행하는 신념입니다. 그런데 교회에 가서는 하나님께 예배하고, 절에 가서는 부처상에게 합장을 한다면 어찌 신념과 절개가 있는 참 종교인, 신앙인이라고 할 수 있습니까? 신의가 없는 사이비 종교인에 불과합니다. 상대방을 비난하지 않는 이상 서로의 종교와 신앙을 존중해 주어야 합니다. 각자가 생명처럼 여기는 종교와 신앙에 대하여 상황과 때와 상대에 따라 배신하고 이중적인 태도를 취하라고 하는 것은 종교와 신앙이 무엇인지 기본조차 모르는 무지한 자입니다. 이런 것에 예의와 존중을 동원하여 무리한 주장을 하는 것은 갈대 같은 사람, 줏대 없는 사람에 불과합니다. 양쪽 종교와 신앙에 있어서 다 부실한 사람입니다. 양아치 같은 신자에 불과합니다.

따라서 불신자들이나 타 종교인들이 기독교와 기독교인을 행하여 배타적이라고 비난, 비판, 욕, 지적을 하는 것은 맞는 말입니다. 이상할 것이 하나도 없습니다. 기독교와 기독교인은 배타적일 수밖에 없습니다.

하나님 외에는 다른 신이 없고, 예수님 외에는 다른 구원의 길이 없고, 천지를 창조하신 분은 하나님 외에는 없고, 창조론이 맞고, 내세(사후세계)도 천국과 지옥 외에는 없고, 타 종교에는 구원이 없고, 타 종교는 우상이고 헛되고 헛되다고 하기 때문입니다. 비기독교인들이 들을 때는 좋게볼 일이 없습니다. 그러니 불신자들과 타 종교인들은 기독교와 기독교를배타적인 자들이라고 비난하는 것이 당연합니다. 기독교 입장에서는 어떠한 욕과 공격과 비난과 불이익을 당해도 당연히 배타적인 자세를 취해야 합니다. 그렇다고 상대방 종교에 대하여 비난과 무례한 언행으로 배타적인 자세를 취하는 것은 옳지 않습니다. 바른 자세로 예의를 갖추어기독교의 교리만을 당당하게 주장해야 합니다. 그래서 핍박과 고난과 순교를 당하는 것입니다. 상대방에게 틀렸다고 말하는 것이 아니라 '우리기독교 교리는 이렇다 저렇다'라고만 하면 되는 것입니다. 거기에 맞게고급하게 행동하면 됩니다. 이것이 헌법에 보장된 표현의 자유, 종교의자유, 양심의 자유입니다. 그러니까 무례하지 않은 배타적인 자세를 취해야 합니다. 예의와 품위를 갖추어서 배타적이어야 합니다. 성경 사상만 믿고 전하면 됩니다. 성경 사상이 아닌 것은 공손히 배척하면 됩니다.

상대방과 다투고 논쟁할 이유가 없습니다. 혹 기독교인이라고 하면서성경 사상에 반하는 주장을 함에도 수용하고 배타적인 자세를 취하지 않는 기독교인이 있다면 그는 참 기독교인이라고 할 수 없습니다. 정치적인 기독교인입니다. 이중 스파이와 같은 신앙인입니다. 아직 거듭나지않은 신자이거나, 성경에 무지하거나, 변질된 기독교인이라고 할 수 있습니다. 표리부동한 신자입니다. 아무튼 기독교는 교리적으로 배타적인 종교입니다. 기독교인은 성경적으로 배타적이어야 합니다. 그리고 불신자들과 타 종교인들이 기독교를 가리켜서 배타적이라고 하는 지적도 타당합니다. 하지만 성경적으로 볼 때 배타적이라는 말은 나쁜 말은 아닙니다. 기독교 교리, 진리, 계명과 관련하여 타 종교와 불신자들의 성경에 반하는 주장에 대하여 배타적인 자세를 취하는 것은 신자의 바른 자세입니다. 하나님이 기뻐하시는 일입니다.

그런즉 비기독교인들이 배타적이라고 공격할 때 상대방을 미워하거나 기분 나빠하지 말아야 합니다. 도리어 기뻐해야 합니다. 바른 신앙의 자세를 취하고 있기 때문입니다. 어느 종교를 가졌든지 '상대방의 주장도 맞고 나의 주장도 맞다'고 하는 사람은 확고한 신앙을 소유한 자가 아닙니다. 사이비 신자일 가능성이 큽니다. 마음이 좋거나 넓은 사람도 아닙니다. 상대방을 존중하고 배려하는 사람도 아닙니다. 이것도 저것도 아닌 사람입니다. 자기 신앙에 확신이 없는 사람입니다. 종교인이라 하면 피차 자기 신앙 교리에 대하여 확신을 통해 행동하고 배타적이어야 정상입니다. 불자들은 수행을 통해 해탈을 해야 극락정토에 간다고 힘주어 말해야 합니다. 이슬람교도들은 육신오행을 해야 구원을 받는다고 말해야 정상입니다. 그들 교리가 그렇기 때문입니다. 이런 것이 다 배타적인 자세입니다. 나쁜 것이 아닙니다. 모든 종교는 교리에 따라 다르게 신앙하기 때문입니다. 그런즉 모든 종교인들은 각기 배타성을 갖되 피차 배타성을 존중해 주어야 정상입니다. 그러면서 자기가 믿고 싶은 대로 믿으면 됩니다. 이것이 기독교(개신교) 〈불신자들과 타 종교인들의 배타성 공격〉에 대한 원칙 세계관입니다.

제59장 〈담임 목사 사모〉에 대한 원칙

　　교회 공동체 안에서 애매한 위치와 역할에 대하여 논란과 갈등이 있
는 대상이 있습니다. 담임 목사 사모입니다. 목사 부인입니다. 어느 조직
이나 공동체나 각기 위치와 역할은 분명합니다. 각기 자기 자리만 잘 지
키고 있으면 됩니다. 그런데 자기 자리와 위치를 잘 모르고 헤매면서 자
유롭게 활동하는 사람 때문에 주변이 불편해지기 시작합니다. 교회는 조
직 공동체로 질서가 잡힌 곳입니다. 목사, 장로, 집사, 권사, 서리 집사 등
이 있습니다. 그리고 제직회와 공동의회가 있습니다. 각기 주어진 역할
이 있습니다. 나름 질서 있게 돌아갑니다. 각기 주어진 은사와 직분에 따
라 자기의 영역과 일을 잘 감당하면 됩니다. 서로의 영역과 은사에 대하
여 서로 존중해 주어야 합니다. 교회 사역은 우리 몸의 지체와 같아서 각
기 맡은 기능과 역할이 다 있습니다. 교회에서 담임 목사의 사모라는 자
리는 교회 직분이 아닙니다. 이는 마치 장로나 집사의 아내가 직분이 아
니고, 대통령의 부인이 직위가 아닌 것과 같습니다. 여기서 먼저 이해하
고 넘어가야 할 것이 있습니다. 사모라는 칭호입니다. 사모(師母)란 '스승
의 부인'이라는 뜻입니다. 기독교에서는 '목사의 부인'을 가리킵니다. 사

실 사모라는 말은 교회에서만 사용하는 용어가 아닙니다. 학교에서 남자 선생님의 아내에 대해서도 사모라고 부릅니다. 그런데 이 사모라는 말이 오용되고 남용되기도 합니다. 마치 어떤 가게에 들어가든지 주인이 손님마다 '사장님'이라고 호칭하는 것과 같습니다. 이젠 스승의 부인이 아닌데도 아무나 사모라고 오용하고 남용합니다. 사모라는 말이 우리 사회에 하나의 귀족처럼 여겨져 있기 때문입니다.

그러니까 스승의 부인을 사모(師母)라고 부르는 것은 높여서 이르는 존칭어입니다. 부인(夫人)이라는 말 자체가 남의 아내에 대한 높임말입니다. 다른 사람에게 자기 아내를 소개할 때는 사모나 부인이라고 하는 것은 실례입니다. 자기 아내를 높이는 말이기 때문입니다. 그냥 '제 아내' 혹은 '안사람' 혹은 '집사람'이라고 소개하면 됩니다. '사모'라는 명칭, 호칭이 이런 것입니다. 앞에서도 언급했지만, 사모란 은사나, 직분이나, 지위가 아닙니다. 교회에서 사모들은 어떤 직분을 가지는 경우가 별로 없습니다. 목회자의 아내로서도 충분하기 때문입니다. 담임 목사, 부목사, 부교역자의 아내에 대해서 다 '사모'라고 부릅니다. 나이를 떠나 하나님의 말씀을 맡아 가르치는 교역자들의 모든 아내들에 대하여 사모라고 존칭합니다. 신앙 스승의 부인이기 때문입니다. 목사와 아내는 한 몸이기에 동일하게 존중해야 합니다. 목사든, 부목사든, 부교역자든, 장로든, 집사든, 누구든 교회 안에서는 주 안에서 우열이나 높고 낮음이 없습니다. 인격과 인권적으로 다 동등하고 귀합니다. 누구는 명령과 지시를 하고 누구는 복종하고 하는 개념이 아닙니다. 단지 질서만 있을 뿐입니다. 담임 목사 사모라고 해서 더 높고, 더 대접받고, 귀한 것이 아닙니다. 부교역자나 전도사 사모라고 해서 아무렇게 대해서 되는 것이 아닙니다. 나이나 직분이나 위치로 차별하여 부르지 않습니다. 만일 우열과 차별로 대하는 담임 목사나 신자가 있다면 오해나 착각하고 있는 것입니다. 무지한 자입니다.

디모데전서 2장 11~14절입니다.

"여자는 일절 순종함으로 종용히 배우라 여자의 가르치는 것과 남자를 주관하는 것을 허락지 아니하노니 오직 종용할찌니라 이는 아담(남자)이 먼저 지음을 받고 이와(여자)가 그 후며 아담(남자)이 꾀임을 보지 아니하고 여자가 꾀임을 보아 죄에 빠졌음이니라"

교회에서 사모는 말 그대로 어떤 목사의 아내, 부인일 뿐입니다. 남편 목사를 내조하는 자일뿐입니다. 사모는 교회 직원이 아닙니다. 이것을 잘 이해해야 합니다. 담임 목사 사모라고 해서 어떤 벼슬이 아닙니다. 그냥 목사의 아내일 뿐입니다. 담임 목사의 아내라고 해서 교회에서 목사처럼 말하고 행동해서도 안 됩니다. 부교역자들과 그들의 사모들에게 지시하고 명령해서도 안 됩니다. 그런 태도는 자영업자 사장이나 회장 부인들이 그렇게 하는 것입니다. 성경에서 말한 여자론(아내론)에 따라서 질서 있게 행동해야 합니다. 담임 목사 사모는 교회 안팎에서 부교역자들이나 다른 성도들에게 지시하고 명령하는 자리가 결코 아닙니다. 그러나 실제로 그렇게 하는 사모들이 있습니다. 그것은 무지한 사모, 못난 사모입니다. 자기 주제와 분수를 모르는 사모입니다. 자기 남편인 목사를 잘 보필하고, 자기 자녀들이 교회 안팎에서 본이 될 수 있도록 자녀들을 잘 양육하고, 교회 대표자 사모로서 성도들에게 본이 되는 언행을 합니다. 그리고 성도들과 교회를 위해서 묵묵히 기도하고, 봉사하고, 희생하고, 섬기는 일만 하면 됩니다. 교회 안에서 어려운 신자를 알아 더욱 신경을 씁니다.

일부 사모 중에는 전면에 나서서 교회 일을 좌지우지하는 경우도 있습니다. 이는 못난 짓입니다. 자기 자리를 모르고 날뛰는 자입니다. 보이지 않게 남편 목사에 대한 내조를 잘하고 자녀들을 잘 돌보는 사모가 성숙하고 훌륭한 사모입니다. 교회에서는 질서와 조직이 있으니 잠잠하면 됩니다. 대통령 영부인을 연상하면 이해하기 쉬울 것입니다. 남편이 대통령이지 아내가 대통령이 아닙니다. 아내가 청와대에 출근하여 국무위원들이나 아랫사람들에게 지시하고 명령하면 월권이자 주제와 분수를 모르고 행동하는 자로 지탄을 받게 됩니다. 영부인이 아무리 똑똑하고 잘났어도 내조에만 전심전력해야 합니다. 전면에 나서서 어떤 일을 하는 것은 어리석은 자입니다. 그렇게 하면 자기 남편을 못난 자로 만드는 사모입니다. 담임 목사 사모들은 자기 자리와 분수와 위치를 알고 질서를 잘 준수해야 합니다. 하나님은 질서의 하나님이십니다. 교회에서 결코 전면에 나서서 이러쿵저러쿵하지 말아야 합니다. 이렇게 사모의 자리와 역할과 분수와 주제를 알고 잘 행동하는 자가 현명하고 지혜로운 사모입니다. 그리하면 성도들로부터 지지와 칭찬과 존경을 받습니다. 남편 목사가 더욱 신뢰를 받습니다. 반대로 하면 남편 목사가 무시를 당합니다. 자기 아내도 관리를 못 한다고 손가락질을 당합니다. 이것이 기독교(개신교) 〈담임 목사 사모〉에 대한 원칙 세계관입니다.

제60장

〈죽음〉에 대한 원칙

사람들이 가장 무서워하고 두려워하는 것은 죽음(사망)입니다. 죽으면 친밀한 관계와 정(情)이 끊어지고 모든 것이 끝장나기 때문입니다. 그래서 일찍 죽지 않고 가능하면 오래 살기 위해서 발버둥 칩니다. 몸에 좋은 음식과 약을 먹습니다. 운동을 합니다. 정기적인 건강검진을 받습니다. 조금이라도 몸이 이상하면 신속하게 병원에 갑니다. 약을 먹습니다. 수술을 합니다. 기도를 합니다. 그럼에도 불구하고 누구나 죽습니다. 반드시 죽습니다. 죽는 것은 누구나 정해져 있습니다. 피하지 못합니다. 빈부를 떠나 언젠가는 다 죽습니다. 남녀노소를 불문하고 죽습니다. 유명한 사람도 죽고, 훌륭한 사람도 죽고, 나쁜 사람도 죽고, 무명한 사람도 죽고, 아이들도 죽고, 노인들도 죽고, 대통령도 죽고, 사장도 죽고, 직원도 죽습니다. 오래 살아 봤자 120년입니다. 그 이전에 다 죽습니다. 그래서 집안마다 죽지 않은 사람이 없습니다.

특히 죽음의 1위가 암(癌, cancer)입니다. 그래서 가족 중 누군가에게 암이 발생하면 초상집이 됩니다. 절망합니다. 오늘날 각종 암으로 고통을 겪다가 죽는 자들이 많습니다. 미국은 세 명중 하나가 암 환자(암 환우)라고 합니다. 우리나라도 비슷합니다. 우리나라도 머지않아 두 명 중 하나가 암 환자(암 환우)일 거라고 예상합니다. 그 정도로 암으로 죽는 자들이 많습니다. 그래서 각종 암 보험을 들고 삽니다. 한국 병원과 의사들은 세계적인 수준이라 수술을 성공적으로 잘합니다. 아무리 암 수술을 성공적으로 잘했어도 결국 죽습니다. 암 환자(암 환우)를 성공적으로 수술한 의사도 반드시 죽습니다. 성경은 사람이 왜 반드시 죽는다고 합니까? 일반인들은 잘 모릅니다. 안다고 하더라도 정확히 모릅니다. 성경은 그 이유를 정확하게 말합니다. 죄(원죄) 때문이라고 합니다.

로마서 6장 23절입니다.
"죄(원죄)의 삯은 사망이요…"

로마서 3장 23절입니다.
"모든 사람이 죄(원죄)를 범하였으매…"

창세기 2장 17절입니다.
"선악을 알게 하는 나무의 실과는 먹지 말라 네가(아담, 인류의 대표자) 먹는 날에는 정녕(반드시) 죽으리라 하시니라"

창세기 3장 6절입니다.
"여자(하와=아담의 아내)가 그 나무(선악과)를 본즉 먹음직도 하고 보암직도 하고 지혜롭게 할 만큼 탐스럽기도 한 나무인지라 여자가(하와)

그 실과를 따먹고 자기와 함께한 남편(아담)에게도 주매 그도 먹은지라"

창세기 3장 19절입니다.

"네가(아담=인류의 대표자) 얼굴에 땀이 흘러야 식물을 먹고 필경은 흙으로 돌아가리니 그 속에서 네가 취함을 입었음이니라 너는(아담, 사람) 흙이니(사람은 흙으로 창조됨) 흙으로 돌아갈 것이니라 하시니라"

로마서 5장 12절입니다.

"이러므로 한 사람(아담=인류의 대표자)으로 말미암아 죄(원죄)가 세상에 들어오고 죄로 말미암아 사망(죽음)이 왔나니 이와 같이 모든 사람이 죄(원죄)를 지었으므로 사망이 모든 사람(모든 인간)에게 이르렀느니라"

히브리서 9장 27절입니다.

"한 번 죽는 것(육체적 죽음)은 사람에게 정하신 것이요 그 후에는(死後에는) 심판(사후 인류 최후의 심판)이 있으리니"

성경은 죽음(사망)의 직접적인 원인은 죄(원죄, 선악과 따먹은 죄) 때문이라고 합니다. 그런데 사람들은 다르게 알고 있습니다. 암 때문에, 질병 때문에, 교통사고 때문에, 나이 먹어서 죽는다고 말합니다. 이것은 죽음의 간접적인 요인에 불과합니다. 정확한 주장이 아닙니다. 만일 암(癌, cancer) 때문에 죽는다면 암에 걸리지 않은 사람은 죽지 않고 영원히 살아야 합니다. 그런데 그렇지 않고 다 죽습니다. 이것이 의미하는 바는 암(癌, cancer)이 사망의 직접적인 원인이 아니라는 말입니다. 성경의 지적이 정확합니다. 이것을 개인적인 죽음, 육체적인 죽음이라고 말합니다. 육체에서 눈에 보이지 않는 살아 있는 넋인 영혼(靈魂)이 떠나면 죽었다고 합니다. 시체라고 말합니다. 육체를 빠져나간 영혼은 중간 상태인 낙원이나 음부에 들어가 종말을 대기합니다. 사람이 죽으면 땅에 매장(埋葬)을 하던지 장례식장에서 화장(火葬)을 합니다. 이것이 이 세상에서 사는 날 동안에 반드시 겪는 죽음입니다. 죽음은 피하지 못합니다. 그런즉 날마다 죽음을 대비하고 살아야 합니다. 간접적인 다양한 이유로 죽음이 찾아왔을 때 절망하지 말아야 합니다. 두려워하지 말아야 합니다. 날마다 죽을 준비를 하고 마음을 비우고 살아야 합니다. 왜냐하면 누구나 언제 죽을지 모르기 때문입니다. 태어날 때는 순서대로 출생했지만 죽을 때는 순서가 없습니다. 남녀노소가 무질서하게, 무시로 죽습니다.

그래서 우리는 시한부(時限附, 한계) 인생을 삽니다. 누구나 죽는데 단지 누가 몇 년, 몇십 년 좀 더 사는 것에 불과합니다. 그것이 죄인들의 인생입니다. 이것이 인생의 전반전인 현세에서의 육체적 죽음입니다. 문제는 육체적 죽음보다 더 심각한 죽음이 있다는 점입니다. 그것이 둘째 죽음입니다. 둘째 죽음은 기독교인들만 압니다. 불신자들은 모릅니다. 그들에게는 둘째 죽음에 대한 비밀이 봉인되었기 때문입니다. 알려 주어도 믿지 않습니다. 둘째 죽음의 비밀을 알려 주어도 그것을 해석하고 믿을 실력이 없기 때문입니다. 둘째 죽음은 변화된 육체와 영혼이 세상 종말에 재결합한 후 부활하여 심판을 받고 영원히 지옥불에서 고통 가운데 사는 삶을 말합니다. 이것이 인생의 후반전인 내세, 사후세계입니다. 인생의 전반전인 현세 삶은 아주 짧습니다. 오래 살아봤자 100세입니다. 그러나 인생의 후반전인 지옥불에서의 둘째 죽음은 영원히 삽니다. 끝이 없습니다. 그래서 현세의 삶과는 비교가 되지 않는다고 하는 것입니다. 그런즉 첫째 죽음과 둘째 죽음 모두를 대비하고 살아야 합니다.

둘째 죽음을 피하고 천국에서 영원히 살기 위해서는 인류의 유일한 구세주인 예수님을 진심으로 믿어야 합니다. 만나야 합니다. 그러면 첫째 죽음은 당해도 둘째 죽음은 당하지 않습니다. 행복한 영생을 얻습니다. 그런 사람이 지혜로운 사람, 복(행복) 있는 사람입니다. 이 땅에서 자동차 보험과 암 보험과 같은 시한부 보험이 아닌 내세의 영생에 대한 영원한 보험을 들어야 합니다. 즉 천국 보험을 들어야 합니다. 그래야 지옥불에서 영원히 죽지 않습니다. 둘째 죽음을 더 무서워하고 두려워해야 합니다. 기독교인들은 잠시 원죄로 죽는 육체적인 죽음을 두려워하지 말고 둘째 사망인 지옥불에서 죽음과 같은 영원한 고통의 인생을 두려워해야 합니다. 그런즉 이 세상에서 개인적 죽음에 대하여 너무 슬퍼하지 말고 두려워하지 말아야 합니다. 언젠가는 누구나 반드시 겪어야 할 일이니 자연스럽게 받아들여야 합니다. 그러면서 세상 종말에 다시 부활하여 천국에서 영원히 행복하게 살 것을 소망하며 혹 배우자나, 부모나, 자녀들이나, 형제들이나 친한 지인이 죽었을 때 너무 절망하지 말고 씩씩하게 살아야 합니다. 기독교인들에게 죽음이란 반드시 불행한 것이 아닙니다. 잠시 고통스럽고 슬픈 일이지만 행복한 사건입니다. 잠시 이별하는 것입니다. 그런 다음 부활 때에 다시 만날 것입니다. 천국에서 영원히 함께 살 것입니다. 죽음이 진짜 슬픈 자들은 예수님을 진실로 믿지 않고 죽은 자들입니다. 그런 자들은 통곡하고 애통해야 합니다. 사후에 둘째 죽음인 지옥불에 들어가서 영원히 고통 가운데 살기 때문입니다. 이런 사실이 믿어지는 자가 복된 자입니다. 이것이 기독교(개신교) 〈죽음〉에 대한 원칙 세계관입니다.

〈둘째 사망〉에 대한 원칙

제61장

사망의 다른 말은 죽음입니다. 기독교 개신교에서는 죽음, 사망, 운명을 스스로 당했다고 하지 않고 하나님께서 영혼을 취하셨다고 하는데 이것을 소천(召天)이라고 합니다. 각 종교마다 죽음에 대한 다양한 용어가 있지만 개신교에서는 '소천 받았다'라고 말합니다. 이 말은 하나님께서 낙원 혹은 천국으로 부르셨다는 뜻입니다. 사망은 사람이 스스로 당하는 것이 아니라 생명을 주신 하나님께서 사람의 몸에서 영혼을 취하시는 것입니다. 사람의 몸에서 영혼이 떠나면 죽었다고 말합니다. 영혼을 취하시는 분은 그 누구도 아닌 영혼을 불어넣으신 하나님이십니다.

창세기 2장 7절입니다.

"여호와 하나님이 흙으로 사람을 지으시고 생기(영혼)를 그 코에 불어넣으시니 사람이 생령(生靈, 생명)이 된지라"

누가복음 12장 20절입니다.

"하나님이 이르시되 어리석은 자여 오늘 밤 네 영혼을 도로 찾으리니

그러면 내 예비한 것(쌓아 놓은 재물)이 뉘 것이 되겠느냐 하셨으니"

욥기 1장 21절입니다.

"가로되 내가 모태에서 적신이 나왔사온즉 또한 적신이 그리로 돌아가올찌라 주신 자도 여호와시오(하나님) 취하신 자도 여호와시오니(하나님) 여호와의 이름이 찬송을 받으실찌니이다 하고"

영혼을 주신이도 하나님, 영혼을 취하시는 이도 하나님이십니다. 사람의 몸이나 영혼이 스스로 생겨서 존재하고 움직이는 것이 아닙니다. 그러다가 어느 날 스스로, 능동적으로 사망하는 것이 아닙니다. 출생과 사망 모두를 하나님께서 관여, 주관하십니다. 사람에게 있어서 최고의 고통과 아픔과 슬픔과 절망은 가족과 가까운 지인의 죽음입니다. 왜냐하면 다른 것과 달리 죽음은 끈끈한 정이 끊어지고 이 세상에서 완전한 헤어짐이기 때문입니다. 그래서 부부나 가족이나 지인들이 죽으면 몹시 힘들어합니다. 슬퍼합니다. 이처럼 죽음이란 참으로 무서운 것입니다. 다른 그 어떤 것으로도 막을 수 없기 때문입니다. 이 죽음은 누구에게나 정해진 것입니다. 누구도 피하지 못합니다. 돈으로도 막지 못합니다. 권력으로도 해결하지 못합니다. 신앙으로도 예방하지 못합니다. 무슨 노력과 수고를 해도 언젠가는 반드시 죽습니다. 모든 사람들에게 죽음이 왜 이르렀습니까? 인류의 대표자이자 머리인 아담이 하나님께서 배필로 주신 여자 하와의 말을 듣고 하나님께서 금하신 선과 악을 알게 하는 선악과를 따 먹었기 때문입니다. 이것이 그토록 사망에 이를 정도로 심각한 것입니까? 감과 사과와 배를 따 먹듯이 따서 먹을 수 있는 것이 아닙니까? 그렇습니다. 우리끼리는 그럴 수 있고, 아무런 문제가 없습니다. 그러나 하나님께서 금하신 선악과를 따 먹는다는 것은 간단한 사건이 아닌 창조주 하나님의 명령을 업신여기는 것이고 불순종하는 것이기에 그 형벌이 매우 큽니다. 한마디로 어명(御命, 임금의 명령)을 어긴 대역죄입니다.

아담과 하와가 선악과를 따 먹었으면 그들만 사망에 이르게 하는 형벌을 내리면 되지 왜 오고 오는 전 인류에게 죄가 전가되어 죽음의 아픔과 고통과 절망과 통곡에 이르게 합니까? 그것은 대표자의 원리 때문입니다. 아담은 인류 최초의 사람으로서 전 인류의 대표자, 머리입니다. 그래서 전 인류가 아담처럼 죄인이 되어 반드시 죽는 것입니다. 대표자 원리는 우리 사회 곳곳에 있습니다. 어떤 것을 결정하고 거래할 때, 사인을 할 때 회사원 다수가 몰려가서 도장을 찍는 것이 아니라 대표자 1인이 가서 사인을 합니다. 그러면 그것이 모든 직원에게 적용됩니다. 법적 효력이 발생합니다. 교회도 대표자가 있습니다. 그가 누구입니까? 담임 목사입니다. 담임 목사가 교회를 대표하여 여러 일을 처리하고 도장을 찍습니다. 그러면 교회 전체에 영향과 효력이 미치고 작용합니다. 아담의 죄가 대표자 원리에 따라 모든 오고 오는 사람들에게 적용되어 누구나 죄 때문에 죽는 것입니다. 이런 원리가 맞다는 증거는 각 가정마다 죽지 않은 사람이 없습니다. 우리 선조들은 다 죽었습니다. 지위고하, 빈부귀천, 남녀노소, 착하든 악하든 등을 막론하고 130살이 되기 전에 다 죽습니다. 질병이나 사고나 자연사 때문이 아닙니다. 죄 때문입니다.

죄가 이처럼 무서운 것입니다. 그런즉 원죄뿐만 아니라 우리 스스로 짓는 자범죄도 무서워해야 합니다. 하나님의 법도 잘 준수하고 세상 법도 잘 지켜야 합니다. 모든 죄는 하나님이 싫어하시고 세상 종말에 반드시 처벌을 받기 때문입니다. 죄는 경중이 없습니다. 어떤 죄는 괜찮고 어떤 죄는 해서는 안 되는 것이 아닙니다. 모든 죄는 우열과 경중이 없습니다. 모두 무서워해야 합니다. 오늘 계시록 21장 8절 본문 마지막 부분은 둘째 사망이 있음을 언급합니다. 이 세상에서는 둘째 사망이라는 말이 없습니다. 그런 용어도 없습니다. 오직 성경만 언급합니다. 둘째 사망이 있다는 것은 첫째 사망이 있다는 말입니다. 첫째 사망은 무엇입니까? 육체적 죽음입니다. 이 세상에서 개인적으로 죽는 것을 말합니다. 즉 육체와 영혼이 분리되어 각각 다른 곳에 가 있는 것을 말합니다. 이것을 성경은 영혼이 떠났다고 표현합니다.

마태복음 27장 50절입니다.

"예수께서 다시 크게 소리 지르시고 영혼이 떠나시다"

이 말씀은 예수님께서 인류를 대신하여 우리 죄를 대신 지시고 십자가에 달려 죽으신 사건을 말씀하신 것입니다. 그 대상을 좀 더 구체적으로 말하면 전 인류가 아닌 만세 전에 택함을 받은 하나님의 백성들을 구원하기 위함이었습니다. 이것을 제한속죄라고 합니다. 만인 속죄나 만인 구원론은 성경 사상이 아닙니다. 저와 여러분, 과거와 현재와 미래의 전 인류는 죄인으로 출생합니다. 이미 죄인으로 출생했습니다. 그래서 그 죄 때문에 반드시 죽습니다. 그런데 하나님께서는 만세 전에 택한 하나님의 친백성을 죄에서 구원하기 위하여 예수님을 유대 베들레헴에 성탄케 하시고 장성한 후 때가 되매 우리가 짊어져야 할 죄의 숙제를 대신 십자가에 달려 죽으심으로 해결하셨습니다.

그래서 이 구세주 예수님을 믿기만 하면 누구든지 죄, 원죄에서 특별 사면을 받아 구원, 영생을 얻게 되고 언제 죽으나 낙원, 천국에 들어가게 됩니다. 다른 구원의 길은 없습니다. 그래서 예수님을 믿으라고 하는 것입니다. 예수님을 믿어야 죄 용서함을 받고 구원을 받기 때문입니다. 하나님께서 유일하게 제시한 구원의 법과 길입니다. 아무리 교회에 다녀도 예수님을 진실로 믿지 않으면 둘째 사망을 당합니다. 첫째 사망은 육체적 죽음, 개인적 죽음, 육체와 영혼의 분리라고 하였습니다. 개인적 죽음을 당한 사람은 육체(살과 뼈)는 땅에 묻히어 산화되고, 영혼은 신앙 여부에 따라 낙원과 음부에 들어가 부활을 기다립니다. 이것을 신학적으로 중간 상태라고 합니다. 예수님을 믿은 사람은 낙원에, 예수님을 믿지 않고 죽은 자들은 음부에 들어가 부활과 심판을 기다립니다. 이 땅에서 육체적으로 죽으면 예수님을 믿은 사람의 영혼은 그 즉시 낙원에 들어감을 말하고 있습니다.

누가복음 23장 43절입니다.

"예수께서 이르시되 내가 진실로 네게 이르노니 오늘 네가 나와 함께 낙원(樂園)에 있으리라 하시니라"

다시 말해서 세상 종말까지 이미 죽은 영혼들은 낙원과 음부에 들어가서 부활과 심판을 기다리고 있고, 육체는 매장이든 화장을 하여 땅에 묻히게 됩니다. 어떤 식으로 죽었든지 영혼과 육체는 분리되어 세상 종말 때까지, 부활 때까지 땅과 낙원과 음부에서 기다립니다. 대기합니다. 이것이 육체적 죽음, 개인적 죽음을 당한 모든 신자와 불신자들이 처한 상태와 처지와 상황입니다. 오늘 성경 본문은 사람이 죽으면 첫 번째 죽음으로 끝나지 않고 둘째 사망, 죽음이 있다고 말합니다. 그렇다면 이 둘째 사망이란 무엇입니까?

계시록 21장 8절을 보겠습니다.

"그러나 두려워하는 자들과 믿지 아니하는 자들과 흉악한 자들과 행음자들과 술객들과 우상 숭배자들과 모든 거짓말하는 자들은 불과 유황으로 타는 못에 참예하리니 이것이 둘째 사망이라"

여기서 둘째 사망이 무엇인지를 말하고 있습니다. 그것이 무엇입니까? '불과 유황으로 타는 못에 참예하는 것'이라고 말합니다. 이곳은 불타는 지옥을 가리킵니다. 즉 부활 이후, 세상 종말 이후에 들어가는 불신자들의 사후세계로 천국이 아닌 지옥을 가리킵니다. 불과 유황은 불가항력적인 무서운 심판의 도구입니다. 창세기를 보면 음란이 극에 달했던 소돔과 고모라와 그 위성 도시를 심판하실 때 불과 유황으로 심판하셨습니다.

창세기 19장 24~25절입니다.

"여호와께서 하늘 곧 여호와에게로서 유황과 불을 비같이 소돔과 고모라에 내리사 그 성읍들과 온 들과 성에 거하는 모든 백성과 땅에 난 것을 다 엎어 멸하셨더라"

유황이란 불을 붙이는 성냥의 원료입니다. 이것이 불과 함께 섞여서 타니 그 화력이 얼마나 강력하겠습니까? 용광로를 연상하면 됩니다. 그 정도로 무시무시한 뜨거움과 고통의 장소, 심판의 장소라는 것을 암시합니다. 어디가 그렇다는 것입니까? 둘째 사망인 지옥이 그렇다는 것입니다. 둘째 사망, 지옥은 용광로와 같은 불타는 곳인데 사람이 타지도 않고 죽지도 않으면서 영원토록 이루 말할 수 없는 고통만 당합니다. 참으로 끔찍하고 소름이 돋습니다. 정말로 무서운 곳입니다. 그렇다면 둘째 사망인 지옥불에 들어가는 대상이 누구라고 합니까? 모두 여덟 가지 대상으로 분류하고 있습니다.

첫째는 두려워하는 자들입니다. **"두려워하는 자들과"** 이들은 예수님을 믿음으로 당하는 핍박과 환난을 두려워하는 자들로 예수님에게 충성하기보다는 자신의 안위와 안락을 추구하는 자들입니다. 즉 그들은 그리스도의 고난에 동참하지 않는 자들입니다. 그런 자들이 누구입니까? 신앙생활은 하기는 하는데 위협과 핍박을 당하여 배교하는 자들, 예수님을 부인하는 자들입니다. 둘째는 믿지 아니하는 자들입니다. **"믿지 아니하는 자들과"** 이들은 예수님을 영접하지 아니한 불신자들이나 혹은 믿음이 신실하지 못하여 입으로는 예수님을 시인하나 행위로는 그리스도를 부인하여 신앙을 버리는 자들입니다. 대표적인 자들이 유대 종교 지도자들입니다. 대제사장이나 바리새인들이나 서기관들입니다. 입으로만 주여! 주여! 하는 자들입니다. 하나님의 계명을 고의적으로 지키지 않는 자들입니다. 셋째는 흉악한 자들입니다. **"흉악한 자들과"** 이들은 도덕적으로 타락하여 더럽게 된 자나 혹은 황제 숭배와 같은 우상 숭배에 참여하여 부정하게 된 자들을 가리킵니다. 전범들의 명패를 안치한 일본의 야스쿠니 신사에 참예하는 자들 등입니다. 로마 황제나 지금의 북한의 김일성 부자 등을 숭배하는 자들이 이에 속합니다. 과거 이스라엘 백성들이 이런 짓을 많이 했습니다. 넷째는 살인자들입니다. **"살인자들과"** 이들은 사단의 하수인인 세상 권력자들(짐승)의 조종 하에 하나님을 대적하고 그리스도인들을 핍박하고 살인하는 자들을 가리킵니다. 대표적인 자들이 공산주의 정권자들, 독재자들, 기독교인들을 테러하고 참수하는 이슬람교 추종자들과 기타 타 종교자들을 가리킵니다. 과거 로마가톨릭 지도자들도 해당합니다. 많은 기독교인을 죽였습니다.

  다섯째는 행음자들입니다. **"행음자들과"** 이들은 일반적으로 성적인 범죄를 행한 모든 사람들을 가리킵니다. 우상 숭배를 한 자들도 가리킵니다. 간음과 간통을 하고 회개하지 않는 자들입니다. 음행을 밥 먹듯이 하는 자들입니다. 성매매자들, 성 산업에 종사하는 자들, 프리섹스를 즐기는 자들입니다. 여섯째는 술객들입니다. **"술객들과"** 이들은 마술이나 점 등에 빠진 자들이나 우상을 만드는 자들을 가리킵니다. 귀신의 일부 힘을 빌려 사람들의 미래에 대하여 길흉을 점치는 점쟁이나 눈속임하는 마술사들입니다. 기독교인 중에 30% 정도가 점집을 찾아간다고 합니다. 운세도 봅니다. 일곱째는 우상 숭배자들입니다. **"우상 숭배자들과"** 이들은 하나님을 버리고 하나님의 자리에 거짓된 신들이나 사물을 놓고 숭배하거나 사단의 하수인인 세상 권력자들인 짐승을 숭배하는 자들입니다. 인간이 만든 모든 조각상, 형상, 동상, 즉 천주교 마리아 동상, 불교 석가모니 동상 등에 절하고 빌고 엎드리는 자들입니다. 불교 신자들, 힌두교 신자들, 조상 숭배자들, 이슬람 신자들, 미신자들 등입니다. 여덟째는 모든 거짓말하는 자들입니다. **"모든 거짓말하는 자들"** 이들은 진리를 떠나 악과 불의에 동참하여 거짓을 조장하는 자들입니다. 가짜뉴스 생산과 유포자들이 대표적입니다. 고의로 거짓을 유포하는 자들입니다. 정치인들이나 언론 종사자들이 이런 짓을 많이 합니다.

이런 자들이 부활 후, 세상 종말에 사후세계에 둘째 사망인 지옥불에 들어갈 자들이라고 합니다. 그러니까 인류의 재판장이신 예수님께서 공중으로 재림해 오시는 때가 세상 종말인데 이때 세계 각처, 지구촌 각처에서 과거, 현재, 재림 직전까지 살다가 죽었던 모든 신자와 불신자들이 화장과 매장을 통해서 흙이 되었던 육체가 부활과 동시에 변화하여 변화된 육체와 낙원과 음부에 먼저 가 있던 영혼이 재결합하여 부활한 후 예수님으로부터 심판을 받고 천국과 지옥에 들어가게 됩니다. 여기서 진실로 예수님을 믿고 영생의 부활을 한 자들은 둘째 사망인 지옥불에 들어가지 않습니다. 누구만 들어갑니까? 불신자들과 더불어 8절의 모든 대상자들이 둘째 사망에 이르게 됩니다. 한마디로 말하면 이 땅에 사는 날 동안 진실로 예수님을 믿지 않은 자들이 둘째 사망을 당하는데 그곳이 지옥불, 불못, 불과 유황이 타는 못입니다. 그러니까 불신자들은 첫째 죽음인 이 땅에서의 육체적 죽음과 부활 후에 변화된 육체와 영혼의 재결합으로 들림을 받은 몸으로 둘째 죽음을 다 맛봅니다. 그러나 참 기독교인들은 이 땅에서 첫째 죽음인 육체적 죽음만 맛봅니다. 불신자들이 당할 지옥의 삶은 살았으나 죽은 것과 같고, 죽음보다 더 엄청난 고통을 겪으며 영원히 살게 됩니다. 그러니 죽음보다 더 무서운 삶이 둘째 죽음입니다.

그래서 인간의 사망은 첫째 사망과 둘째 사망이 있다고 하는 것입니다. 둘째 사망에 이른 자들은 불행한 자들입니다. 인생의 실패자들입니다. 이 세상에서 가장 불쌍한 자들입니다. 그런즉 둘째 사망을 당하지 않도록 심판과 미래를 대비하는 삶을 살아야 합니다. 그것은 인류의 유일한 구세주인 예수님을 진실로 믿고 그 계명대로 살려고 애쓰는 것입니다. 임종할 때까지 예수님이 안 믿어지면 어쩔 수 없습니다. 어떤 사람들은 믿어지고 어떤 사람들은 믿어지지 않을 것입니다. 그 이유는 믿음은 사람의 능력과 노력이 아닌 하나님의 선물과 은혜이기 때문입니다. 믿음의 공여자인 하나님께서 자기의 기쁘신 뜻에 따라 누구에게는 주고 누구에게는 주지 않습니다. 이는 하나님의 고유 주권입니다. 누구든지 가타부타하지 못합니다. 각자가 예수님을 믿는 시기는 다르지만, 하나님으로부터 믿음을 선물로 받아야 보지 못했던 예수님을 믿게 되고, 성경이 하나님의 말씀인 것을 믿게 되고, 내세인 천국과 지옥이 있음을 믿게 됩니다. 그전에는 무슨 설교와 설명과 설득을 해도 소용없습니다. 왜냐하면 하나님, 예수님, 성경, 내세인 천국과 지옥 등은 하나님이 주신 믿음이 없으면 절대로 믿지 못하기 때문입니다.

　그런즉 복음을 전하기만 하고 설득시키려고 많은 말을 하지 말아야 합니다. 전도자나 목사가 믿게 하지 못합니다. 구원에 이르게 하는 전도 기술자는 세상에 없습니다. 구원은 오직 하나님의 영역으로 하나님만 하십니다. 그것이 성례세례입니다. 성령 하나님이 임해야 진실로 거듭나게 됩니다. 기독교인들은 단지 복음, 예수님을 전할 뿐입니다. 그러므로 우리 모두 예수님을 잘 믿고 성경의 계명대로 살려고 애써야 합니다. 그것이 이 땅에 사는 자들이 취할 최고의 복입니다. 그런 자들은 사후에 둘째 사망인 지옥불에 들어가지 않게 됩니다. 단지 이 땅에서 첫째 죽음인 육체적 죽음만 맛볼 뿐입니다. 우리 모두 지옥이 아닌 낙원, 천국에 들어가서 먼저 간 믿음의 사람들을 만나 영원히 행복하고 평안을 누리며 사는 복된 자들이 되기를 주님의 이름으로 축원합니다. 이것이 기독교(개신교) 〈둘째 사망〉에 대한 원칙 세계관입니다.

제62장 〈서로 다른 주장〉에 대한 원칙

창세기 1장을 보면 하나님의 다양한 천지 창조를 볼 수 있습니다. 모든 피조물에 대하여 동일하게 창조하지 않으셨습니다. 꽃들도 얼마나 다양한지 모릅니다. 물고기도, 새들도, 나무들도, 풀들도, 동물들도, 산들도 다 다르게 창조하셨습니다. 사람도 마찬가지입니다. 이성과 양심과 영혼이 있는 것은 동일하지만 성격(기질), 재능(은사), 자질, 생각, 시각, 키, 생김새, 사명, 체격, 신체 구조 등등에서 다양하게 창조하셨습니다. 모든 피조물들은 죄나 불법이 아닌 이상 다양해야 하고 달라야 정상입니다. 그럼에도 불구하고 이러한 다양성, 다름을 이해하지 못하고 자기와 생각, 주장, 제안과 다르면 불편해하면서 상대방을 아주 사납고, 불손하고, 아주 못되게 대하기도 합니다. 심한 경우 자신의 생각과 주장과 다르면 틀린 것으로 판단해 버립니다. 그러면서 미워합니다. 이런 사람들은 자기중심적 사고를 가진 자들입니다. 누구든지 자기의 주장과 다르게 말하면 무조건 싫어합니다. 불편해합니다. 상대방을 나쁘게 매도합니다. 단지 자신과 다르고 자신의 제안이나 뜻에 동조하지 않는다는 이유로 말입니다. 너무나도 황당한 일입니다. 이런 사람들은 언제 어디서나 무엇을 하든지 자기중심으로 해야 좋아합니다. 그렇지 않으면 인상이 달라집니다. 이는 그리스도의 마음이 아닙니다. 창조 정신과도 맞지 않습니다. 교만이자 아집입니다.

빌립보서 2장 3절입니다.

"아무 일에든지 다툼이나 허영으로 하지 말고 오직 겸손한 마음으로 각각 자기보다 남을 낫게 여기고"

빌립보서 2장 5절입니다.

"너희 안에 이 마음을 품으로 곧 그리스도 예수의 마음이니"

로마서 12장 10절입니다.

"형제를 사랑하여 서로 우애하고 존경하기를 서로 먼저 하며"

로마서 13장 10절입니다.

"사랑은 이웃에게 악을 행치 아니하나니 그러므로 사랑은 율법의 완성이니라"

마태복음 22장 39절입니다.

"둘째는 그와 같으니 네 이웃을 네 몸과 같이 사랑하라 하셨으니"

요한일서 3장 15절입니다.

"그 형제를 미워하는 자마다 살인하는 자니 살인하는 자마다 영생이

그 속에 거하지 아니하는 것을 너희가 아는 바라"

성경은 목사들과 그리스도인들에게 그리스도의 마음을 품으라고 합니다. 남보다 자기 생각을 낮게 여기는 것이 아니라 자기보다 남을 낮게 여기라고 합니다. 서로 사납게 대하거나 업신여기지 말고 서로 존경하라고 합니다. 형제를 사랑하라고 합니다. 형제를 미워하지 말라고 합니다. 그런데 자기와 생각이 다르고, 주장이 다르고, 자기 제안에 반대한다고 불쾌하게 대합니다. 특히 선후배 관계나 나이를 들먹이며 아주 나쁘게 말합니다. 선배나 나이를 통하여 갑질을 합니다. 아무런 불법도 하지 않았고, 진리에 반하는 일도 하지 않았고, 나쁜 짓을 하지도 않았는데 단지 자기의 주장과 다른 견해를 말하고 반대한다고 괜히 미워하고 불편해합니다. 이는 목사의 성품도, 그리스도인의 성품도, 민주시민의 성품도, 기본 인성과 상식도 아닙니다. 헌법과 법률과 규칙과 제도와 진리처럼 객관적으로 명백한 기준과 명시가 되어 있는 것이 아닌 이상 서로의 생각, 주장, 제안이 다르다고 못된 사람이나 나쁘게 여기는 것은 바른 자세가 아닙니다. 서로 다른 것을 틀리다고 하는 것은 황당한 일입니다. 틀린 것을 다르다고 하거나 다른 것을 틀리다고 하는 일은 없어야 합니다.

또한 '좋은 제안인데, 모두를 위해서 하는 제안인데 왜들 이해를 못 하고 반대하느냐'고 하는 것 자체도 황당합니다. 좋은 제안이면 모두가 지지하고 찬성해야 한다는 법은 없습니다. 그런 개념도 자기 기준과 생각일 수 있습니다. 좋은 제안을 해도 코드에 맞게 해야 그것이 아름답고 가치가 있는 법입니다. 코드나 상황에 맞지 않은 좋은 제안을 해 놓고 이를 반대하거나 다른 주장을 하면 불편해합니다. 답답해합니다. 참으로 희한한 자들이 한둘이 아닙니다. 모든 사람이 자기 생각과 주장과 제안대로 해야 한다고 생각하는 모양입니다. 세상에 그런 법이 어디 있습니까? 사람의 생각과 주장은 다 다릅니다. 객관적인 명백한 기준이 아닌 이상 서로의 주장을 존중해 주어야 합니다. 자기의 주관이나 나이나 선후배 관계를 가지고도 이러쿵저러쿵하지 말아야 합니다. 장유유서 사상과 기준을 갖고 사는 사람도 있습니다. 목사들이나 기독교인들은 모든 언행과 사고의 판단 기준은 오직 성경뿐입니다.

나이, 선배, 장유유서 등이 아닙니다. 불법과 반칙과 객관적인 기준을 어기지 않는 이상 서로의 생각과 주장과 제안이 얼마든지 다름을 인정하고 서로 존중하며 살아야 합니다. 불편해하지 말아야 합니다. 자기중심적 사고나 생각에서 벗어나야 합니다. 늘 자기의 주장만 옳다고도 하지 말아야 합니다. 인간관계에서 제일 힘든 사람은 항상 자기 생각과 주장만 옳다고 고집을 부리는 사람입니다. 그런 사람들의 공통점은 누구의 말도 듣지 않습니다. 들으려고 하지 않습니다. 어느 곳에나 그런 사람들이 반드시 있습니다. 그런 자들은 자기 고집, 아집, 교만, 자기중심적 사고, 확증 편향에 젖어 사는 자들입니다. 기독교인이라면 겸손하고, 온유하고, 서로 존중하고, 자기보다 남을 낮게 여기며 살아야 합니다. 역지사지(易地思之)로 생각하고 살아야 합니다. 자기 뜻과 주장대로 따라오지 않는다고 불편해하거나, 미워하거나, 천하보다 귀한 다른 형제를 못마땅하게 여기거나, 사납게 대하거나, 함부로 말을 하거나, 인상을 찡그리거나, 편을 가르거나, 불평을 하는 것은 성숙한 자세가 아닙니다. 이것이 기독교(개신교) 〈서로 다른 주장〉에 대한 원칙 세계관입니다.

제63장 〈논의 및 심의 불가 대상〉에 대한 원칙

우리가 무엇을 하든지 가(可, 어떤 행위가 허용되거나 가능함)한 것이 있고 불가(不可, 가능하지 않음)한 것이 있습니다. 그럼에도 불구하고 가(可, 가능)한 것을 불가(不可, 가능하지 않음)하다고 하거나 불가(不可)한 것을 가(可, 가능)하다고 주장하거나 우기는 자들이 있습니다. 어떤 경우에 가(可, 가능)하다고 할 수 있습니까? 헌법, 법률, 제도, 규칙, 약속, 계약, 성경에 구체적으로 가능과 불가에 대하여 명시된 것은 가(可, 가능)함을 주장할 수 있습니다. 아니면 이렇게도 할 수 있고 저렇게도 할 수 있도록 규정이 애매모호하게 된 경우입니다. 그러나 헌법, 법률, 제도, 규칙, 약속, 계약, 성경에 구체적으로 불가능하다고 명시된 것에 대해서는 불가(不可, 가능하지 않음)함을 주장할 수 있습니다. 어떤 것에 대하여 아주 구체적이고 분명하게 숫자나 자구로 불가하다는 한계선이 기록된 경우는 어떠한 경우에도 불가(不可)합니다. 불가함이 명백한 경우 가능하게 만들기 위해서는 먼저 개헌, 개법, 개정, 개칙을 해야 합니다. 그 외에는 법대로 해야 합니다. 그래야 누구에게나 공정하고, 억울할 것이 없고, 공동체의 존립과 질서가 보장됩니다. 그렇지 않으면 공동체는 무너지고 무질서하게 됩니다. 누구나 상황 논리나, 개인 사정이나, 선택적으로 법을 따르게 될 것입니다.

또한 사람에 따라서, 교회에 따라서, 영향력에 따라서 명성교회 세습 문제처럼 되어 버릴 것입니다. 사실 헌법과 법률과 규칙과 계약에 확실하게 명시된 경우는 누구도 어찌하지 못합니다. 그 어떠한 변명과 해명과 설명도 통하지 않습니다. 만일 그런 식으로 모든 사람들, 모든 교회들, 모든 목사들의 사정과 형편과 상황대로 들어준다면 법은 필요치 않고 교회, 노회, 총회는 무질서와 엉망진창이 될 것입니다. 독재나 쿠데타가 아닌 이상 법은 뛰어넘을 수 없습니다. 초법적인 주장을 하는데도 교회, 노회, 총회, 공동체가 침묵하고, 비호하고, 옹호하고, 허락한다면 짠맛을 잃은 소금이요, 빛을 잃은 태양과 같을 것입니다. 아무런 가치가 없게 됩니다. 존립의 이유가 사라집니다. 생명을 다한 교회와 노회와 총회가 됩니다. 누구든지 헌법과 법률과 규칙을 따르고 존중하기로 했으면 어떠한 경우에도 일단 준수해야 합니다. 그래야 모두가 살고 평화하게 됩니다. 이런 경우는 있습니다. 세상일이란 계획하고 생각한 대로만 되지 않기에 아주 드물게 예외라는 경우가 있습니다. 예를 들어, 산촌, 어촌, 농촌의 교회입니다. 오늘날 이런 곳에는 사람들이 별로 없습니다. 나이 드신 어른들만 일부 모여 삽니다. 자립도 되지 않고 목회자 생활도 되지 않습니다. 자녀 교육도 거의 불가능합니다.

따라서 그런 교회는 누가 가려고 하지 않습니다. 이런 경우라도 일단은 법대로 따르고 그 이후 노회가 전임자로 하여금 한시적으로 설교를 할 수 있도록 위임하거나 허락하는 것입니다. 그러나 도시교회의 경우는 다릅니다. 결코 예외 대상이 되지 않습니다. 이미 조직교회이고, 성도들도 많고, 도시에 있습니다. 누구나 가려고 하고, 생활도 됩니다. 자녀 교육도 문제가 되지 않습니다. 그런 도시교회는 논의, 예외, 심의 대상 자체가 되지 않습니다. 정년이 되면 법대로 물러나야 합니다. 성도들이 담임 목사에 대하여 아무리 연장해서 목회를 더 해 달라고 간청하고 요청해도 법을 준수해야 한다고 하면서 단호하게 거절하는 것이 옳고 참 목사입니다. 성도들이 간청한다고 동의하는 목사가 있다면 이는 불법을 하겠다는 것이 됩니다. 이는 천부당만부당한 일입니다. 공사(公私) 구분을 해야 합니다. 교회는 목사 개인이나 일부 성도들의 소유물이 아닙니다. 목사나 성도들이 원한다고 자기들 마음대로 할 수 있는 공동체가 아닙니다. 엄연히 하나님의 소유로 하나님을 대리하여 통치하는 교단 헌법과 법과 규칙을 따르는 것이 하나님의 통치를 받는 것입니다. 이는 하나님을 사랑하는 것으로 연결됩니다. 왜냐하면 세상 법이든, 교회법이든, 성경 계명이든 하나님의 일반은총과 특별은총으로 주신 것으로 지키는 자가 하나님을 사랑하는 자이기 때문입니다. 그리스도인이라고 하면서 하나님보다 담임 목사를 더 사랑하고 따르는 것은 아주 심각한 신앙입니다.

요한복음 14장 15절입니다.

"너희가 나(예수님=하나님)를 사랑하면 나의 계명(법)을 지키리라"

요한복음 14장 24절입니다.

"나(예수님=하나님)를 사랑하지 아니하는 자는 내 말(계명, 법, 성경)을 지키지 아니하나니⋯"

요한일서 5장 3절입니다.
"하나님을 사랑하는 것은 이것이니 우리가 그의 계명들(법들)을 지키는 것이라 그의 계명들은 무거운 것이 아니로다"

고린도전서 3장 7절입니다.
"그런즉 심는 이(전도자들)나 물 주는(목회자들) 이는 아무것도 아니로되 오직 자라게(성장, 부흥) 하시는 하나님뿐이니라"

신명기 7장 11절입니다.
"그런즉 너는 오늘날 내가 네게 명하는 명령과 규례와 법도(法度)를 지켜 행할찌니라"

하나님 사랑과 바른 신앙은 하나님의 법을 준수하는 데 있습니다. 헌법과 법률을 어기면 대통령이라도 탄핵(彈劾, 헌법재판소에 의해 해임과 처벌당함)을 당합니다. 박○○ 대통령이 탄핵 당한 일이 있습니다. 어느 나라 대통령이든 쿠데타를 일으키지 않는 이상 임기 4년이든 5년이 다 차면 스스로 물러납니다. 이건 상식이고, 기본이고, 법입니다. 여기에 다른 핑계, 변명, 해명, 이유를 달면서 연장을 못 합니다. 연장을 하려는 순간 사욕, 탐욕으로 간주됩니다. 아무리 국민들이 더 연임해 달라고 간청을 받거나 본인이 더 하고 싶어도 연임은 불가능합니다. 헌법에 대통령 임기를 4년 혹은 5년으로 못 박고 있기 때문입니다. 만일 국민들과 본인이 원하는 대로 연임하고 싶으면 임기가 차기 전에 개헌을 하고 선거를 통해서 연임을 하면 합법입니다. 그리고 어떤 목사가 교회를 맡고 더 연장해야 교회가 바로 서고 온전해지는 것은 아닙니다. 성도들이 더 성숙해지는 것도 아닙니다. 기독교의 수천 년 역사가 잘 말해 줍니다. 교회는 담임목사가 부흥도 시키고 성도들을 거룩하게 하는 것이 아닙니다. 목사들은 조력자이고 교회와 성도들을 자라게 하시는 분은 하나님입니다. 그러니 누구든지, 어느 교회든지 특정 목사에게 매달리지 말아야 합니다. 이는 오해와 착각입니다. 특별한 목사는 없습니다. 단지 하나님께서 자기 주권에 따라 이렇게도 저렇게도 사용하시는 것뿐입니다. 목사의 능력이 아닙니다.

그리고 교회와 목사가 노회에 연임을 논의, 심의, 결정해 달라고 요청하거나 건의하는 것 자체가 각하(却下) 사항입니다. 접수나 심의 대상 자체의 기본 요건을 갖추지 못했기 때문입니다. 그것이 부법적입니다. 각하(却下)란 '관청이나 공공단체에서 원서나 신청을 받지 않고 물리침'을 말합니다. 기본적으로 헌법과 법에서 벗어났기 때문입니다. 접수와 논의와 심의 대상이 되려면 헌법 안에서만 가능합니다. 합법적인 내용이어야 합니다. 목사가 노회에 어떤 것을 건의, 논의, 결정해 달라고 요청한다고 다 받는 것이 아닙니다. 먼저 적법(適法, 법규에 맞음)해야 합니다. 부적법하면 논의, 접수, 심의, 건의 자체가 불가능합니다. 왜냐하면 헌법에 정년 연수가 70세로 명시되어 있기 때문입니다. 이런 사실을 피차가 정확히 알아야 합니다. 잘 모르면 실수를 하게 됩니다. 불법적인 논의와 결정을 하게 됩니다. 그리고 노회가 지교회를 돕기 위해서 존재하는 것은 맞습니다. 그러나 지교회들이 마치 독립교회처럼 초헌법적으로 자기들 마음대로 한다는 의미는 아닙니다. 지교회가 무엇이든지 자기 마음대로 한다는 뜻이 아닙니다. 어디까지나 헌법 안에서입니다.

만일 지교회가 자기들 마음대로 하려거든 한 가지 길밖에 없습니다. 독립교회로 가는 것뿐입니다. 그전에 교단에 속한 교회나 목사는 이유를 불문하고 교단 헌법과 법과 규칙을 존중하고 따라야 합니다. 이것이 기본이고, 상식이고, 신앙이고, 법입니다. 여기서 초헌법적이고 불법적인 주장을 하는 자에 대하여 옹호하거나 비호하거나 편을 드는 목사는 없어야 합니다. 혹 그런 자들이 있다면 동일하게 불법을 선호하는 자입니다. 기본 상식과 법의식에서 벗어난 자입니다. 가족이라고 해도 아닌 것은 아니라고 해야 바른 신자이고 목사입니다. 공사를 구분하지 못하고 아닌 것도 옳다고 하면서 말도 안 되는 변명을 하고 지지하는 것은 못난 목사입니다. 친분은 친분입니다. 아닌 것은 아니라고 하고 공사 구분을 하는 목사들이 되어야 합니다. 교회나, 노회나, 총회나 항상 목사가 처신을 어떻게 하느냐에 따라서 평안하기도 하고 갈등하기도 합니다. 목사가 헌법과 원칙과 정의대로만 하면 아무런 분란이 없습니다. 누굴 탓하지 말아야 합니다. 법은 법입니다. 법은 지키라고 만든 것입니다. 그래야 모두가 안전하고 공정한 대우를 받게 됩니다. 공동체도 존립하게 됩니다. 질서 있게 돌아갑니다. 우리 마음과 신앙이 변질되지 않도록 잘 관리해야 합니다. 이것이 기독교(개신교) 〈논의 및 심의 불가 대상〉에 대한 원칙 세계관입니다.

기독교 원칙 세계관 1

ⓒ 장재훈, 2022

초판 1쇄 발행 2022년 6월 20일

지은이   장재훈
펴낸이   이기봉
편집   좋은땅 편집팀
펴낸곳   도서출판 좋은땅
주소   서울특별시 마포구 양화로12길 26 지월드빌딩 (서교동 395-7)
전화   02)374-8616~7
팩스   02)374-8614
이메일   gworldbook@naver.com
홈페이지   www.g-world.co.kr

ISBN   979-11-388-1040-1 (03230)